中国科技之魂

中宣部主题出版重点出版物

此心光明 钱学森

中国编辑学会◎组编

吕成冬◎著

人民邮电出版社

北 京

图书在版编目（CIP）数据

此心光明：钱学森 / 中国编辑学会组编；吕成冬著. -- 北京：人民邮电出版社，2024. 12. --（中国科技之魂）. -- ISBN 978-7-115-66244-6

Ⅰ. K826.16

中国国家版本馆 CIP 数据核字第 2024447C6M 号

内 容 提 要

钱学森是我国著名航天科学家，中国航天事业奠基人。本书以可靠翔实的史料为基础，运用传记文学的写作方法，生动展现钱学森"看到光明"的生命历程。在这一生命历程之中，钱学森从早年立志而逐渐成就自我，到青年通过积健为雄而在治学中不断突破自我，再到壮年挺膺入局新中国科技事业而奉献自我，最终在晚年回归治学之中实现超越自我。了解这一生命历程能够切实感受到贯穿其中的钱学森思想史和精神史，同时亦能从中体会到近代以来中国科技发展与民族复兴的伟大历程。作者用简练而富有感染力的语言，将钱学森的生命史、思想史和精神史化为激励人心的力量，旨在为读者带来深刻的思想启迪与巨大的精神鼓舞。

"中国科技之魂"丛书 ZHONGGUO KEJI ZHI HUN CONGSHU

此心光明：钱学森 CI XIN GUANGMING QIAN XUESEN

◆ 组　　编　中国编辑学会
　　著　　　吕成冬
　　责任编辑　林舒媛　王　威

◆ 人民邮电出版社出版发行　　北京市丰台区成寿寺路 11 号
　　邮编　100164　　电子邮件　315@ptpress.com.cn
　　网址　https://www.ptpress.com.cn
　　北京盛通印刷股份有限公司印刷

◆ 开本：720×960　1/16
　　印张：19.25　　　　　　　2024 年 12 月第 1 版
　　字数：266 千字　　　　　2024 年 12 月北京第 1 次印刷

定价：99.00 元

"中国科技之魂"丛书编委会

主　　任:

郝振省　张伯礼

副 主 任:

乔还田　杜　贤　郭德征　张立科

成　　员:

院　　士（以姓氏笔画为序）

丁奎岭　王　辰　王　浩　仝小林　孙　聪　严新平

李大东　李大潜　李廷栋　杨元喜　杨玉良　肖绪文

张守攻　陆　军　陈维江　罗　琦　侯建国　倪光南

徐卫林　高雄厚　蒋兴伟

其他成员（以姓氏笔画为序）

王永奉　孔会云　龙　杰　刘天金　孙盛鹏　李秀明

宋吉文　陈华栋　陈志敏　周伟斌　赵　猛　郝　刚

胡华强　胡艳红　莫沈茗　徐　静　高晓辉　雷　平

"中国科技之魂"丛书出版工作委员会

主 任：

　　杜 贤　张立科

副 主 任：

　　王 威　李 际　成丽丽　刘俊来

成 员：

　　赵 一　张浩然　林舒媛　郭 家　王丽丽　顾慧毅

丛书序言一

弘扬科技之魂　共筑强国之梦

　　站在新的历史起点，回望过去，在中国共产党的坚强领导下，一代代科技工作者以国家民族的前途命运为己任，投身科学救国、科研报国、科教兴国、科技强国的伟大事业。他们为国家富强前赴后继、接续奋斗，取得了无数举世瞩目的成就，实现了中国科技实力一次次的历史性跨越。这一过程中，孕育形成了内涵丰富、历久弥新的科学家精神，成为中国共产党人精神谱系的重要组成部分，长久涵养后人。

　　习近平总书记指出："科学成就离不开精神支撑。科学家精神是科技工作者在长期科学实践中积累的宝贵精神财富。"科学家的观点和思考可能只适用于某个特定的时期，但他们所代表的科学家精神却能超越个体的差异、超越时间的限制，成为一种普遍的文化遗产和精神财富，不断被传承和发扬。近代以来，那些我们所怀念的来自不同领域的伟大的中国科学家，都在自己所处的那个年代提出和倡导过某个促进科技进步、社会发展的思想、理念、观点，虽内容各异，但核心理念一脉相承——实现民族复兴的坚定信念，正如历史的洪流，滚滚向前。

　　当前，世界之变、时代之变、历史之变正加速演进，全球科技创新进入前所未有的活跃期。面对新一轮科技革命和产业变革，我们比以往任何时刻都更深切地感受到"科技兴则民族兴，科技强则国家强"的要义，实现中华民族伟大复兴之大局呼唤科学家精神，应对世界百年未有之大变局需要科学家精神。

在深入学习党的二十大报告提出的"培育创新文化，弘扬科学家精神，涵养优良学风，营造创新氛围"的号召后，中国编辑学会深感弘扬新时代科学家精神的责任重大、使命光荣。2023 年 1 月，中国编辑学会组织人民邮电出版社、人民卫生出版社、科学出版社等多家科技出版强社，共同策划了一套以中国科学家精神为主题的理想信念科普读物及精品传记力作——"中国科技之魂"丛书，旨在与当前中国科技发展的现状和挑战相结合，更好地反映科学家的精神信仰和社会价值，尤其突出科学家在时代洪流中的具体实践，形成当前新时代背景下可传承、发扬、鼓舞人心的精神力量。

"中国科技之魂"丛书共 19 分册，以习近平新时代中国特色社会主义思想和党的二十大精神为指导，以对"中国科学家精神""中国共产党人精神谱系"等"新时代、新精神、新思想"的"新解读"为定位，选取 19 位政治立场正确、党和人民高度认可、在各自领域做出杰出贡献的泰斗级中国科学家，描绘他们热爱党和人民、热爱科技事业、热爱生活的鲜活形象，详述他们可贵的精神品质、突出的科技贡献、创新的思维方式、丰富的生平故事、独特的人格魅力，大力弘扬以"爱国、创新、求实、奉献、协同、育人"为内涵的中国科学家精神，展现以伟大建党精神为源头的中国共产党人精神谱系，尤其突出新时代新思想背景下，传承中国科技之魂对赓续创新奋斗的精神血脉、凝聚民族复兴的磅礴力量的战略意义，启迪中国科技工作者自觉践行、大力弘扬精神之魂，投身科技创新，建设科技强国，让大众深刻理解科学家精神的时代价值和历史意义，激发全社会的科学兴趣和创新热情。

中国编辑学会高度重视"中国科技之魂"丛书的出版工作，集多家科技出版强社的合力精心打造，成立了审读顾问委员会，对丛书架构、目录、样章等多次进行详细指导、审校；成立了编委会，统筹安排出版工作，把握整体进度；成立了出版工作委员会，开展丛书出版过程中的组织与协调工作；

充分调动了相关部委和单位的力量，组织了强大的写作团队，各分册均由科学家、科学史资深研究者、党史党建专家、宣传思想工作专家等组成写作班子；力推融合出版，融文、图、音频、视频、动画等于一体，最大限度地提升读者的阅读体验，确保"中国科技之魂"丛书在内容上权威、专业、生动，在形式上创新、多元、互动。

"中国科技之魂"丛书是对中国科学家精神的汇聚，向世界展示了中国科学家的卓越智慧与崇高追求，如繁星璀璨，照亮人类文明的灿烂星河，指引后人不断奋进。出版"中国科技之魂"丛书是对时代的献礼，对历史的致敬，更是对未来的期许，让科学家精神在新时代绽放出新的光芒，这是科技出版人对时代、对历史、对未来的深切责任与庄严承诺。我们坚信，"中国科技之魂"丛书将成为传承科学家精神、弘扬科学文化、激发创新活力的重要载体。让我们携手前行，为实现中华民族伟大复兴的中国梦贡献科技出版人的智慧和力量，在新时代的征程上，共同书写中国科技事业的辉煌篇章，铸就人类文明的新辉煌！

中国编辑学会会长

"中国科技之魂"丛书编委会主任

2024 年 12 月

丛书序言二

传科技之魂　燃复兴之光

科技兴则民族兴，科技强则国家强。党的十八大以来，以习近平同志为核心的党中央深入推动实施创新驱动发展战略和人才强国战略，提出加快建设创新型国家的战略任务，确立 2035 年建成科技强国的奋斗目标。党的二十届三中全会提出，教育、科技、人才是中国式现代化的基础性、战略性支撑。要优化重大科技创新组织机制，加强国家战略科技力量建设，统筹强化关键核心技术攻关。在中国共产党的正确领导下，一代代科技工作者以国家民族的前途命运为己任，投身科学救国、科研报国、科教兴国、科技强国的伟大事业。他们宛如璀璨星辰，照亮了强国建设和中华民族伟大复兴之路。习近平总书记号召我们要传承老一辈科学家以身许国、心系人民的光荣传统，把论文写在祖国的大地上。

正是在这种背景下，中国编辑学会组织多家出版单位编写了"中国科技之魂"丛书，精心选取 19 位在工业、农业、卫生、国防、基础学科等领域做出杰出贡献的泰斗级科学家。这些科学家政治立场坚定，深受党和人民敬重，在各自领域的贡献卓著。丛书描绘了他们热爱党和人民、热爱科技事业、热爱生活的鲜活形象，详述了他们丰富的生平故事、可贵的精神品质、独特的人格魅力、创新的思维方式、突出的科技贡献。他们的一生，是对科学真理不懈追求的一生，是对国家和人民无限忠诚的一生；他们的事迹，不仅是个人的荣耀，更是时代的缩影。他们的精神启迪着广大科技工作者自觉践行和大力弘扬求疑问真、严谨求实的科学家之魂，展示了中国特色社会主义道路的科技自信和文化自信，体现了"科技为民"的初心和使命，同时也让大众深刻理解科学家精神的历史意义和时代价值。他们不仅激励着我们这一代科技工作者，更影响着未来无数的科研人员，以实现为党和国家"立心"，为科技强国"立力"，为民族复兴"立基"，为人民健康"立命"，为青少年"立志"。

科技是人类进步的阶梯，是打开未来大门的钥匙。在当前这个科技迅猛发展的时代，我们比以往任何时候都更加需要科学家精神的指引。一代人有一代人的奋斗，一个时代有一个时代的担当。"中国科技之魂"丛书的出版是对历史的致敬，对时代的献礼，更是对未来的期许，让科学家精神在新时代绽放出新的光芒。它提醒我们，无论科技如何进步，科学家的责任感和使命感永远不能减退。我们坚信，"中国科技之魂"丛书将成为传承科学家精神、弘扬科学文化、激发创新活力的重要载体，为实现中华民族伟大复兴的中国梦贡献智慧和力量。

希望广大读者能从这套丛书中感受到科学家们的伟大精神，汲取奋进力量，积极投身科技创新与民族复兴的伟大事业。今有感书将付梓，谨呈敬意，是为序。

张伯礼

中国工程院院士、国医大师

中国中医科学院名誉院长

天津中医药大学名誉校长

"中国科技之魂"丛书编委会主任

2024 年冬于天津静海团泊湖畔

前　言

　　位于云南昆明滇池之滨的大观楼上，有一副计有 180 字的长联，被称为"古今第一长联"。此联由清初孙髯撰写，描景与抒情相融，写史与喻今相合，毛泽东称其为"从古未有，别创一格"。此联的内容为：

　　五百里滇池，奔来眼底。披襟岸帻，喜茫茫空阔无边！看：东骧神骏，西翥灵仪，北走蜿蜒，南翔缟素。高人韵士，何妨选胜登临。趁蟹屿螺洲，梳裹就风鬟雾鬓；更苹天苇地，点缀些翠羽丹霞。莫辜负四围香稻，万顷晴沙，九夏芙蓉，三春杨柳。

　　数千年往事，注到心头。把酒凌虚，叹滚滚英雄谁在？想：汉习楼船，唐标铁柱，宋挥玉斧，元跨革囊。伟烈丰功，费尽移山心力。尽珠帘画栋，卷不及暮雨朝云；便断碣残碑，都付与苍烟落照。只赢得几杵疏钟，半江渔火，两行秋雁，一枕清霜。

　　钱学森晚年在昆明见到此联时即被深深吸引，尤对"叹滚滚英雄谁在？"一句产生深深共鸣。因为"英雄谁在"这一历史之问，在此时此刻的钱学森心中早已有了答案。那么，这个答案是什么呢？此答案就在本书以钱学森"看到光明"为立意阐述的三条主线之中，三条主线即个体生命史、科技创业史、民族复兴史。

其一为个体生命史，旨在从"自我完善"视角勾勒钱学森的生命历程。钱学森在早年立志之中逐渐成就自我，到青年通过积健为雄而在治学中不断突破自我，又到壮年挺膺入局新中国科技事业而奉献自我，再到晚年回归学术之际实现思想上的超越自我。这是一部激动人心的生命史诗，亦同步形成钱学森个体的思想史和精神史。那么，究竟是何种力量让他在98年的生命历程里不断前行呢？晚年钱学森致函友人时写道："我们是辩证唯物主义者，一方面要解放思想，看到光明，今人要胜过古人，另一方面又千万不可超出现实！"可谓正是"看到光明"使他在知行合一之中坚定信念，无论在何种境况之中都能用满怀的创新精神去创造出诗意的人生。因而此处"英雄谁在"的答案正是钱学森自己。

其二为科技创业史，旨在从"归于集体"视角考察钱学森的科技成就。晚年钱学森总结自身工作方法时称，"没有什么高招，主要靠大家帮助：集体的力量，组织得好"。无论是从事科学理论研究，还是从事工程组织管理工作，他都将自己置于集体之中而始终发动大家和依靠大家。因此他听闻有人称自己为"导弹之父"时立即严肃地指出，研制导弹"实际是几千名科学技术专家通力协同合作的成果，不是哪一个科学家独自的创造"。此非谦辞，因为他取得科技成就和做出科技贡献的时代，正逢新中国科技事业迎来创业潮流，而又正是这股潮流逐步构建起新中国的科研体系和工业体系。正如钱学森有言称，"我们这帮人是找到了出路的，这就是中国知识分子的出路：为祖国的科学技术、文化事业无私奉献，直至最后"。因而此处"英雄谁在"的答案正是身处创业潮流之中的广大科技工作者，正是他们弦歌不辍，找到了个体和群体的出路，由此开创了新中国科技事业的创业历程，在此过程中生成的伟大的科学家精神镌刻在中国共产党人精神谱系之中。

其三为民族复兴史，旨在从"富强祖国"视角探究钱学森的初心使命。

"富强祖国"是钱学森早年建立的初心与使命，贯穿他的生命史、思想史和精神史之始终。无论是他自言的"三个非常激动的时刻"，还是后来者总结的他的五次人生选择，都体现了将个人追求融于国家和民族利益之中。由此，钱学森的生命史、思想史和精神史皆融入中华民族伟大复兴这一历史进程之中，而其全身心融入这一历史进程的内在动力，根源于其作为中国共产党人的信仰。因而此处"英雄谁在"的答案正是中国共产党，因钱学森坚信中国共产党成立时就"看准了中国人民的前途"，而这个前途是"一条充满光明的大道"！如今，我们不仅已经走在这条大道之上，而且正在朝着实现中华民族伟大复兴这一目标不断前行。

除上述内容之外，我还想就写作本书运用的三种史料做一番说明，它们分别为文献史料、图像史料和视频史料。

文献史料，主要是指钱学森的各类档案及其发表的各类文章。研究钱学森的挑战不在于文献史料太少，而在于文献史料实在太多。本书以服务于写作立意为原则而善用文献史料，既重视搜集新文献史料，又注重新解旧文献史料。以序篇中的一份未刊手稿为例，本书通过结合已有史料剖析此份手稿的形成过程及其未刊原因，揭示了钱学森对发展人工智能、人机结合和模式识别等新技术的战略思考。总体而言，本书运用第一手文献史料"回到"钱学森的具体生活场景，进而通过对钱学森文献的解读走近钱学森的生命史、思想史和精神史。

图像史料，主要是指钱学森的摄影作品与他人拍摄的钱学森相关照片。中国史学有悠久的以图证史传统，"左图右史"便是明证。解读图像能够传达文字无法表达的意义，钱学森自己亦倡导，作文时"可以想各种办法来弥补文字之不足"，例如"文件里可以用图片、示意图，让文图并茂"。鉴于钱学森图像史料的丰富性，本书借由对图像的微观分析与细节描述揭示出钱学森

IV

更为细腻的情感，由此将钱学森形象"生活化"。

视频史料，主要是指钱学森接受访谈或拍摄纪录片时留存的视频。视频史料能够让读者更加直观地了解钱学森的日常生活，仿佛跨越时空以"对话"方式直面钱学森。即如本书选取的钱学森留美时期的影像片段，真实地记录了钱学森及同时代中国留美科学家群体的日常生活，能让读者从中深刻体会他们"身在他乡，思在故乡"的深厚家国情怀。

2025 年是钱学森归国 70 周年，谨以此书纪念之。70 年前，钱学森的归国与新中国科技事业的发展紧密联系在一起；而若从他 98 年的生命历程来看，他则是毫无保留地将全部知识和智慧奉献给了祖国。在历史长河之中，钱学森的有限生命得以无限延续，就像钱学森住所的院里的那半截枣树，依旧昭示着顽强的生命力。此种生命力正是科技之魂的象征，已然成为永恒。

吕成冬

2024 年 12 月 12 日

我们这帮人是找到了出路的，这就是中国知识分子的出路：为祖国的科学技术、文化事业无私奉献，直至最后。

钱学森
1911—2009

目　录

序幕

一份未刊手稿

左图为 1962 年中国人民解放军○○三八部队管理处给钱学森居所办理的住房证。右图为蒋英等人在航天大院居所院前的合影，其时钱学森因出差在外而未能参加合影，右起为蒋英、幸盖秀（保姆）、邢宝平（管理员）、蒋英奶妈、钱永真、张琳（钱月华女儿）、蒋左梅（蒋英母亲）、黄英富（司机）、钱月华、汪德绍（厨师）

　　北京西三环航天桥的东南角，有一片被称为"航天大院"的建筑群。建筑群的东边，错落有致地排列着数幢老房子，其中一幢的二楼就是钱学森居所，我习惯称之为"钱学森故居"。这些老房子起初为苏联专家的住所，但随着 1960 年中苏关系出现裂痕，居住于此的苏联专家们陆续回国；党中央遂做出决定，让研制导弹的中国科技工作者搬到此处。于是，1960 年钱学森从中国科学院宿舍搬到此处并居住到 2009 年去世，前后近 50 年。

　　晚年时，钱学森本可换到更好的寓所居住，却不愿搬离此处。他在 2000 年回忆往事时道出原委，"至今我仍住在老房子里不愿搬家。因为它是聂老总（笔者注：聂荣臻）亲自分配给我的，它常常使我想起当年的科研工作，想起聂老总对我的关怀"。[1] 此外，钱学森早已习惯在此处生活，特别是在方寸书房里享受着读书与治学的美好时光。

　　时光倒流到 1979 年 3 月 7 日，钱学森在书房里写完 17 页手稿之后掩卷而思，在抬头的刹那间望见院里的三棵枣树，忽而想起 1960 年搬到此处栽

1　钱学森.关于"两弹一星"与伟人的一些回忆 [N].光明日报，2000-02-14(1).

下它们的情形，而此时它们已经成为
彼此环抱的挺拔的大树。此份手稿题
为《数学、数学基础理论的发展与人
和计算机的分工协同问题》，共有五个
部分，但第三部分特意留白并标明"请
胡世华同志写这一部分"。随后，钱学
森将未完成的手稿作为附件随信寄给
中国科学院计算机研究所的胡世华[1]。

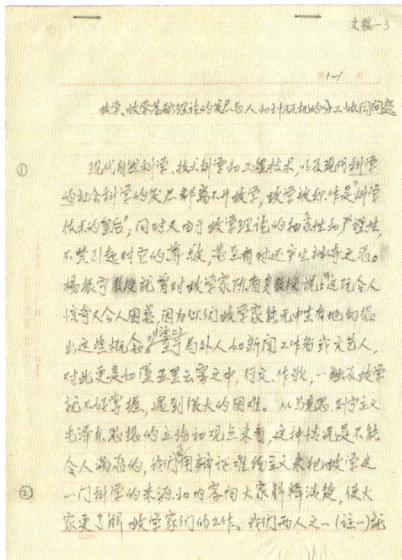

《数学、数学基础理论的发展与人和计算机的
分工协同问题》手稿首页

　　此前，钱学森和胡世华已有多次
探讨，因而胡世华收到信后立即"遵
嘱开始工作"，补充第三部分内容，同
时还新增一部分内容使手稿扩充为六
个部分。随后，胡世华于 3 月 29 日复
函将第三部分内容和新增内容一并寄送钱学森。那么，他们合作完成的文章
主要探讨了什么呢？钱学森又为何会与胡世华进行合作呢？

　　钱学森在手稿开篇就指明两个主题。其一，面对非科研工作者如新闻工
作者、文艺人，"用辩证唯物主义来把数学这一门科学的来源和性质向大家
解释清楚，使大家更了解数学家们的工作"，使其理解"现代自然科学、技
术科学和工程技术，以及现代社会科学的发展都离不开数学"，即数学为何
被称作"科学技术的皇后"。其二，"由于电子计算机的迅速发展，其功能越
来越强，出现了所谓'人工智能'，越来越大的一部分人的脑力劳动可以由机
器来代劳了"，那么"在这种情况下，人该干什么"，"人和计算机该如何分
工，如何协同"。围绕于此，文章分六个部分进行阐述，其概况如下表所示。

1　胡世华（1912—1998），祖籍浙江吴兴，出生于上海。著名数理逻辑研究专家，倡导将逻辑
　　研究与数学紧密联系起来并将逻辑研究与计算机研究相结合。时任中国科学院计算机研究所
　　第九研究室主任，1980 年当选为中国科学院学部委员（后改称"院士"）。

《数学、数学基础理论的发展与人和计算机的分工协同问题》文章概况

文章构成	分工	阐述内容
第一部分	钱学森执笔 胡世华增修	①数学方法在应用上的广泛性及在现代科学技术中的重要性；②具有抽象性的数学命题来源于现实和试验，人们通过辩证处理主要矛盾和次要矛盾形成模型
第二部分	钱学森执笔 胡世华增修	①数学的理论基础即数理逻辑（数学的推理规章或数学的章程）是人类社会实践的经验总结，是对客观世界中各种运动规律的认识；②随着数理逻辑中出现各种非古典逻辑，尤其是电子计算机的出现为数理逻辑的发展开辟了前所未有的广阔前景；③将数学请到各门自然科学、技术科学和工程技术，以及现代社会科学的行列中，从而增强人类认识世界和改造世界的力量
第三部分	胡世华执笔 钱学森增修	计算机可以处理数学中的大量计算工作如证明、推理以及演算等中的技术性或机械性工作，数学工作者可以通过缩短计算过程而"腾出时间"思考更为具有创造性的命题和模型
第四部分	胡世华执笔 钱学森增修	①计算机科学和数理逻辑中出现被称为"机器证明"的研究，该研究被归于人工智能的范围，即证明所用算法的研究以至于如何组织用于证明和推理等非数值应用的功能很强的机器等问题；②数学工作者在计算机科学和数理逻辑的发展中应当承担极大的责任，推动数学方法的变革
第五部分	钱学森执笔 胡世华增修	①发展数学的理论基础有必要扩大逻辑学的研究范围，即研究人的全部思维法则，将抽象思维和形象思维"整理成像逻辑规律那样的规律"；②吸取包括国外新兴"认知科学"在内的成果以发展"思维学"，即"思维本身规律的研究"和"思维借以进行的器官及其延伸物机制和组织构造规律的研究"
第六部分	钱学森执笔 胡世华增修	①如果通过思维学研究找到了现代逻辑学以外的人的思维规律、抽象思维的规律以至形象思维的规律，那么思维也可以由计算机来代劳，即通过计算机代替人的脑力劳动而"使人类在走向解放的道路上迈出更大的步子"；②在社会主义制度下要对人和计算机的分工问题有估计、有预见，以便在建设社会主义的整体规划中预做安排，且要考虑两个方向：其一为"机器一定要逐步代替更多人的脑力劳动，要安排代替下来人力的使用，将其转移到其他建设社会主义的工作方面去"，其二为"在每一个发展阶段，使计算机的工作和人的工作都各自充分发挥机器和人的潜力，使机器和人合理分工与协同"

钱学森收到胡世华所拟补充内容和新增内容以及对其手稿的修改意见之后，又对手稿内容进行整合并请秘书王寿云于4月9日将其整理成文。随后，钱学森又请王寿云将整理稿寄送胡世华进行再确认。5月初，钱学森将此文寄送《红旗》杂志编辑部并称："这是由中国科学院计算技术研究所胡世华同志和我搞的一个草稿，我们自己也还要加工，所以很不成熟；请提宝贵意见。"此意实为"投稿"，但不久钱学森又撤稿了。何故？

原来胡世华于5月27日再次致函钱学森，表示由他补充和新增的内容"做得很粗糙，有负所望"，同时也进一步提出对钱学森执笔部分的个别观点"想不通"或"未曾弄清楚"；因此他在信中建议"现在发表这样一篇文章似乎还不够条件"，等到"把文中的主要观点弄得更清楚后再发表为好"。同时，胡世华还在将此文寄送其他学者以听取同行意见之后，深感对他自己执笔的部分尚未研究透彻。此故之然，胡世华决定致函钱学森说明缘由并表示"我有什么意见，一定无保留地提出"。其实，胡世华第一次收到钱学森的手稿后就提出34个值得商榷之处并附上"对之有所说明"的内容。

由此可见，钱学森和胡世华从探讨到撰稿的合作过程，体现出严谨求实的治学态度和坦然交流的学术民主。此文虽未发表，其探讨的问题却极具科技前沿性，且其预研[1]了几十年后出现的科技潮流，正如文章最后所言：

通过数学基础理论，包括机器证明的进一步发展，通过对逻辑学扩大为思维学，包括所谓认知科学的研究，通过在每一发展阶段把人和机器的分工协调好，我们将迎来一个人类发展的崭新时代。那大概会自二十一世纪开始！这也是电子计算机技术革命深化的必然结果。

钱学森和胡世华并未因此手稿未刊而终止学术合作，而是持续地交流。

---

1 预研是钱学森思想体系中的重要内容，是指对未来可能出现的科技前沿作探索性研究。详见本书第三篇第三章"科技预研：掌握未来"。

例如，钱学森读到《数学进展》（1988 年第 1 期）刊载的胡世华的文章《信息时代的数学》时，不仅仔细阅读，同时还将抽印本寄给"863 计划"信息技术专家委员会的汪成为、陈火旺、戴汝为和陈霖，以"请他们好好领会"；钱学森读了好几遍后仍觉不解渴，又于 1988 年 2 月 29 日致函胡世华拟"趋府聆教"，而此前一年他还在 5 月 16 日举行的北京思维科学第四次研讨会上听了胡世华的学术报告。

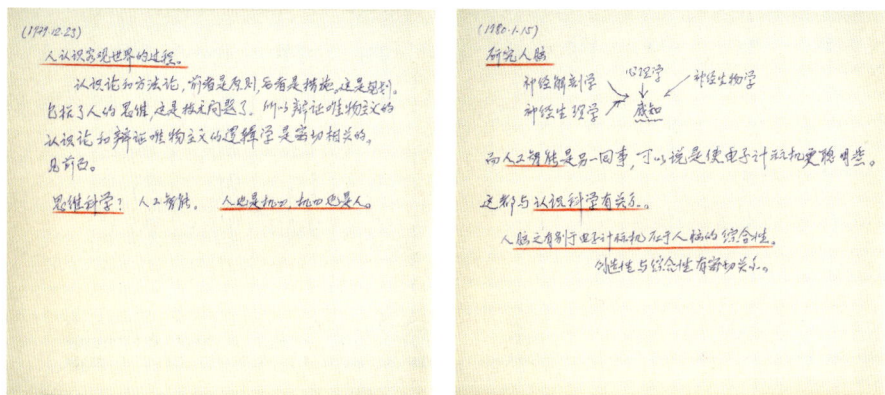

1979 年至 1980 年钱学森研究人工智能时写下的札记

　　钱学森为何会研究数学与计算机问题呢？他早在留美时期就关注并跟踪研究计算机的发展，此后又持续同步研究人工智能、人机结合以及模式识别等。这并非单纯出于个人兴趣，而是内嵌着深刻的时代关怀，鲜明地体现出钱学森的三种身份：顶尖科学家、战略科学家和人民科学家。此三种身份的获得无不受到家国情怀这一内在动力的深刻影响，即钱学森始终坚信科技事业"可以在社会主义中国建立起一个新时代"。恰如钱学森所言：

　　我们有这个信心，就如同 1921 年中国共产党成立了，才几十人的党就看准了中国人民的前途，一条充满光明的大道！[1]

1　涂元季. 钱学森书信：第 6 卷 [M]. 北京：国防工业出版社，2007: 501.

　　正是"这个信心"贯穿钱学森的整个生命历程，并给予他"看到光明"的精神力量。由此可谓，钱学森98年的生命历程宛如"一条充满光明的大道"，在这条大道之上，他用坚定的政治信仰和执着的人生追求回答了"英雄谁在"这一历史之问。

第一篇
早年立志在高

立志既要趁早，且要在高。钱学森出身于一个爱
国知识分子家庭，父亲钱均夫和母亲章兰娟以"爱
的教育"为理念塑造了钱学森"利在一身勿谋也，
利在天下者必谋之；利在一时固谋也，利在万世
者更谋之"的人生观。同时，他接受的基础教育
不仅使其形成"要祖国富强就非树立新政权不可"
的世界观，同时还使其建立起"为复兴祖国所以
决心学工科"的人生志向。这样的世界观和人生
志向成为钱学森选择交通大学并考取清华大学公
费留美资格的动力。此后他虽经多次选择和转变，
但"为国谋利""复兴祖国""富强祖国""利
在天下"早已内化为他不断前行的精神力量之源。

第一章　以爱的教育为起点

家庭是人生的第一课堂，对个人成长起到重要的启蒙作用和根基作用。钱学森晚年在一份手稿中写下影响人生的 17 位老师——排在第一位和第二位的分别是父亲钱均夫和母亲章兰娟，且标明其影响分别在于"文言文"和"爱花草"。此处的影响并非狭义之会读、会背或会写古文，亦非在花坛里种花或种草，而是包含着深刻的传统文化和现代文化意义上的解读价值。此种价值的形成起点正是被钱均夫推崇和实践的"爱的教育"。

家族的文化：利在天下

钱学森在入党自传开篇写到"我出生于 1911 年旧历十月二十一日"，将旧历换作公历，他的出生日期是 1911 年 12 月 11 日。原本居住于浙江杭州并担任浙江省立第一中学校长的钱均夫在此年发生辛亥革命之后，携带有孕在身的妻子章兰娟前往上海居住。12 月 11 日钱学森在上海出生，故而钱均夫以"申儿"（"申"为上海的别名）昵称之，又取"柏青"为字以应"森"意。1913 年初，钱均夫携带章兰娟和幼子钱学森回到杭州，同时担任浙江省立第一中学校长。

钱学森称父亲钱均夫"是浙江杭州一个丝商家族中没落户的第二子"，但家世可追溯到吴越王钱镠（852—932）。钱学森是钱镠的第三十三世孙，他的曾祖父钱继祖育有四子：长子钱承镕（字伯陶）、次子钱承镃（字仲农）、三子钱承铎（字叔文）、四子钱承锁（字季常）。钱继祖依靠丝绸生意致富，但此后因家族生意被做空而成为没落户。事情原委：钱继祖致富后希望子嗣由贾入仕，于是将生意交由大伙管理，自己全身心"陪读"；哪料大伙通过做假账化公为私而使生意连年亏空，导致生意远不如从前那般。

无法确认钱继祖的子嗣是否考取过何种功名，仅可知钱承铎在北洋政府国务院统计局任过职。但随着时代发展和社会变迁，钱氏家族成员的人生轨迹在近代中国史的背景之中必将不同于祖辈。这一轨迹突出地表现在钱继祖的次子钱承镒身上。钱承镒育有两子一女：长子名为钱家润（字泽夫），次子名为钱家治（字均夫），女儿名为钱秀英。

图为钱学森家世图谱

图为 1938 年 5 月钱学仁结婚时寄给远在美国的堂弟钱学森的结婚照

　　钱泽夫育有一女一子，即女儿钱学仁和儿子钱学榘。钱学榘 1935 年从交通大学机械工程学院毕业后，同样成为清华大学留美公费生并前往美国麻省理工学院航空工程系学习，此后成为美国航空界的知名专家。钱学榘与李懿颖夫妇育有三子：长子钱永佑是美国科学院院士，次子钱永乐是计算机专家，幼子钱永健是 2008 年诺贝尔化学奖得主。钱均夫和章兰娟夫妇婚后曾育有一子，但其不幸夭折，此后他们又育有一子即钱学森。钱学森与堂姐钱学仁的感情颇深，他在入党自传里还提及他和堂姐"思想有共同点"。钱学仁主要从事教育工作，新中国成立后曾担任武汉某小学校长。

　　不限于杭州钱氏，近代以来的政治、经济、科学、工程、教育以及文化等领域涌现出一批钱氏家族人才。这一独特历史现象与《钱氏家训》不无关系。《钱氏家训》仅 600 余字，分个人、家庭、社会和国家四篇，国家篇里有言曰"利在一身勿谋也，利在天下者必谋之；利在一时固谋也，利在万世者更谋之"，这为解释钱氏家族人才辈出提供了文化视角的解读空间。从个体生命史看，利在天下不仅根植钱学森的心底，同时更是他的日常实践，而他在科技领域做出的贡献又可谓利在万世矣。

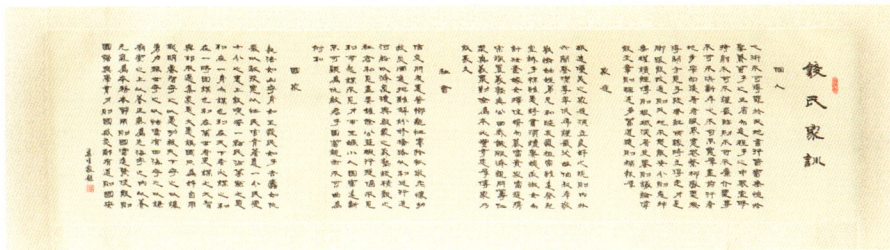

图为《钱氏家训》

然而，从钱继祖到钱学森这一支实则走过不少坎坷与艰难之路，不独有生意被做空之惨痛经历，同时还有时代发展带来的选择之困，即家族成员是固守传统考取功名还是适应潮流拥抱新知。在关键时刻起到关键作用并使家族重新走上"中兴"之路者，正是家族中"没落户的第二子"钱均夫，他的人生选择又直接决定钱学森的人生起点。

父亲钱均夫："文言文"

钱学森以"文言文"总结父亲钱均夫对他的影响，这是以点带面的总结。成长在新旧交替时代的钱均夫，既受中华传统文化的熏陶，又在接受新式教育时构建起新知体系，故而"文言文"饱含传统与现代、中学与西学之间的碰撞与融合。因此有必要对钱均夫的人生经历做一番简要介绍。

钱均夫生于1882年，六岁时入蒙馆学习，1898年前往上海王氏育才书塾（现上海南洋中学）读书，此校被称为"国人自主创办第一所新式中学"，这标志着此时16岁的钱均夫已经选择放弃考取功名而追求新知。他于1899

年考入求是书院（现浙江大学），且在此学习期间常与同学讨论教育救国的问题并立下教育救国的志向；1902 年以浙江官费生的身份赴日留学，先入东京宏文学院学习日语，后于 1904 年考入东京高等师范学校（现日本筑波大学）专攻师范教育。东京高等师范学校分为四个学部，钱均夫在第二学部（地理历史部），学制四年，预科一年，本科三年，第四学年"在本校附属学校，从事实地授业"。1908 年从东京高等师范学校毕业时，钱均夫已经通过四年学习比较系统地掌握了教育学的知识和理论。

左图为钱均夫留学日本期间的留影；右图为钱均夫在东京高等师范学校期间与其他中国留学生的合影，前排右起为陈文哲、钱均夫、伍崇学、谭锡恩、陈英才，后排右起为张邦华、陈荣镜、毛邦伟、许寿裳

钱均夫毕业后又在东京暂留约半年时间，一面考察日本教育现状，一面师从章太炎治学。1908 年底，钱均夫结束留学生活回国并执教于浙江两级师范学堂。此间，钱均夫主要教授外国地理、外国历史以及论理等课程，同时又在浙江高等学堂、浙江法政学校等兼职。当时国内很多师范学堂没有统一教材，教材由教师根据课程内容编写，因而钱均夫执教期间编写了《名学》《地学通论》《外国地志》《西洋历史》四本教材。

值得一提的是，钱均夫回国后还获得过清政府授予的"文科举人"称号。清政府规定，归国留学生须参加"游学毕业生考试"。1909 年钱均夫在考试中获得"优等"成绩并被清政府"着赏给文科举人";1910 年又在"廷试"中以 70 分的成绩列为二等,并被清政府"著以内阁中书补用"。内阁中书官阶从七品,主要掌管撰拟、记载、翻译和缮写等,且经过一定年限后可升为同知、直隶州知州或保送军机处章京。但钱均夫早就无意于仕途,故而选择回籍任职以期践行教育救国理念。

　　1911 年钱均夫开始担任浙江省立第一中学校长,之后又于 1914 年被任命为教育部视学并在 1917 年擢升为教育部普通教育司第三科科长,及至 1929 年再次回籍任职于浙江省教育厅并担任秘书、代理厅长,直到 1934 年因故辞职。在执教与任职教育机构之际,钱均夫积累了丰富的教育实践经验并形成完备的教育思想体系,尤为感到"爱的教育"之重要意义。而行文至此,又实有必要谈及母亲章兰娟"爱花草"的影响应作何解读。

母亲章兰娟:"爱花草"

　　爱好摄影的钱学森拍摄过一组有关杭州方谷园的照片,里面有一张表现的正是院落里摆在长凳上的盆栽。这些盆栽由母亲章兰娟栽种,因而钱学森回忆母亲"爱花草"就有了照片印证,但这种影响并非指狭义之种花或种草的意思。

钱学森拍摄的杭州方谷园的照片,院落里摆在长凳上的盆栽即为母亲章兰娟栽种

章兰娟 1887 年生于富商之家，自幼受过良好的私塾教育和家庭教育。钱学森回忆说："我的母亲章兰娟是当时杭州富商的大女儿，据说我的外祖父是因为我父亲的才，才把我母亲嫁给我父亲的。"章兰娟和钱均夫走到一起是通过媒妁之言，初见倾心，婚后感情融融。钱均夫和章兰娟的相识、相恋、相爱以及相守，正应和《钱氏家训》里的那句"娶媳求淑女，勿计妆奁；嫁女择佳婿，勿慕富贵"。

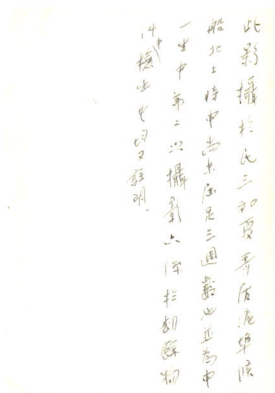

左图为 1914 年钱学森和母亲章兰娟的合影。照片背后有钱均夫的注："此影摄于民三初夏寄居沪埠候船北上时，申尚未届足三周龄也，并为申一生中第二次摄影，亦系于劫余物件中检出也""劫余物件"是指在 1937 年全面抗日战争开始后，方谷园中未被大火完全烧毁的物件。右图为钱学森的单人照。据考，两张照片由位于上海虹口乍浦路 37 号的吉阪照相馆拍摄，该照相馆由日本长崎人吉坂甚太郎创办于 1903 年

章兰娟的家庭教育充满智慧，例如每临冬季她就会要求钱学森描红"庭前垂柳珍重待春風"九个字。此九字均为九笔，章兰娟要求钱学森每天端坐一小时描红一笔，如此正好用 81 天描完九个字，北京最冷的季节就在不知不觉中过去了。这种方法既注重练字，又潜藏"事上磨炼"的教育。磨炼什么呢？章兰娟想使钱学森通过磨炼耐性在练字过程中坐得住和坐得下，进而实现定能生慧，形成深度思考问题的能力。这种教育方式对钱学森成为科学家起到了不可估量的作用。

　　"爱花草"的影响实则包含润物细无声的大爱，因为花草代表生态自然，象征生命张力，即章兰娟希望儿子能够在接触自然的过程中完善人格和丰富情感。章兰娟虽是富家之女，但无大小姐的矫揉造作之脾气，而是有着良好修养和开阔胸襟；且在结婚和成为母亲之后，无论在何种情境之下都能保持豁达和坚强。但令人悲痛的是，1934年钱学森成为清华大学留美公费生并在杭州实习之际，章兰娟却因感染伤寒离世。

　　青年丧母，无疑是沉重的打击。1935年，钱学森为母亲立好墓碑才安心赴美留学。甚是可惜，章兰娟无法见到钱学森取得的成就。1947年暑假，钱学森从美国回国探亲，第一件事情就是陪同父亲钱均夫回杭州为母亲扫墓，以告慰母亲的在天之灵。虽未有足够材料佐证，但作为一种可能性，钱学森拍盆栽的时间极有可能是他赴美前夕；而无论照片拍于何时，我们都能通过钱学森保留照片这一行为体会到他对母亲的无限思念。

人生的起点：爱的教育

　　钱学森的秘书涂元季有言："钱均夫是一位很有才华的人，但他的才华没有全部施展出来。如果要论钱均夫的贡献，他最大的贡献就是为中国培养出了钱学森。"此是极为中肯的评价，且贡献之内核正是钱均夫提倡的"爱的教育"。《爱的教育》是意大利作家埃德蒙多·德·亚米契斯创作的长篇小说，1886年首次出版后就被译成多种语言。钱均夫留学日本时就读过此书，书中的一些理念成为他开展教学工作的重要指导思想，即如他在1931年的一次讲话中说道：

　　　记得《爱的教育》第二册中，有人生如船行海中，如船身不固，莲帆不灵，司舵不准，未有不遭倾覆者；人生亦然，身体犹船也，帆犹知识，而舵犹道德。取譬甚妙，盖苟有健康之身体，有充分之知识，而无高尚之道德，亦不能稳定其立脚点。[1]

以此为指导，钱均夫在教育实践过程中既注重学生健康身体的形成和充分知识的习得，同时还更加注重培养学生的高尚道德，以使他们在人生道路上能够行远且稳。与此同时，此种"爱的教育"理念还深刻地影响到他的家庭教育。兹举一例，颇能说明钱均夫的教育理念之先进远超同时代的家长。他说："中国家庭训练其子弟，深可疑虑，盖教育非仅恃学校所能收效，尚有赖乎家庭为之协助，倘家庭与学校共负教育责任，斯教育可收成效。……曾有一般家庭父兄以为子弟送入学校，责任即了，此其观念根本错误。更有责备学校教育如何不良者，曾不思家庭教育是否完美，所谓薄责于己，而厚责于人，良可慨也！希望今后家庭中为父兄者深切觉悟，与学校共同合作，则教育前途，自必乐观，更有进步。"[2]

由此可见，钱均夫深刻认识到家庭教育并非学校教育的简单补充，而是为其处于平等地位。因此他提出学校要"待学生如家人父子，发生愉快生活"，而家长要懂得一点"家事教育"。此外，钱均夫还特别重视培养钱学森的家国情怀和艺术修养。晚年，钱学森回忆父亲时就讲道："我父亲钱均夫很懂得现代教育，他一方面让我学理工，走技术强国的路；另一方面又送我去学音乐、绘画这些艺术课。我从小不仅对科学感兴趣，也对艺术有兴趣。"[3]

1　本厅第十八次纪念周钱秘书均夫先生讲词（五月四日）[J]. 浙江教育行政周刊，1931, 2(36): 3-5.

2　本厅第四十五次纪念周钱秘书均夫先生讲词（十二月十四日）[J]. 浙江教育行政周刊，1931, 3(16): 4-5.

3　钱学森. 钱学森文集：第 6 卷 [M]. 北京：国防工业出版社，2012: 420.

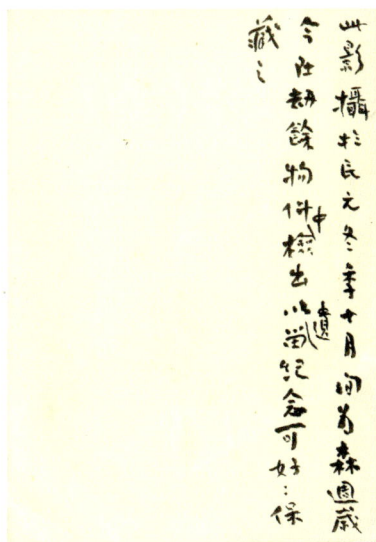

图为1912年钱学森和父亲钱均夫的合影，亦在1937年的劫余物件中检出。照片背后亦有钱均夫的注：
"此影摄于民元冬季十月间，为森周岁。今在劫余物件中检出，以遗留纪念，可好好保藏之。"

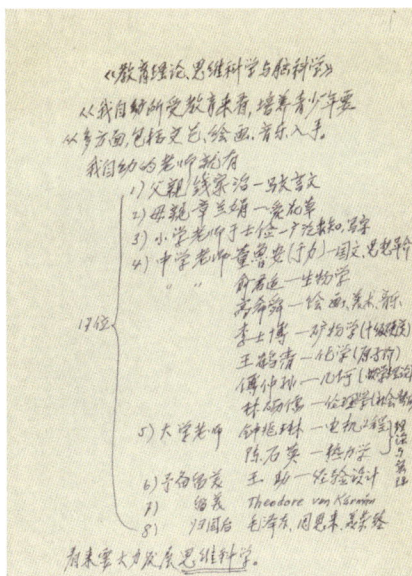

图为钱学森晚年时的手稿里，其中影响人生的第一位老师和第二位老师分别是父亲钱均夫、母亲章兰娟

　　总而言之，作为钱学森人生起点的家庭教育，父亲钱均夫和母亲章兰娟的实践都可以归入"爱的教育"。此种爱非溺爱、非宠爱，而是倡导在实践中建立起一种以家国情怀为内涵的世界观、人生观和价值观，就像钱均夫所倡言之"非人民有极强固之爱国心，殆不能立足于世界之上"。[1] 此种爱实为大爱，即为《钱氏家训》中"利在天下""利在万世"之实质也。

1　郭廷谟. 钱视学家治调查日本教育报告 [J]. 教育公报，1918, 5(14): 88-94.

第二章　人生立志须在远大

曾有言曰"立志以植基"，强调人要有志气和志向。《论语》有"取乎其上，得乎其中；取乎其中，得乎其下；取乎其下，则无所得矣"，立志即如此，要在远大。钱学森在北京接受基础教育时既建立起"要祖国富强就非树立新政权不可"的世界观，同时还立下"为复兴祖国所以决心学工科"的远大志向。无论"要祖国富强"抑或"为复兴祖国"，他都将个人志向融于国家和民族的宏大叙事之中，此真乃凌云之志。

坐望故宫角楼的滋味

钱学森于 1914 年随父母移居北京生活和求学，1929 年考上交通大学南下时暂别北京，1955 年回国后在北京居住至 2009 年去世。如此算来，钱学森在北京生活近 70 年之久，算是"老北京"。因而晚年钱学森接到杭州友人来信询问要不要"拍些录像片以示故乡风貌"时，钱学森在回信中打趣地写道："我十分感谢您的盛情！但我与其说是杭州人，还不如说是北京人！不论在解放前还是在建国后，我在北京时间远长于我在杭州时间。"[1]

1　涂元季. 钱学森书信：第 9 卷 [M]. 北京：国防工业出版社，2007: 175.

图为 1947 年钱学森回国探亲之际与友人在北京游玩时拍摄的故宫、天坛和颐和园等处的景色

　　正是如此，钱学森对北京有着天然的亲切感。1993 年他在一篇题为《紫禁城东西两侧要建小公园》的手稿中写道：

　　我从前在旧北京待过 15 年，1955 年回来后，在新北京也已 38 年了。在这前后 53 年中，曾无数次到中山公园北面筒子河旁的树荫下坐望紫禁城，看城上建筑，看那构筑别致的城上角楼，真有说不尽的滋味。由此感受，我想到一件可以不但"把古都风貌夺回来"而且可以增添古都风貌的事：在南长街、北长街街道东侧，从中山公园西北角起，把现有的民房拆去；再在南池子、北池子街道西侧，从劳动人民文化宫东北角起，也把现有的民房拆去。在空出来的地段，移植高大青树，多种花卉，形成人民公园。北面岗子河北岸、景山前街南侧也移植些高大常青树。这样紫禁城四面都浸在公园中，朝阳夕照，风貌一定胜过旧时了！

　　钱学森在手稿中提出的"把古都风貌夺回来"设想，正是他当时构建山水城市思想的重要内涵。少年钱学森的北京生活是一段非常值得回味的经历，"真有说不尽的滋味"一语寄托着对故乡般的情感。因而钱学森晚年时看到逐渐消失的北京"旧城"时不免有些感伤地说道：

> 我自 3 岁到北京，直到高中毕业离开，1914—1929 年，在旧北京待过 15 年。中山公园、颐和园、故宫，以至明陵，都是旧游之地。日常也走进走出宣武门。北京的胡同更是家居之所。所以对北京的旧建筑很习惯，从而产生感情。1955 年在美国 20 年后重返旧游，觉得新北京作为社会主义新中国的国都，气象万千！的确令人振奋！但也慢慢感到旧城没有了，城楼昏鸦看不到了，也有所失！后来在中国科学院学部委员会会议上遇到梁思成教授，谈得很投机。对梁教授爬上旧城墙，抢在城墙被拆除前抱回几块大城砖，我深有感触。[1]

　　不得不提，其时任职教育部的钱均夫有稳定收入，能够保证钱学森得到较好的物质生活。由 1912 年 10 月 16 日公布的《中央行政官官等法》可知，当时钱均夫在教育部担任的视学官阶属于"荐任四等"；而据查同期颁布的《中央行政官官俸法》，荐任四等四级月俸 280 元、三级月俸 300 元。1914年钱均夫任职初期以四级标准领取薪俸，即月俸 280 元。1920 年和 1921 年他分别获得"四等嘉禾章"和"三等嘉禾章"，薪俸随之提高到三级，即每月 300 元，并获得相当于现在的绩效奖励的"年功加俸"500 元。北洋政府前期的社会相对稳定，虽然后期因长年战乱导致国家陷于派系夺权而民生日艰，但政府职员凭工资尚且能够维持基本生活。

图为钱学森童年时期的着装，由此可见其优渥的物质生活

1　涂元季. 钱学森书信：第 7 卷 [M]. 北京：国防工业出版社，2007：503.

　　总体而言，钱均夫任职教育部 15 年是一段重要的仕途经历，他由此积累的教育经验、理性认识和人际关系成为重要的生命体验。这 15 年对钱学森来说同样也是一段美好时光，坐望故宫角楼的滋味足够他回味一生。

基础教育：学—用—思

　　晚年钱学森非常重视教育问题并从"个人的实践"角度总结自身教育经历，且对自己在北京师范大学附属中学（下文简称"师大附中"）的六年时光做过全面和深刻的考察与分析。钱学森满怀感恩地回忆称，"北京师范大学附属中学有个特别优良的学习环境，我就是在那里度过了 6 年，这是我一辈子忘不了的 6 年"。[1]钱学森列出的影响人生的 17 位老师之中有 7 位来自师大附中，他们分别是：

　　　董鲁安（于力）——国文、思想革命

　　　俞君适——生物学

　　　高希舜——绘画、美术、音乐

　　　李士博——矿物学（十级硬度）

　　　王鹤清——化学（原子价）

　　　傅仲孙——几何（数学理论）

　　　林砺儒——伦理学（社会发展）

　　早在 1958 年 9 月 24 日钱学森写入党自传时就写道："在北京师大附中时有两位老师给我印象最深：一位是王鹤清，一位是董鲁安。"及至晚年，

1　钱学森. 关于教育科学的基础理论 [J]. 华东师范大学学报（教育科学版），1984(4): 1-6.

他列出的中学老师名单则涵盖多个学科，且他还能记得老师的影响所在，由此可见中学教育对钱学森的影响。那么，此种影响究竟体现在何处？结合史料，答案可以概括为通过六年中学教育形成的"学—用—思"综合能力。

"学"是指通过六年中学教育构建起现代科学知识的体系。师大附中注重基本功训练，即钱学森指出要通过"作习题""作文"锻炼形象思维和逻辑思维，并将此提炼为"学习要靠实干"的读书观。[1]师大附中的重要特色是采取学科制和学分制，即"采用学科制，学科分必修、选修两种。而各科均用学分制；须课外预备一小时以上之科目，每周授课一次（50分钟为一次）满一学期者，为一学分；课外预备较少之科目，每周授课一次，满一学期者为半学分"。[2]下表所示为师大附中的课程情况与学分情况。除必修课之外，各种选修课有利于学生在掌握教学大纲的知识之际同步扩充"超纲"知识。故而钱学森在考入交通大学之后的第一学年觉得"没有什么新东西可学"，因为很多课程他在高中时已经选修过，如微积分大意、天文学、有机化学、无机化学、应用化学、磁电学、力学等。

师大附中的课程情况与学分情况

学期／课程			必修课（学分）	须修学分	选修课（学分）	须修学分	本学期须修学分	须修总分
初中部	初一	第一学期	公民科（0.5）、国文（7）、英文（5）、数学（5）、地理（3）、理科（3）、图画手工（1）、体育（3）、乐歌（0.5）	28分	无	—	28分	173分
		第二学期	公民科（0.5）、国文（7）、英文（5）、数学（5）、地理（3）、理科（3）、图画手工（1）、体育（3）、乐歌（0.5）	28分	无	—	28分	

1　涂元季. 钱学森书信：第10卷 [M]. 北京：国防工业出版社，2007：451.

2　李国佐. 北京师范大学附属中学校（附表）[J]. 渝声季刊，1923（创刊号）：83-100.

续表

学期／课程			必修课（学分）	须修学分	选修课（学分）	须修学分	本学期须修学分	须修总分
初中部	初二	第一学期	公民科（0.5）、国文（6）、英文（6）、数学（5）、历史（3）、理科（4）、图画手工（1）、体育（2）	27.5分	国文（2）、珠算（1）、商业常识（2）、手工（1）、图画（1）、乐歌（0.5）	2分	29.5分	173分
		第二学期	公民科（0.5）、国文（6）、英文（6）、数学（5）、历史（3）、理科（4）、图画手工（1）、体育（2）	27.5分	国文（2）、珠算（1）、商业常识（2）、手工（1）、图画（1）、乐歌（0.5）	2分	29.5分	
	初三	第一学期	公民科（0.5）、国文（5）、英文（7）、数学（5）、地理（4）、理科（2）、体育（2）	25.5分	国文（2）、英文（2）、数学（2）、矿物地质（2）、工业常识（2）、化学工艺（2）、手工（1）、图画（1）、乐歌（0.5）、家事（2）	4分	29.5分	
		第二学期	公民科（0.5）、国文（5）、英文（7）、数学（5）、历史（3）、理科（2）、体育（2）	24.5分	国文（2）、英文（2）、数学（2）、矿物地质（2）、工业常识（2）、化学工艺（2）、簿记（2）、手工（1）、图画（1）、乐歌（0.5）、家事（2）	4分	28.5分	
高中部	高一	第一学期	国文（3）、英文（5）、数学（5）、化学（4）、体育（1）	18分	世界地理（2）、科学通论（2）、论理学（2）、心理学（2）、图画（1）、音乐（0.5）、家事（2）、刺绣（1）、伦理学（1）、平面几何演习（2）、植物学（4）、用器画（1）、手工（1）、英文（3）	7分	25分	150分

续表

学期/课程		必修课（学分）	须修学分	选修课（学分）	须修学分	本学期须修学分	须修总分
高中部	高一 第二学期	国文（3）、英文（5）、数学（5）、化学（4）、体育（1）	18分	世界地理（2）、科学通论（2）、心理学（2）、图画（1）、音乐（0.5）、家事（2）、刺绣（1）、伦理学（1）、高等三角法（2）、植物学（4）、用器画（1）、手工（1）、英文（3）	7分	25分	150分
	高二 第一学期	国文（3）、英文（4）、数学（4）、物理（4）、体育（1）	16分	世界历史（2）、经济学（2）、图画（1）、音乐（0.5）、家事（2）、社会学（2）、政治学（2）、第二外国语（3）、近世几何（2）、动物学（4）、农学（4）、林学（3）、地文学（2）、无机化学（4）、定性分析（2）、英文（3）	9分	25分	
	高二 第二学期	国文（3）、英文（4）、数学（4）、物理（4）、体育（1）	16分	世界历史（2）、经济学（2）、法学通论（2）、图画（1）、音乐（0.5）、社会学（2）、政治学（2）、进化论（2）、第二外国语（3）、近世几何（2）、动物学（4）、农学（4）、林学（3）、天文学（2）、无机化学（4）、定性分析（2）、英文（3）	9分	25分	150分

续表

学期/ 课程			必修课（学分）	须修 学分	选修课（学分）	须修 学分	本学期 须修学分	须修 总分
高中部	高三	第一学期	国文（3）、英文（4）、数学（4）、体育（1）	12分	哲学概论（1）、第二外国语（3）、微积分大意（4）、生物学（3）、矿物学（3）、地质学（3）、有机化学（3）、应用化学（2）、力学（3）、磁电学（3）	13分	25分	150分
		第二学期	国文（3）、英文（4）、数学（4）、体育（1）	12分	第二外国语（3）、微积分大意（4）、生物学（3）、矿物学（3）、地质学（3）、测量学（3）、有机化学（3）、应用化学（2）、力学（3）、磁电学（3）	13分	25分	

　　"用"是指师大附中的教学注重培养学生的实践能力和生活能力，即鼓励学生将课本知识转变为用于日常生活的实践能力。师大附中为了提升学生的动手能力，将学校实验室变成开放式；虽然当时的实验设备和设施比较"困难"，诸如试剂不纯、滤纸不足等，但学生只要有时间就可以申请去做实验。钱学森回忆道："化学老师让我们一部分对化学有兴趣的同学，任何时候都可以去实验室，只要跟实验室管理老师说一声，而不受课程科目的限制。"[1]再如，师大附中还会让学生亲手做生物解剖或标本，通过解剖或标本了解生物构造；晚年钱学森致函老师俞君适时，仍能回忆起60多年前"随老师到北京天坛采昆虫标本""蒙赐玻璃酒精瓶装蛇"等情形。

1　钱学森.钱学森文集：第4卷[M].北京：国防工业出版社，2012:363.

图为师大附中的实验室

　　"思"是指师大附中主张通过学与用的结合不断增强学生思考和分析问题的能力，进而促进其创新精神的萌芽。钱学森解释称，师大附中的教育"最主要的就是不在于背书，而是理解"，既知"书本"之然又知"知识"之所以然。师大附中正是以非在"求满"而在"求解"为教学目标，即如钱学森总结校长林砺儒的讲课特点在于"把逻辑推理讲得透彻极了"。故而学校的考试从不以得满分为目标，这又有钱学森的回忆为证："这个学校的教学特点是考试制度，或说学生对考试形成的风气；学生临考是不做准备的，从不因为明天要考什么而加班背诵课本。大家都重在理解不在记忆。考试结果，一般学生都是70多分，优秀学生80多分。就是说对这样的学生，不论什么时候考，怎么考，都能得七八十分。"[1]

正是因为老师"讲得透彻极了"，学生们才易于理解，而此种理解又能够不断激发学生的求知欲。此外还有一个重要的时代背景，那就是校长林砺儒创新实践的"三三制"，成为推动师大附中走上高质量发展的重要原因。1989年9月21日，钱学森致函林砺儒女儿林安娣时就称，"林砺儒先生

图为钱学森的师大附中毕业证书（部分）。当时仿照法国教育制度实行"大学区制"，北平地区设"北平大学区"以管辖北平地区的各项学术和教育事务，因此钱学森的毕业证书由"北平大学区教育行政院"验讫

是我尊敬的老师，我也非常感激他自己和他主持的北京师范大学附属中学给我的教育。这是我一辈子忘不了的"。"一辈子忘不了"颇能说明中学六年时光对钱学森产生的影响。

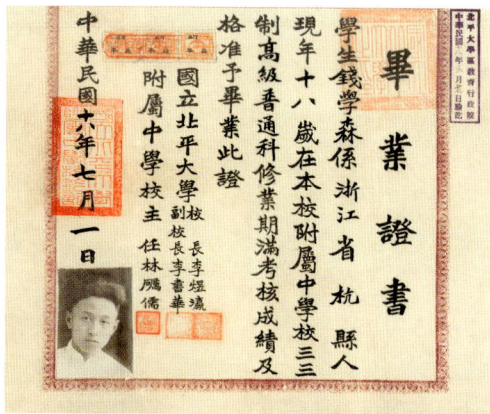

诗情画意与审美能力

科艺结合理念是钱学森毕生践行的理念，成为钱学森思维模式的重要构成。但钱学森提倡的科艺结合并非将科学与艺术简单相加，而是将科学研究视为探索美、发现美和创造美的审美过程。由发生学来看，此种审美能力的形成得益于钱学森早年接受的美育，尤其体现在他对诗与画的热爱以及在"诗情画意"之中领悟到的何谓美。

---

1   钱学森. 关于教育科学的基础理论 [J]. 华东师范大学学报（教育科学版），1984(4): 1-6.

　　从"诗情"来看，钱学森的读诗启蒙源于父亲钱均夫。正如《钱氏家训》将"诗书须读"作为人生的必修课那样，钱均夫会不定期地为钱学森开具包括中华诗词作品的阅读清单，例如《杜工部集》就是被指定要求阅读和背诵的书目。同时，师大附中还将包括诗词在内的传统文化作为授课的重要内容，以使学生"在祖国的优秀文学遗产方面大开了眼界"。[1] 因而晚年钱学森以自身实践经验为感悟，大力主张中小学生在青少年时期就应当通过诗词教育蕴积出"欣赏唐诗、宋词、古散文"的能力，而此举旨在借由诗词教育培养中小学生思考问题的想象力和整体观，进而提升中小学生解决问题的创造力和创新力，即如其所言建立"大跨度地思维"并锻炼出"从初看无关事物中找出有关"的能力。

　　不仅如此，长期积累的读诗经验还使钱学森从"治学之成功路"的角度，提出"教授不但是科学家、工程师，而且同时又是文学家、诗人"之观点。尤为值得一提的是，钱学森还在读诗之中自豪地宣称"中国的诗词就高过洋诗"。人们常说"诗言志"，但要读懂诗中志实非易事——因为知其言不难，难在如何体悟其义。钱学森的做法是充分了解诗人生平及其时代，例如他读李商隐的作品时就将《李商隐评传》作为辅读之书。同时他还通过研读《中国诗学体系论》《章法学概论》等获取理论知识，乃至采取对比法即通过阅读同一首诗词的不同注释而获取多维度的理解。

　　读诗悟诗，又用诗。中国工程院院士汪成为就曾回忆钱学森如何用诗"点拨"其治学。事情经过如此：20 世纪 90 年代，钱学森请汪成为写一篇关于计算机软件发展趋势的文章，汪成为没用几天便写完并很自信地交给钱学森。但第二天钱学森找到汪成为并笑眯眯地说："汪成为，我送您一首诗吧！'爱好由来落笔难，一诗千改始心安，阿婆还是初笄女，头未梳成不许看。'你知道这首诗是谁写的吗？"汪成为恍然大悟并对钱学森说："请把原稿退还给我吧！"后来，汪成为用了很长一段时间修改文章，钱学

1　北京师范大学附属中学建校八十周年纪念册 [Z]. 1981: 23.

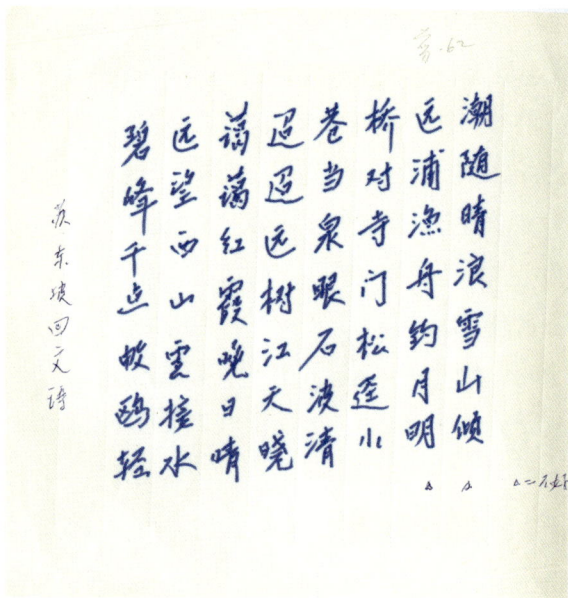

图为晚年钱学森读诗时抄写的诗作与所写的读诗感悟

森看后"初步地表示满意了"并说："有点意思了，慢慢地在实践中提高认识吧！"[1]

　　正是源于自身的经验，钱学森还提出要能通过读诗体悟诗中"高级的东西"，即积极向上的人生取向。循此理念，钱学森还提出当代诗人的创作既要"表达哲理"，更要激发出"时代在召唤我们赶上去"的实践力量。因而当钱学森得知好友郑世芬"爱读古文诗词"时便致函："这是好事！我也是如此！"钱学森连用两个感叹号，其故不仅在于读诗可以陶情适性，还在于诗中的"意境之美"可以转化为学术思想资源，即读诗体悟可反哺学术研究。例如，钱学森晚年提出的大成智慧学概念就受到《诗经》启发，即《小雅·车攻》中"允矣君子，展也大成"；又如，他整体研究形象思维、逻辑思维与

1　汪成为. 科学的战略谋划严谨的治学精神——对钱老的深切缅怀 [C]// 总装部科技委、总装备部政治部，钱学森学术思想研究论文集. 北京：国防工业出版社，2011: 17.

灵感思维并构建思维学思想体系时，就将诗作为研究对象并提出诗是"三种思维的结晶"之观点；再如，他提出国外学术成果的译介要有"诗意"并建议将 VR（虚拟现实）技术译为"灵境"，从而体现"中国文化味"。如此种种，不一而足。值得一提的是，钱学森晚年非常注意于新发现的毛泽东诗词作品，若见有报刊登载则必会将其制成剪报珍藏，亦时常在写信时即兴抄送赠寄友人。

从"画意"来看，钱学森早年就曾受教于高希舜的绘画启蒙训练，且形成很好的绘画功底和较强的欣赏能力。正如钱学森描述绘画心境所言："在观察景物、运笔作画时，那景物都融在我的心里。那时，什么事情都被忘掉了，心里干净极了。"钱学森晚年还将这种能力运用于山水城市思想的研究，他于 1992 年 6 月 26 日致函时任全国政协委员的著名画家孙大石时，就颇有创造性地提出"城市山水画"概念，即"未来中国城市应在我国园林的基础上造成山水城市"。同时他还提出创作画作要反映时代潮流，即如其向艺术界建言画家要讴歌中国的改革开放和现代化建设。此外，他还主张"科技工作者和文学艺术家交朋友"，既要使科技工作者"尽可能学点文学、艺术、音乐、绘画"，又要使文艺界的人"能学点科学技术"。[1] 同时，他还对中国书法也颇有兴趣并将其比作"最精练的优美图画"，且每次回到家乡杭州时"总要到西湖边的西泠印社去看看清末的名书画家吴昌硕写的一副篆字对联"[2]；此副对联的内容为："印岂无原，读书坐风雨晦明，数布衣曾开浙派；社何敢长，识字仅鼎彝瓴甓，一耕夫来自田间。"

对钱学森来说，早年在"诗情画意"方面受到熏陶产生的重要结果就是形成了审美能力，他因此提出了"写诗是造美""绘画是造美"的观点。同时又如其所言："这些艺术上的修养不仅加深了我对艺术作品中那些诗情画意和人生哲理的深刻理解，也（让我）学会了艺术上大跨度的宏观形象

1 钱学森. 着眼 21 世纪加强文化建设 [N]. 科技日报，1988-06-15(4).

2 新华社驻北京记者. 科学家的春天 [N]. 人民日报，1957-02-05(7).

思维。"此种审美能力的形成具有广泛而深刻的意义，尤为重要的是使钱学森早年就能够从内容与形式的辩证视角看待"美"这一极为抽象的事物。他说：

　　读完一篇小说，你会觉得一种快适，这不是因为纸张的洁白、印刷的精美，而是因为那动人的内容。看了一张风景画，你会觉得一种快适，一种安慰，这不是因为色彩的鲜明、笔调的雄健，而是因为它引你到了画中的世界去，你与画的内容融合起来。看了一座石膏塑像，你会觉得一种快适，一种安慰，这是因为塑像全体曲线的变化及和谐感动了你。听完了一首诗，你会觉得一种快适，一种安慰，这绝不是因为诗的音节或文字的排列，而是因为其所包含的内容之美。小说、风景画、塑像和诗是如此，音乐也是如此。音乐的鉴赏必须注重在内容，必须注重在其情绪的流动，必须因它而感动。因此最好的乐曲须包含最能感动人的内容；最好的音乐演奏，必须是最能令人了解而受感动的。[1]

　　然而钱学森又未止步于此，读诗也好，欣赏画作也好，并非仅为怀旧，他还将体悟到的诗情画意转变为实践能力。就此来说，钱学森以诗画为中介实现认识世界和改造世界的统一，又以实践为途径创造出诗情画意般的人生。而此种人生的创造与实现，在某种意义上又可以追溯到其早年立志。

1　钱学森.音乐和音乐的内容 [J]. 浙江青年，1935, 1(4): 91-98.

中学立志：富强祖国

人生立志在早，且要在高。钱学森取得辉煌成就的重要原因之一就在于早年立下远大志向，将个人理想和国家、民族相联系。这一志向的核心是富强祖国，至此不得不提及师大附中的"思想革命"。当时，师大附中的不少老师都是中共地下党员或者革命支持者，常在授课时"宣传爱国、民主、进步的精神"。钱学森在入党自传里回忆国文老师董鲁安时写道：

> 董鲁安是国文教员，但他在我们高中课上，常常用较长的时间讨论时事，表示厌恶北洋军阀政府，憧憬当时国民革命军的北上；他教导了我对旧社会的深切不满，对鲁迅先生的钦佩，也使我了解要祖国富强非树立新政权不可。

客观而言，那时的钱学森还并不懂得到底要树立什么性质的新政权，但老师无疑在他心中播下一颗"思想革命"的种子，因而他在晚年饱含深情地表示"我很感谢并怀念他们"。与此同时，董鲁安老师还在课堂上表达出"对鲁迅先生的钦佩"，这也促使钱学森开始"阅读鲁迅先生的文章"并逐渐"崇敬鲁迅先生"。及至晚年，钱学森还购买过一套《鲁迅全集》珍藏，并借用日本学者藤山纯一的话作为治学的自我激励，即"鲁迅生前向我们提出的问题尚未解决，阅读和研究鲁迅作品，因此比以往更为重要了"。

1935年钱学森北上清华大学办理出国手续时，还特地去拜访董鲁安老师。这次见面之后不久，董鲁安因揭露日本侵略事实，掩护进步学生的抗日活动，遭到日伪软禁两个月，最后经过进步学生声援才得以脱险。钱学森当时已经在美国留学，不久便听说董老师"到解放区去了"，那时他才知道原来董老师一直在从事革命工作。因而当 1984 年钱学森收到群众出版社寄来的董鲁安著作《游击草》《人鬼杂居的北平市》时，他满怀感恩之情，复信群众出版社社长于浩成："承赐鲁安老师《游击草》及《人鬼杂居的北平市》十分感谢。（这些）都激起我对老师的怀念，他是我最尊敬的、也是对我教育最深的中学老师！"

除此之外，钱学森家国情怀的形成同样离不开父亲钱均夫的影响。平常，父亲钱均夫会与钱学森讨论时事并交流看法，且告诉钱学森"研究任何学问，应有数学与逻辑两种头脑"。此种观念深刻地影响着钱学森思考社会问题的方式。例如，1931 年钱学森阅读《浙江教育行政周刊》（第三卷第十二号）中署名为"浙省立六中附小"的文章《抗日救国中心教材举例》时就觉得该文存在问题。此文所举《日本出兵侵占东三省的原因》认为由于日本山多地少且常遭地震火山侵袭，故而通过侵占东三省转移日本国内迅速增加的人口。但钱学森觉得这种分析存在逻辑问题，于是找来《日本年鉴》等材料仔细核对数据并分析 1897 年至 1922 年日本每人每年稻谷、甘薯、麦、豆等粮食的平均产量后得出结论："日本之粮食生产，远超过其人口之增加，故日本人无粮食问题，即日（本）人无人口问题。而谓人口问题，粮食问题，完全为日本预备侵略之国际宣传耳。"

钱学森的大胆质疑和科学分析揭穿了日本侵略者的本质，所谓"人地矛盾"只是日本发动侵略战争的幌子。后来，他将分析的过程和结果以书信形式寄给《浙江教育行政周刊》杂志社主编孙荪侯。孙荪侯读到信件后认为其"引各项翔实统计与学理实物作证"，"深佩钱君读书之精细"，于是将其刊登在杂志中的"读者论坛"栏目。钱学森在交通大学将学术兴趣从铁道工程转向航空工程的原因之一，正是他看到世界强国纷纷通过发展空军力量而使本国掌握国防科技优势，遂立下以研究航空科学实现科学报国的人生志向。但要指出，这一转向的基础根源于钱学森在交通大学求学时的初步学术训练，特别是以理工结合为核心的学术实践。

图为 1932 年钱学森拍下"一·二八"事变之际被日军轰炸后的杭州

第三章　理工结合思维训练

　　理工结合是钱学森思维的内核，始于其求学于交通大学之际的初步学术训练。交通大学属于典型的工科院校，但又"非常重视理论根底"。在既重"工"又重"理"之中，钱学森领悟到理工之间的辩证关系：既要掌握运用科学理论解决工程实际问题的方法，同时又要能够将工程实际问题加以总结并上升到理论层面进行分析。理工结合思维的训练与建立，成为钱学森提出技术科学思想的源头活水。

交通大学的理工结合

　　1929 年钱学森即将高考时，因已树立"为复兴祖国所以决心学工科"的人生志向，于是将以工科见长的交通大学作为高考志愿。他选择交通大学还有一个原因，当时他父亲钱均夫已从教育部转到浙江省教育厅任职，他高考时便将南方的大学作为首选。当时交通大学有"东方麻省理工学院"之称，为诸多考生之首选。

　　1929 年 7 月 23 日至 25 日，钱学森在交通大学参加六门课程的考试，即国文、英文、物理、化学、高等代数和解析几何。8 月 4 日，《申报》第二版头条公布《交通大学录取新生案》，钱学森列在机械工程学院 20 名新生中的第三位。钱学森的高考总成绩为 396 分，各科成绩为：国文 51 分，英文 80 分，物理 50 分，化学 85 分，高等代数 60 分，解析几何 70 分。钱学森晚年回忆道：

图为钱学森考入交通大学后在杭州家中的合影，左起为钱学森、父亲钱均夫、母亲章兰娟、奶奶

我是北京师范大学附属中学高中二部（理工科）毕业后，于 1929 年夏考入上海交大机械工程系的。记得当录取名单在上海《申报》公布时，我在机械工程系的名次是第三；第一名是钱钟韩，现在的南京理工大学名誉校长；第二名是俞调梅，现在的上海同济大学教授。不过他们二位后来都转入他系，只有我留在机械工程系。[1]

事实上，由于时隔数十年之久，钱学森的回忆与《交通大学录取新生案》略有出入。名单显示，机械工程学院的第一名是周祖武，第二名是高潜，第五名是俞调梅，而钱钟韩是电机工程学院新生。从师大附中升入交通大学之初，钱学森颇有些不适应"专重考试分数"和"为分数而奋斗"的学

1　钱学森. 回顾与展望 [Z]. 上海交通大学通讯，1992，1.

习氛围。因为交通大学非常注重工程基础课（见下表），课程多之外，作业、考试和需写的论文均多，以至于每学期的考试成绩要计算到小数点后两位才能将学生一分高下。毋庸置疑，基础课对哪个学科都至关重要，即如钱学森后来所言："不掌握好基础课，不先掌握好自然的一般规律和自然现象的共性，就难于应付变化很快的专业科学技术；先有一个不大变化的坚固基础，就好在上面随着需要建起强大的结构。"[1]

钱学森就读交通大学期间的课程与考分

学年	第一学期课程（考分）	第二学期课程（考分）
第一学年	国文（76）、英文（80）、党义（87.4）、大学物理（88.1）、物理实验（82.3）、大学化学（92）、化学实验（93）、机械制图（72）、铸造厂实习（83）、微积分（80）、军事科学（83）、法语（83）	国文（72.2）、英文（83.1）、大学物理（86.5）、物理实验（86）、大学化学（90）、化学实验（88）、画法几何（85）、铸造实习（77）、微积分（79）、军事科学（77）
第二学年	机械学（82.9）、大学物理（91.9）、物理实验（84）、工程化学（94）、化学分析（90）、机理（74.2）、经验设计（84）、木工车间（83）、军事科学（80）、微分方程（99）	木工车间（86）、大学物理（98）、物理实验（82）、工程化学（87.9）、化学分析（90）、运动图（87.6）、机械车间（86）、材料力学（95）、军事科学（100）、微分方程（92）、应用力学（81.1）、热力工程（93）
第三学年	热力工程（89）、化学实验（90）、电气工程（96）、电气实验（94）、工程材料（92.7）、机械设计（91）、机械设计理论（90）、机械车间（86）、工程经济学（84.2）	热力工程（93）、化学实验（90）、电气工程（97）、电气实验（95）、机械设计（92）、机械设计理论（91）、水力学（95.4）、工程合同（87.8）、调查报告和实地考察（91）
第四学年	电站（95）、机械试验（90）、内燃机（99）、铁道工程（94）、机车车辆设计（99）、工业管理（94.5）、汽轮机（95）、发电厂（93.4）、机械工程研讨会（92）、航空工程（89）	发电厂（92）、机械实验（93）、内燃机（97）、铁道工程（97）、机车设计（99）、铁道管理（86）、车辆设计（95）、汽车工程（96）、机械工程研讨会（90）、成本核算（95）、公文（67.5）、航空工程（91）

（资料来源：钱学森就读交通大学时期的成绩大表，原件存于上海交通大学档案馆）

1　钱学森.科学技术工作的基本训练 [N].光明日报，1961-06-10(2).

图为钱学森在交通大学第二学年学习"应用力学"时所做的笔记

　　初入大学虽有不适之感，但钱学森主动调整心态，很快就适应了交通大学的学习节奏并以四学年总平均成绩89.10分、名列机械工程学院榜首的成绩毕业。直到几十年之后，钱学森仍记忆犹新："当时交通大学的求知空气并不很浓，但却十分重视考分，学期终了，平均成绩计算到小数点以后两位数字。我对此很不习惯，但也不甘落后，每门功课必考90分以上，获得了免交学费的鼓励。"但钱学森受到的更为重要的影响是交通大学的理工结合教育理念，他回忆17位老师的手稿里就有关于大学老师陈石英、钟兆琳注重"理论与实际"之记载。钱学森每每回忆自己在交通大学的求学经历时常说：

　　在交大，非常感激两位把严密的科学理论与工程实际相结合起来的老师，一位是工程热力学教授陈石英，一位是电机工程教授钟兆琳。

　　"非常感激"之情源于两位老师"非常重视理论根底"，给钱学森以积极

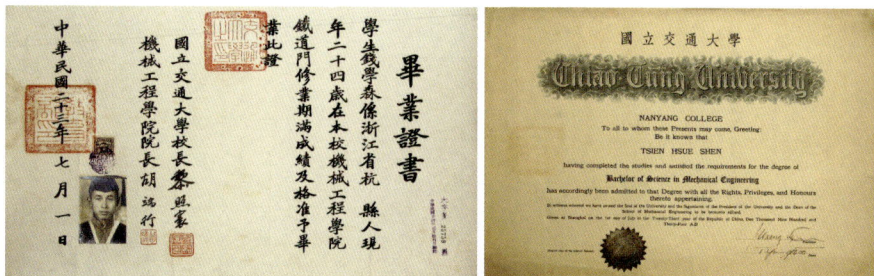

图为钱学森的交通大学毕业证书（部分）和学位证书

的方法启示与思想启迪。由上表可见，交通大学注重实验类与实习类课程，以使学生能够将书本知识运用于工程实际问题的解决，进而避免只会坐而论道。例如，学生在第三学年学完"热力工程""电气工程"两门课、进入第四学年学习"电站""发电厂"两门课之前，便会由学校安排于暑期到杭州闸口发电厂进行专业实习。钱学森晚年回忆道：

那时，刚读完大学三年级，工程热力学和电机工程学的课已学过，按上海当时的规定，进入四年级之前的暑期，要安排一个月的工厂实习，我就选了杭州钱塘江边的闸口发电厂。这里有两台汽轮发电机，总容量约 1 万千瓦，这在旧中国是难得的了。那时天天到钱塘江边上班，看到轮渡过江，人、货停在木船上，用拖轮拖。我还在一个假日，亲自上船尝尝过江的味道，一次要花一个多小时，真不方便。

交通大学除安排学生进行专业实习之外，还会在大学四年级为学生安排毕业实习，图为钱学森与交通大学同届学生由上海出发到江苏、山东以及北京等地参加实习的合影，他们通过实习了解社会并对中国社会现状进行近距离观察

同时由上表可见，交通大学虽以培养工程人才为要，但也开设了很多理论性课程。此课程体系的设计旨在夯实学生的工科基础的同时加强学生的理论思维，由此鼓励学生从理论和实际相结合的角度思考问题。就此而言，正是在交通大学接受的理工结合教育理念，成为钱学森后来提出技术科学思想的源头活水。

休学偶读与思想转变

1929 年至 1934 年，钱学森在交通大学度过五年时光，因大学一年级暑期染上伤寒休学一年。休学之际，钱学森与表弟李元庆时常结伴去杭州青年会听音乐会，讨论的话题从音乐逐渐延伸到人生观和价值观，同时他还从表弟那里"略闻左翼文艺运动情况"。李元庆在杭州国立艺术专科学校音乐研究会师从音乐家李树化学习钢琴，但"家中都说他（李元庆）是共产党"。钱学森休学未停学，而是坚持自学与读书，在此期间，萌生于中学时期的"思想革命"因一次偶然读书而再次得到启蒙。

此次启蒙的发生，缘起钱学森在书店购买一本了由匈牙利社会科学家用唯物史观写的艺术史书，此书使他在"从来也没有想到艺术会有科学分析的可能"之感想中对"这一理论发生莫大的兴趣"。钱学森又解释称"接着读了蒲列汉诺夫的《艺术论》，布哈林的《唯物论》等书，感到这真有道理"，而此处的"道理"便是马克思主义理论；于是又在阅读"西洋哲学史之类的书"和"《中国哲学史大纲（上册）》"之后，钱学森终于感到"只有唯物史观和辩证唯物主义才真有道理，唯心论等等没有道理，经济学也是马克思的有道理，而资产阶级经济学那一套利息论等，不能自圆其说，不能令人接受"。

钱学森在入党自传中总结此时的思想状况时称，"我当时是信服科学的社会主义的，对国民党的那一套不信了。觉得中国能得救，要世界能大同，只有靠共产党"。值得一提的是，他阅读的"蒲列汉诺夫的《艺术论》"正是经鲁迅翻译的普列汉诺夫的《艺术论》（光华书局 1930 年版）。因而钱学森结束休学回到学校之后，就有意识地阅读社会科学方面的书籍。他说：

　　既然我是学科学的，那么，对于社会和宇宙的看法，就得有一个正确的科学态度。我们科学工作者如果掌握了它，就等于掌握了研究宇宙、人类社会和研究科学的钥匙，就等于我们在人生道路上有了正确的方向。

　　此段经历使钱学森对马克思主义、共产主义有了理论认识，对革命问题算是"初步从书本上搬到生活上来"。正如钱学森自称："休学一年对我也有好处，乘机看了些科学社会主义的书，对当时的政府的所作所为知道了点底细，人生观上升了。于是再回学校读二年级时，对每星期一上午的'纪念周'就想逃，不愿恭听黎照寰校长的讲话。正好这时同级的林津（也是北师大附中的）来动员加入学校的铜管乐队，说在'纪念周'开始时乐队伴奏唱后就可以退席。我欣然从命，学吹中音喇叭。"

左图为交通大学学生铜管乐队合影，前排左一为钱学森、左四为林津，后排左一为熊大纪；右图为钱学森（左一）、熊大纪（中）、林津（右）的合影

　　偶然之事实为必然之果。钱学森因休学偶读而在"脑筋里树立了对共产主义的信念"，这实则是他早年萌生的"思想革命"持续得到启蒙的必然结

果。其实若无休学偶读，亦会有党在交通大学建立的外围组织"社会科学研究会""读书合作社"这类接触或了解马克思主义的渠道，且他回到学校后就主动参加"社会科学研究会""读书合作社"的活动。钱学森写入党自传时还清晰地记得，"小组的领导人好像是乔魁贤，他是当时交大数学系的学生，小组也有许邦和、袁轶群和褚应璜"。在参加党的外围组织之际，钱学森"第一次知道红军和解放区的存在"，"对革命斗争有了进一步的了解，对国民党知道痛恨了"。不宁唯是，钱学森回校后因"人生观上升"而主动宣传革命思想。

例如，钱学森在入党自传里提及"同宿舍房间的一位王同志是东北人，因我的谈话而干起工人运动"，而此"王同志"名为王镇钰，正因钱学森的"谈话"而在"夜间外出工作"并走上革命道路。[1] 再如，钱学森经常向师弟罗沛霖谈起"社会革命"问题并称"这个政治问题，不经过革命是不能解决的，我们虽然读书，但光靠读书救不了国"，同时又强调"不靠政治（革命）而只靠读书是不能改变的"。罗沛霖称"这话对我（有）很大的启发，在很大程度上影响了我以后的生活"，且他在毕业之后就奔赴延安走上革命道路；而当时已在美国留学的钱学森时常致函罗沛霖，甚至与其约定找机会一起去革命圣城莫斯科。鲜为人知的是，钱学森就读麻省理工学院时就曾向一位同在该校求学的苏联留学生了解去苏联工作的可能性。

航空工程：始于兴趣

钱学森考入交通大学之后选择的专业是铁道工程，毕业设计是"在图板上画蒸汽机车"。但他在大学四年级选修的"航空工程"成为他此后的主要研究方向，且他的考试成绩名列 14 名选修生之首。那么，钱学森为何会从

---

1 王建绪致钱学森（1956 年 10 月 18 日），原件存于上海交通大学钱学森图书馆。

铁道工程转向航空工程呢？此种转向既受前文提到的时代因素影响，同时也离不开钱学森对航空工程产生的兴趣。据钱学森自述，他在中学时期就爱去图书馆看书，因而在交通大学读书时"每天必去的地方"就是去图书馆，他或读报或看书，且对科技书"那真是如饥似渴"。他说：

> 我是学机械工程的，常去找有关内燃机的书，特别是讲狄塞尔（Diesel）发动机的书来读，因为它热效率高。后来我的专业是铁道机械工程，四年级的毕业设计是蒸汽机车。但我到图书馆借读的书绝不限于此，讲飞艇、飞机和航空理论的书都读，讲美国火箭创始人戈达德（R. Goddard）的书也借来看。我记得还借过一本英国格洛尔（H. Glauert）写的专讲飞机机翼气动力学理论的书来读；当时虽没完全读懂，但总算入了气动力学理论的门，这是我后来从事的一个主要专业。

当时钱学森对于上述专著"虽没完全读懂"，却对航空工程产生浓厚兴趣。罗沛霖也在回忆时说道："钱学森在交大念三年级，我念二年级，我经常到我的南开中学同学、此时与钱学森同住的郑世芬君的宿舍去闲谈，钱学森也在。于是我就认识了这位宁静的、常常在沉思中的年轻朋友。我很钦佩他认真学习的态度，他考试总拿第一名。……他那时已显露出了一个天才科学家的才华。图书馆里关于航空工程的书刊，他都读遍了，还自修了更高的高等数学。……说'读遍'，现在的中青年人会不相信，但（20世纪）30年代的世界科海，确也只有那么一点儿大。"

再据王建绪的回忆，"他（钱学森）在学校时代，课外时间已专攻航空工业了，他不但聪明，而且术业专攻，再加钻研和有恒劲，可能是他成功的秘密罢。"[1] 随着阅读量增多和思考加深，钱学森不再满足于"兴趣"，遂在大学四年级选修"航空工程"。1931年，交通大学就在机械工程学院开设"航空工程"选修课，而为钱学森等人讲课的任课老师是曾桐。曾桐于1921年

1　马德秀. 钱学森和他的母校上海交通大学 [M]. 上海：上海交通大学出版社，2011: 50.

考入交通大学，毕业后留学于美国密歇根大学航空工程专业并获得硕士学位，曾任职于美国海军、中央航空学校、中国航空公司等处，后回母校任教。正是源于兴趣、对选修课的学习以及相关经验的积累，钱学森出国前已发表六篇航空方面的文章，如下表所示。

钱学森出国前发表的航空方面的文章

文章题名	期刊	期号
《美国大飞船失事及美国建筑飞船的原因》	《空军》	1933 年第 24 期
《航空用蒸汽发动机》	《空军》	1933 年第 34 期
《最近飞机炮之发展》	《空军》	1934 年第 67 期
《飞行的印刷所》	《世界知识》	1934 年第 7 号
《气船与飞机之比较及气船将来发展之途径》	《航空杂志》	1935 年第 1 期
《火箭》	《浙江青年》	1935 年第 9 期

客观而言，这些文章并非严格意义上的学术论文，而是具有科普性质的文章。例如，其中三篇文章均刊登于由中央航空学校空军周刊社主办的《空军》杂志，而此刊的读者群体主要是在校中小学生，其旨在宣传航空救国和介绍航空知识。但从内容看，这些文章涵盖飞机、飞船、火箭、航空用蒸汽发动机以及飞机炮（武器）等航空领域，且《火箭》一文还提出多级火箭的概念以及星际旅行的设想。就此来说，钱学森于交通大学求学时就建构了初步的航空知识体系。

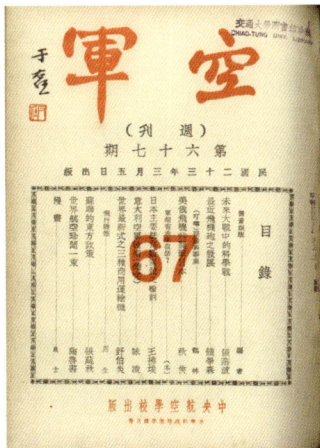

《最近飞机炮之发展》发表当期杂志封面。封面印有"交通大学图书馆珍藏"字样，这说明交通大学图书馆确有订购与收藏此刊，20 世纪 50 年代因院系调整，此类刊物移交上海图书馆，故而此批刊物现藏于上海图书馆

钱学森能够发表如此多的航空方面的文章，除了离不开学习选修课之外，还得益于交通大学丰富的基础课，即交通大学的课程体系同样为他研究航空工程奠定了理论基础。其实不仅是交通大学，当时国内诸多大学如清华大学、浙江大学、中央大学最初发展航空工程学科时，都是在机械工程学院设置专业或选拔学生授课。再者，交通大学注重理工结合的思维训练，锻炼了钱学森跨学科研究与思考的能力。因而可谓，钱学森从铁道工程转向航空工程源于兴趣也成于兴趣，并在此领域逐步成长为世界级科学家。

清华大学的专业见习

当时的交通大学属于铁道部管辖，很多学生毕业即可被"分配"到交通运输部门工作。钱学森毕业时已经被安排到京沪、沪杭甬铁路相关部门实习，实习结束就能正式"入职入编"，拿到不低的工资。但此时的钱学森已经不满足于对航空工程的"选修"，而是希望能够研究"专门的学问"。即如钱学森的同学陈更新颇为幽默地解释说，"选读不过是知点大概就是了，若然想精细研究，跨过了太平洋或许可以满足你的欲望了"。[1] 因而钱学森结束实习后并未"转正"，而是回到杭州准备参加清华大学留美公费生选拔考试。

1934 年 8 月 21 日至 8 月 28 日，清华大学留美公费生选拔考试在北京和南京两地同时举行。钱学森报名应考"航空工程"并在中央大学参加三门科目的考试，即党义、普通科目（国文、英文、德文或法文）和专门科目。他报名应考的"航空工程"的五门专门科目为：

1　陈更新. 机械工程学院三四年级课程概况 [J]. 南针，1933(5).

微积分及微分方程（命题人：南开大学姜立夫）

应用力学及材料力学（命题人：唐山工学院罗忠忱）

热工学（命题人：南京建设委员会张家祉）

机械设计及原理（命题人：交通大学杜光祖）

航空工程（命题人：清华大学王士倬）

10月2日，"国立清华大学考选留美公费生揭晓通告"正式对外公布，列在"航空门（机架组）"名单里的正是钱学森。钱学森的考试成绩分别为：党义85分，国文81分、英文75分、德分15分、微积分及微分方程41分、应用力学及材料力学63分、热工学64分、机械设计及原理63分，航空工程87分。至此，钱学森的兴趣变成专业。诚如他所言："1934年夏我报考清华公费留美，改行了，要学航空工程。录取后，在国内杭州笕桥及南昌的飞机工厂见习了一个月，算是入门。"随后按照清华大学规定，钱学森在杭州、南昌、南京、上海等地进行为期半年的专业见习，同时由清华大学安排王助、王士倬、钱莘觉和王守竞四位作为其指导老师。

清华大学留美公费生选拔考试始于1933年，至1944年清华大学先后招收六届留美公费生，共计132名，史称"国立清华大学留美公费生"。钱学森是第二届留美公费生。正是在见习期间，钱学森因专业见习、生活津贴和出国手续等问题给清华大学校长办公处写过八封书信。从专业角度来看，清华大学安排的见习以实践性课程为主并辅以理论学习，如1934年12月9日钱学森在信中谈及在杭州笕桥飞机制造厂的见习感受时所言：

初一星期在厂中各部见习，以了解其全体概况，明了飞机各部机件制造程序及其分配工作办法，尤注意于洽装配部，研究每一机件之功用。如是者一星期，随时学习，对飞机制造方法已知其大概。第二星期即开始在各部分别详细学习，自木工部开始，亦已一星期矣。王禹朋先生（王助）

并在暇时授学森以实际飞机设计之方法及如何阅读工程杂志及试验报告。

再如，1935 年 2 月 18 日钱学森致函清华大学校长办公处汇报在杭州笕桥飞机制造厂的见习情况时称："兹将志愿书及保证书附上，其他各件一俟书就，即当寄上。至学森在杭州飞机制造厂实习情形，木工部及机工部均已完毕，现在金工部，拟在四月前完毕全部，五月间当赴南昌航空委员会。"随后钱学森又前往南昌以及上海等处见习，而此信提及的"志愿书及保证书"及"其他各件"是指办理出国手续需要的材料：①两份英文版大学成绩单；②四张四寸证件照；③由本人签具的《国立清华大学留美公费生志愿书》和担保人签具的《国立清华大学留美公费生保证书》，志愿书和保证书印制于一张纸的正反面。

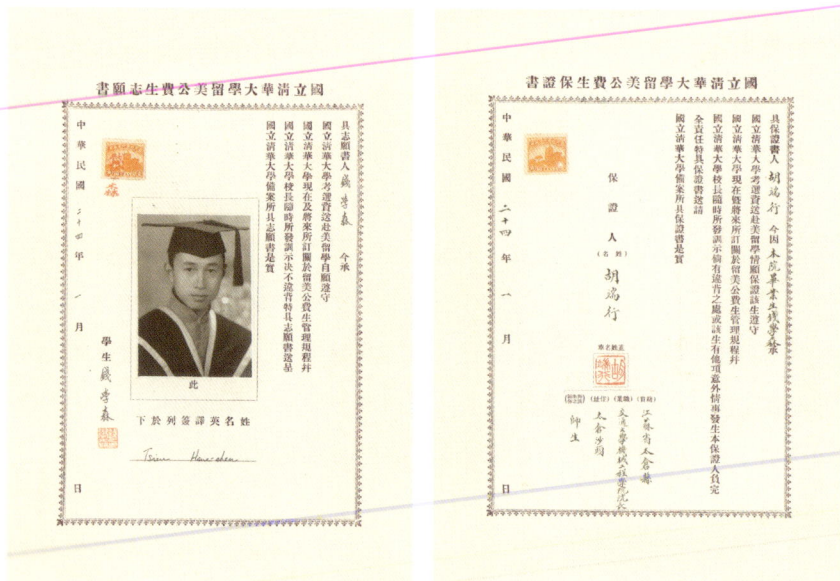

图为钱学森的《国立清华大学留美公费生志愿书》和《国立清华大学留美公费生保证书》，其中保证书由其母校交通大学机械工程学院院长胡端行作为担保人签具

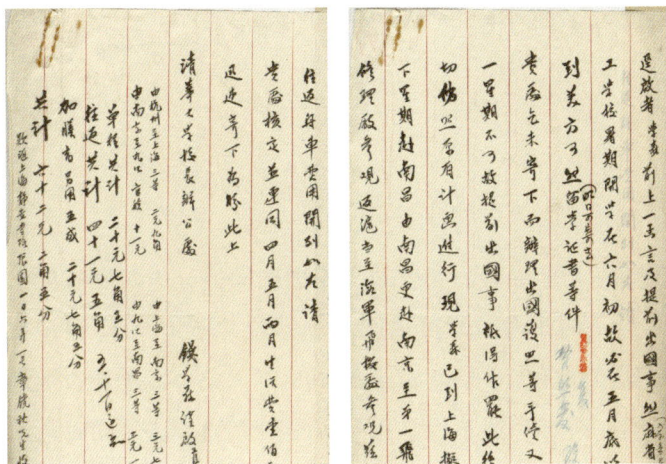

图为钱学森 1935 年 5 月 7 日致清华大学校长办公处的信函，由此函可知清华大学不仅为公费生提供每月 50 元的生活费，同时还为公费生报销见习期间的各种差旅费。信函上的蓝色文字为清华大学校长梅贻琦的批复"费照发"

　　从档案可知，钱学森赴美留学入读麻省理工学院是经钱昌祚和王助商定后由梅贻琦决定的，因为钱昌祚和王助均毕业于麻省理工学院并熟悉该校情况。特别是王助还以个人名义致函麻省理工学院航空工程系主任汉萨克，询问是否可以接收钱学森。钱学森在杭州见习之际听闻清华大学正在建设风洞，便致函清华大学"赴贵校一观其究竟"，梅贻琦收到此信后亲自指示校长办公处复函钱学森"希起程来平"。由此足见梅贻琦对学生之关爱，且由档案可知钱学森给清华大学校长办公处的信函均经梅贻琦阅读并做出相关批示。

　　钱学森北上清华大学后，一面参观风洞，一面办理出国手续。8 月 20 日，钱学森在上海吴淞口港乘坐"杰克逊总统号"邮轮赴美留学。邮轮于 9 月 3 日抵达西雅图，钱学森在此逗留数日后乘坐火车前往位于波士顿的麻省理工学院，开始了长达 20 年的留美生活。

第四章　中国青年成就自我

　　1935 年钱学森以清华大学留美公费生的身份出国深造，先入麻省理工学院攻读硕士学位，后入加州理工学院攻读博士学位并于 1939 年留校执教。从麻省理工学院到加州理工学院学术求索的四年，成为钱学森人生道路中的关键时期。在这一时期，他不仅掌握了科学研究的方法，同时还从中领悟到发展科学技术之于国家命运和民族前途的意义。正是经此，钱学森借由夯实学术基础而不断成就自我，进而以中国青年的形象在世界空气动力学研究领域崭露头角。

祖国待君：中国青年远行

　　民国时期，清华大学留美公费生申请出国护照和学生签证须到天津市公安局和美国驻天津领事官办理相关事宜。1935 年 7 月 15 日，钱学森携带清华大学提供的材料前往天津市公安局办理护照；待到 7 月 30 日又前往美国驻天津领事馆申请学生签证并获有效期为 34 个月的"另纸签证"。"另纸签证"未戳盖在护照内页，而是单独开具在一张纸上，又分正本和副本：正本寄交美国司法部移民归化局备案，副本由护照持有者保管。

　　笔者整理钱学森的护照资料时发现，钱学森护照上登记的出生日期是"1909 年 9 月 2 日"，直到读到钱学森的入党自传才知晓其故。据钱学森自述，他在天津市公安局办理护照时须按公历填写出生日期，但因不懂历法换算而写成"1909 年 9 月 2 日"，故而留美时期提交个人信息时只好照

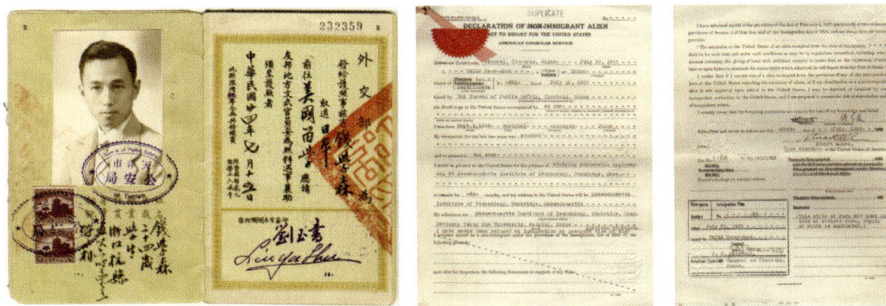

图为钱学森的"中华民国护照"和"另纸签证"

此填写，以与护照信息保持一致。因而钱学森留美之际填写的年龄信息比实际年龄大两岁，直到 1955 年回国后，他恢复使用"1911 年 12 月 11 日"作为出生日期。

　　钱学森在天津办完各种手续之后便乘坐火车返回杭州，准备出国远行的行李。在天津短暂居住期间，钱学森结识了几位青年好友，他们相谈甚欢、志趣相投。其中有一位叫娄育后[1]的青年还特地购买一本留言册，邀请其他好友一起为钱学森写下赠言。钱学森由天津南下返程后又邀请一些亲友在留言册上写下赠言。而在这些殷切赠言之中，张允俶的赠言极短却又极有力量：祖国待君。关于张允俶的资料极少，只知其为天津"小善社"社员并担任《为小善周刊》编辑，该社以互助为宗旨，是致力于社会救济事业的民间慈善团体。

　　1935 年 8 月 20 日，钱学森在上海吴淞口港登上"杰克逊总统号"邮轮，启程赴美留学。9 月 3 日，船行约半月之后抵达美国西海岸城市西雅图。钱学森办理入境手续之后在西雅图逗留数日，且不忘向当地青年会询问西雅图

1　娄育后系娄裕焘次子，其长兄娄成后乃著名植物生理学家、中国科学院学部委员。娄育后 1910 年生于美国，1933 年于南开大学毕业后留学英国，1939 年回国后在昆明、湖南、重庆等地参加抗战工作，新中国成立后任唐山启新水泥厂副厂长，并曾任河北省人民代表、唐山市人民代表、唐山市人民委员会委员、河北省民主建国会副主任委员、唐山市民主建国会常务委员、唐山市工商业联合会副主任等职。

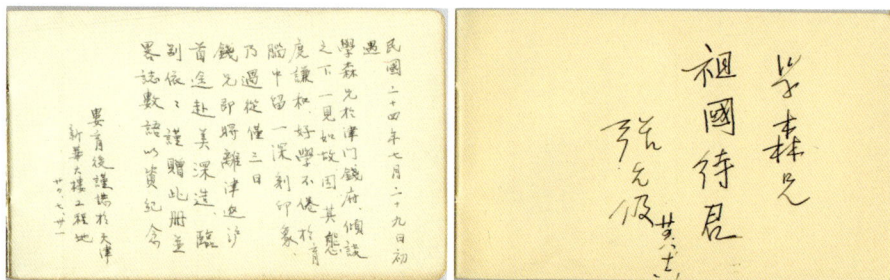

左图为娄育后在留言册上写的赠言。右图为张允彼的赠言，"祖国待君"不啻为钱学森的人生写照；
祖国待君时，君以身许国，可谓是对钱学森爱国精神最简洁的概括

左图为钱学森在"杰克逊总统号"邮轮上的留影，右图为钱学森在"杰克逊总统号"邮轮上与其他
清华大学留美公费生的合影。成为清华大学留美公费生后可以享受颇高待遇，例如每位留美公费生
皆会在出国前得到清华大学提供的 520 美元出国费，甚至清华大学早已为他们预订好邮轮的头等舱
舱位

图为钱学森在赴美途中用照相机拍下的同行中国青年学子

图为"杰克逊总统号"邮轮抵达日本停泊数日之际，钱学森到日本大阪、名古屋、横滨和东京等地游览时拍摄的照片。日本当时已是工业化和现代化国家，整洁的街道给钱学森留下深刻印象

有没有音乐厅以及哪天有音乐会，以便前往听音乐会。数日之后，钱学森乘坐火车前往位于波士顿的麻省理工学院，正式开启留学生活。对钱学森来说，他未曾想到此次"远行"将会长达 20 年之久，但祖国与故乡在他心中始终未曾"远去"。就像钱学森出国前在天津结识的另一位青年好友"亦梅"的赠言：

> 数年来屡闻人言森乃一不可限量者，此次因事来津，相处数日，见君纯厚质朴，果一有志之青年，但不日即将出国深造，将来学成归国后，于吾国航空事业，自必有所建设也。数语书此，用志记念并录东坡句并呈："有如社燕与秋鸿，相逢未稳还相送。"

此留言册成为钱学森留美时怀揣的珍重物品，激励他不断前行。颇有意思的是，当时"杰克逊总统号"邮轮上除了有清华大学留美公费生之外，还有一批赴美求学的交通大学学生，因而有清华大学学生和交通大学学生双重身份的钱学森就得参加两个学校的合影和"团建"活动。爱好摄影的钱学森成为"专职"摄影师并拍下一路上的风景与人物，留下那个时期中国青年学子远赴他国寻找救国道路的珍贵影像。

学术求索：从 MIT 到 CIT[1]

　　1935 年 9 月，钱学森进入麻省理工学院航空工程系学习。由于交通大学的很多课程是参照麻省理工学院设置的，甚至不少教师直接采用麻省理工学院的教材授课，因而钱学森的硕士研究生学业非常轻松。由下表可见，钱学森求学于麻省理工学院时学的很多课程已在

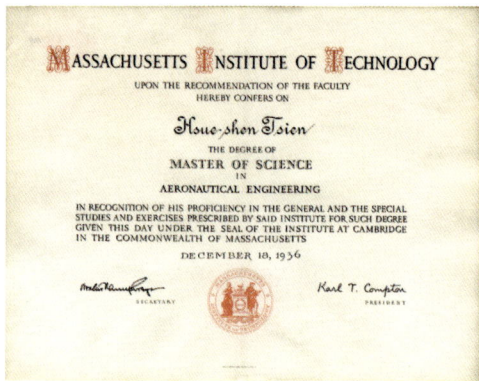

图为钱学森的麻省理工学院航空工程硕士学位证书

交通大学学过，因而他感觉"这一年并没有学到什么创新的东西，很一般化"。[2] 晚年时，钱学森总结说："1935 年秋就到美国麻省理工学院航空工程系学习。这才发现，原来不知，上海交大是把 MIT 搬到中国来了！"因此，钱学森修完一年的课程之后就以《边界层研究》为题完成硕士论文。

钱学森在麻省理工学院（硕士阶段）和加州理工学院（博士阶段）的课程和论文题目

阶段	课程（必修＋选修）	论文题目
硕士	飞机设计空气动力学、飞机设计实践、结构理论、航空实验、流体力学与航空应用、理论和应用弹性力学、光测弹性力学应用、飞机结构、航空实验及研究方法、飞机构造详图、矢量分析、流体力学与航空应用、高等航空力学专题、高等飞机结构、飞机螺旋桨设计、复变函数	《边界层研究》

1　MIT 即麻省理工学院，CIT 即加州理工学院。

2　钱学森.最后一次系统谈话：谈科技创新人才的培养问题[N].人民日报，2009-11-05(4).

续表

阶段	课程（必修＋选修）	论文题目
博士	高级航空理论、航空工程研讨课、航空工程研究、统计学、张量理论、弹性力学航空应用、微分几何、复变函数论、量子力学、广义相对论、统计力学	《可压缩流体的流动以及反作用力推进》

1989 年，著名华裔科学家叶玄回国拜访钱学森时回忆起当年他们同在麻省理工学院读书的岁月，还特地询问钱学森当年是如何把"一道很复杂的动力学题"变成"一个简单的代数问题"。钱学森虽以"那算不得什么，小技巧而已"淡然答之，但这实则反映出钱学森运用数学方法解决力学问题的超强能力。然而钱学森在麻省理工学院最重要的收获并不只是体现在学业层面，更在于建立起学术自信。钱学森在入党自传里解释说："在麻州（麻省理工学院）念书的时候，因为成绩不但比美国学生好，而且比在那儿同班的其他外国人都好，对洋人的迷信开始打破"。

钱学森在麻省理工学院期间愈发觉得学习并不"解渴"，因为其硕士论文《边界层研究》很大程度是一份关于"湍流附面层的实验研究"，而非严格意义上的理论研究。直到晚年钱学森还回忆起对湍流问题的研究，他说："一个未解决的老问题就是关于湍流的问题，看起来要解决湍流的问题还得靠实验。湍流不能放到电子计算机上去算，因为我们不知道怎么算，还得用经验规律。历史上湍流的工作就是这么做的，实验工作有了一个突破，理论工作就跟着上了一层楼；理论工作做着做着不行了，一等又是若干年，又要等待实验工作有所突破。现在实验技术有所发展，理论工作又有了突破的希望，另外，近几年对于耦合非线性型振荡的研究，发现了在这种体系中有时会出现类似湍流现象的杂乱运动。这又给我们一条线索，当我们更深入地认识到湍流是怎么回事，我们就有条件更好地做好湍流的理论工作。"[1]

---

[1] 钱学森. 现代力学——在一九七八年全国力学规划会议上的发言 [J]. 力学与实践，1979(1): 4-9+3.

图为钱学森初到麻省理工学院时的留影

　　因而对已经渴望进行理论研究的钱学森来说，他深觉麻省理工学院的教学理念已经落后了。正如钱学森的解释，"（20 世纪）30 年代麻省理工学院的工科教育安排是本世纪初的模式，对培养一种成型的工程技术的工程师是有效的，但对迅速发展进步的工程技术，如航空工程就显得不适应"；[1] 钱学森深思自身学术前景后决定前往加州理工学院继续求学，因为当时的加州理工学院适应时代需求创新理工结合教育，通过"大大加重基础课和专业基础课的分量"以"使学生毕业后能应付技术的新发展"。正是在攻读博士学位之际，钱学森的求知欲获得极大满足且思维活跃度"飙升"，而此间起到关键作用的正是他的导师冯·卡门。

　　那么，钱学森是如何"拜入"冯·卡门门下的呢？

　　钱学森成为世界空气动力学领域内"天花板"级别人物冯·卡门的博士生，源于钱学森的毛遂自荐。晚年冯·卡门撰写回忆录时还清晰地记得 1936 年他与钱学森初次见面的情形，特别是钱学森对他提出的问题能够"回答得都异常正确"，顷刻之间冯·卡门便为钱学森的"才思敏捷所打动"，同时

1　涂元季. 钱学森书信：第 4 卷 [M]. 北京：国防工业出版社，2007: 418.

建议钱学森到加州理工学院继续深造。[1] 正是此次见面时的"问"与"答"，成为钱学森学术道路上的重要转折。1936 年至 1939 年这三年里，钱学森在导师冯·卡门的点拨之下，以修完专业领域内的高精尖课程（如前表所示）为基础，实现了科研能力的大幅提升。当钱学森以《可压缩流体的流动以及反作用力推进》为题完成博士论文时，他已经成长为一位真正意义上的青年学者。

博士论文：数学成就力学

攻读博士学位之难并不在课程之多，而在博士论文选题之确定，确定了好的选题往往就已经成功了一半。钱学森能够青年成才，与博士论文选题的确定不无密切关系。钱学森的博士论文《可压缩流体的流动以及反作用力推进》由导师冯·卡门给出基本方向，且二人在开题初期进行过合作研究，但随着研究的深入，钱学森的问题意识越来越强烈，他逐步形成自我主张。

图为钱学森初到加州理工学院时的留影

钱学森的博士论文由四个部分组成（见下表），它们分别为《可压缩流边界层》《有攻角旋转体的超声速绕流》《将 Tschapligin 变换应用于二维亚声速流动》《以连续脉冲方式推进的探空火箭的飞行分析》。这四个部分看似独立，但研究方法都归于空气动力学这一理论体系之内且

1　冯·卡门，李·爱特生．冯·卡门：钱学森的导师[M]．王克仁，译．西安：西安交通大学出版社，
　　2015: 290.

研究旨趣深刻体现冯·卡门应用力学学派的内核，即"理论必须真正解决实际中的关键问题"。故而钱学森"搞应用力学理论研究"的同时，又"总是与搞同一方面实验工作的人结成好友，天天去看实验情况，交换看法"。[1]

钱学森的博士论文组成部分、主要内容与发表情况

组成部分	主要内容	发表情况
《可压缩流边界层》	论文包括两个部分：第一部分讲述可压缩层流边界层理论，利用逐步近似法将不可压缩流的已知解推广到大马赫数的情形，讨论了可压缩性对表面摩阻的影响，并应用所得结果估算了弹体和火箭的波阻与摩阻之比；第二部分讨论了热流体与冷表面以及冷流体与热表面之间的传热问题，还推导了由于摩阻产生的热量而使冷壁不再起冷却作用的极限情况下的一般关系	发表于 1938 年 4 月出版的 *Journal of the Aeronautical Science* 第 5 卷第 6 期，与冯·卡门合著
《有攻角旋转体的超声速绕流》	论文从可压缩流的线性化方程出发，求得了超声速流动中有攻角旋转体的侧向力或升力的一级近似解；证明了任意马赫数下的升力与旋转体的攻角成正比；对锥体进行了详细计算，并利用按步式偶极分子分布给出了尖头抛射体的通用解法	发表于 1938 年 10 月出版的 *Journal of the Aeronautical Sciences* 第 5 卷第 12 期，独著
《将 Tschapligin 变换应用于二维亚声速流动》	论文的基本概念是用压力 – 体积绝热曲线的切线作为曲线本身的近似，首先指出这种流体的一般特性。论文第一部分发展了可应用于流速接近声速的绕流问题的理论，Demtchenko 和 Busemann 所提出的近似理论只能应用于流速不超过一半声速的情形，冯·卡门和钱学森求解这个问题的共同设想是把用切线来近似绝热曲线的方法进行推广；该理论的框架是这样的，一旦知道了不可压缩流对某个物体的绕流，那就可以计算可压缩流对另一个类似物体的绕流；论文将本理论应用于椭圆柱体的绕流。论文第二部分将 H. Bateman 的研究结果应用于近似绝热的流体，得到了与第一部分本质上相同的结果	1939 年 8 月出版的 *Journal of the Aeronautical Sciences* 第 6 卷第 10 期，独著，论文发表时的题目为《可压缩流体的二维亚声速流动》

---

1   涂元季. 钱学森书信：第 7 卷 [M]. 北京：国防工业出版社，2007: 357.

续表

组成部分	主要内容	发表情况
《以连续脉冲方式推进的探空火箭的飞行分析》	论文共四个部分：第一部分给出了由连续脉冲推进的物体在垂直飞行中所能达到的高度的精确解，由此得出结论，即由连续脉冲（例如由快速燃烧火药所产生的脉冲）推进的火箭所能达到的高度，在理论上比探孔气球要高得多，因此值得对此进行进一步的实验验证；第二部分分析了重力加速度随海拔高度的变化对于探空火箭性能的影响，对于爬升 1000 英里（1 英里 ≈ 1.61 千米）的探空火箭，重力的下降使得火箭所能达到的最大高度，与假设重力加速度为常数的计算结果相比增加了 25%；第三部分给出了描述探空火箭在空气中的飞行性能的基本方程；第四部分应用前述理论分析了连续脉冲推进的探空火箭，其连续脉冲由反复充填型固体燃料火箭发动机提供	发表于 1938 年 12 月出版的 *Journal of the Aeronautical Sciences* 第 6 卷第 2 期，与 Frank J. Malina 合著

特别是当作为博士论文一部分的《将 Tschapligin 变换应用于二维亚声速流动》以《可压缩流体的二维亚声速流动》为题发表之后，钱学森以在读博士生的身份初登学术殿堂；此文即"卡门 – 钱近似公式"，成为现代计算器出现以前计算飞机翼形设计的主要理论依据。钱学森的师兄西尔斯曾"目睹"此文的研究过程：原来冯·卡门与钱学森分别以不同方法对同一问题进行演算并得到相同结果，于是又分别从头演算，结果发现两个公式都正确。但当此文发表时，冯·卡门坚持只署钱学森的名字，而钱学森则在论文最后特别声明：

The author expresses his gratitude to Dr. Th. von Kármán for suggesting the subject and for his kindly criticism during the course of the work.

1939 年 6 月，加州理工学院授予钱学森哲学博士学位，以表彰他在航空、数学以及流体力学理论研究等领域取得的学术成就。加州理工学院的博士学位证书将"数学"贡献加以表彰，缘故就在于钱学森的杰出数学能力成

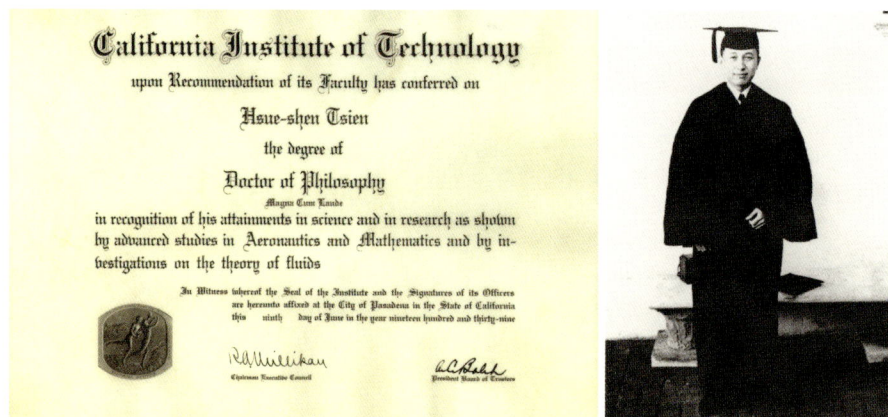

图为钱学森的加州理工学院博士学位证书和他穿着博士学位服时的留影

就了力学的研究成果。就像钱学森的导师冯·卡门在回忆时说道："起初，他跟我一起研究一些理论的问题。我发觉他的想象力非常丰富，他有把自然现象化为精准的物理图像的高超能力，这样，他将他的数学才华成功地与之结合起来。他还是个年轻的攻读博士学位的学生时，已经在不少艰深的命题上协助我廓清了一些概念。我感到这种天资是少见的，因此，我们两人便成了亲密的同事。"[1]

图为钱学森拍摄的加州理工学院"火箭研究小组"。钱学森读博之际加入由师兄弗兰克·J.马林纳发起的"火箭研究小组"并担任理论设计师。即在此际，钱学森拍摄了不少"火箭研究小组"的工作照，而此组照片记录了人类探索宇宙的早期历史

1　冯·卡门，李·爱特生. 冯·卡门：钱学森的导师[M]. 王克仁，译. 西安：西安交通大学出版社，2015：290.

　　笔者阅读钱学森留美时期的手稿，印象最为深刻的就是手稿中的数学计算占据大量篇幅，而其时常提起的"理工结合"之"理"往往是指数学。正是凭借超强的数学能力，钱学森既掌握以"理"解"工"的方法，同时又形成升"工"为"理"的能力。即如他在入党自传中总结三年博士生活时写道："1936 年 9 月到美国加州理工学院学习，与房卡门（冯·卡门，下同）教授有了师生的情谊。这时感到科学研究的创造气氛，一面对房卡门教授十分钦佩，觉得他的确有独到之见；一面觉得创造是可及的，不是高不可攀的。房卡门教给我从工程实践中提取理论研究对象的原则，也教我如何把理论应用到工程实践中去。理论必须服务于工程技术也是房卡门所强调的。所以从房卡门那里我学到实践—理论—实践这一条正确道路。"正是沿着这条"正确道路"，钱学森以强大的数学能力为方法不断拓展到火箭技术、工程控制论、物理力学等研究领域。

　　那么，为何数学会在力学研究中有如此重要的作用呢？钱学森在 1978 年全国力学规划会议上发言时解释说：

　　要用力学的方法去解决工程技术中的问题，碰到的第一个问题就是"算"这个难题。可以说，搞应用力学的人的本领，就在于会算。怎么叫会算呢？实际工程技术里的问题是非常复杂的，要得出数字的具体结果为工程师所用，就得先把问题简化。但简化不能脱离实际。脱离了实际，简化是简化了，算是算出来了，但一点用处也没有。又要简化，又要不脱离实际，用我们的语言来说，就是要深入实际去观察，找出事物的主要矛盾，认识主要矛盾的主要方面，然后舍去那些枝节的东西，抓住要害，形成一个简化模型。这样，对所要解决的问题进行计算才有可能。力学工作者的计算方法也是精心设计的。怎样把数学家那套理论用过来，使得它能够解决具体问题，对此我讲一个故事。冯·卡门在加州理工学院有一年开了一门课，（课的）名字很怪，叫"有用的数学"，好像在讽刺数学系那些课都是无用的数学。我看他的意思是说数学家的那些理论要产生实际结果才有用。所以，这个时期的力学的窍门就是两招，第一招就是要形成一个代表事物的模型，再一招就是（运用）一套比较灵巧的计算方法，使得最后可以得出（对）工程师们有用的结果。当然，这里面为了认识客观规律，还要做试验，实验工作也是受到重视的。[1]

同时又正如庄逢甘和黄志澄总结钱学森的学术道路时所言："钱学森的研究工作，开始于空气动力学，辉煌于空气动力学，得益于空气动力学。空气动力学严密的数理逻辑、数学与物理相结合的分析方法和它与众多学科的广泛联系，不仅为钱学森今后开拓到其他领域，特别是航天科学和系统科学领域，打下了扎实的基础，而且培养了他在科学研究中深刻的战略思维。"[2]由此就可以理解，为何钱学森晚年构建现代科学技术体系时将"数学科学"作为单独门类。原因就在于钱学森借由数学方法取得力学成就，且此种治学方法贯穿他的整个研究生涯，即如他晚年提出的"从定性到定量的综合集成方法"之逻辑仍属于数学方法。

因而在某种意义上，钱学森也是一位数学家，抑或可以被更具体地称为"应用数学家"。虽然这个称谓在当时被搞"纯粹数学的人偏偏瞧不起"，但钱学森每每想起自己作为"应用数学家"解决声障问题而实现超声速飞行、解决烧蚀防热问题而使导弹再入大气层突破高温难关时，就觉得"真是很轰轰烈烈"，因为"航空技术、航天技术中产生了什么解决不了的大难题，这些搞应用力学的人就被动员起来研究，经过一段时间，就提出了办法，（并）为工程师、工程技术人员所采纳"，由此就使得"应用力学工作者确实感到他们的工作解决了人类征服自然当中的问题"。[3]

1　钱学森. 现代力学——在一九七八年全国力学规划会议上的发言 [J]. 力学与实践，1979(1): 4–9+3.

2　《庄逢甘院士纪念文集》编委会. 庄逢甘院士纪念文集 [M]. 北京：中国宇航出版社，2011: 38.

3　钱学森. 现代力学——在一九七八年全国力学规划会议上的发言 [J]. 力学与实践，1979(1): 4–9+3.

面对选择：回国还是暂留

依据《国立清华大学留美公费生管理规程》，清华大学留美公费生的留学年限为两年。显而易见，钱学森以清华大学留美公费生的身份在美国的读书时间有四年，超出规定期限。这背后反映了钱学森面对回国还是暂留继续求学的选择智慧，同时又体现出清华大学尤其是梅贻琦校长的长远眼光。事情的发生始于钱学森先后两次主动申请延长留学年限。

钱学森 1935 年 9 月抵美开启留学生活，按照《国立清华大学留美公费生管理规程》须于获得硕士学位后回国服务。清华大学档案馆的档案显示，钱学森于 1936 年 10 月曾致函清华大学

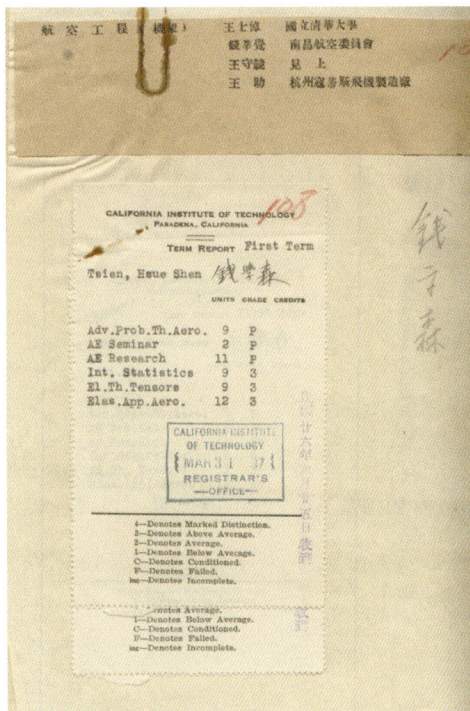

清华大学留美公费生须将每年的成绩单寄送清华大学留存，图为清华大学档案馆保存的钱学森在加州理工学院的成绩单

校长办公处提出申请延长资助年限；1937 年 3 月 15 日清华大学第 124 次评议会通过延长钱学森一年资助年限的决定并建议他继续"注重有关飞机机架研究"，由此钱学森得以继续留在美国求学。当 1938 年钱学森读博士二年级时，他的留学年限超出清华大学规定最多资助三年的上限。但此时钱学森撰写的博士论文正处于"扫尾"阶段，因而他于是年 6 月 7 日再次致函清华大学校长办公处提出延长资助年限。他在信中写道：

学生于民国二十四年出国习航空工程，第一年在麻省理工大学（麻省理学院），第二年及第三年在加省理工大学（加州理工学院）。然学问非易事，学生现在始觉对独立研究有相当把握。今年二月间曾与房卡门（冯·卡门，下同）教授联名在美国航空学会年会发表论文一篇（已在该会会刊发表），题为《可压缩流体中之界流层》（Boundary Layer in Compressible Fluids）。现在待发表者又有论文一篇，题为《炮弹偏斜时所受之空气阻力》（Supersonic Flow over an inclined body of Revolution）。然学生以为，如能在房卡门教授门下再有一年之陶冶，则学生之学问能力必能达完美之境，（学生）将来归国效力必多。房卡门教授亦以为在现在情形之下，此亦上策。故学生乃敢呈请再延长公费生一年，至民国三十八年七月为止。

钱学森在信中提及的两篇论文，《可压缩流体中之界流层》即为博士论文之《可压缩流边界层》，《炮弹偏斜时所受之空气阻力》即为博士论文之《有攻角旋转体的超声速绕流》。与此同时，导师冯·卡门亦于 6 月 8 日致函梅贻琦称赞钱学森的科研能力并特别强调其科研成果"对弹道科学有重大贡献"，随后笔锋一转，希望梅贻琦能够同意钱学森的延期申请。冯·卡门的英文信件翻译如下：

我由衷地赞同钱学森的申请，上个月钱先生已非常成功地通过了博士考试，然而他仍致力于他的论文。这一延迟并非他的过失，而是源于我的建议，并且他还正在从事其他课题研究。他的研究成果之一已经和我联名发表在美国《航空科学》杂志上。他的第二篇论文已经完成，拟刊登在美国机械工程师学会《应用力学》杂志上，此文对弹道科学有重大贡献，并引起美国陆军兵工署关注。他的第三篇有关火箭推力的论文已经完成手稿，将于近期发表。因此，您就明白钱先生的科研活动是大有前途的。我深信钱先生的资助年限如果延长一年，他将会完全成为一位研究"高速压缩流体理论和弹道理论"的专家。我觉得特别是后一领域对于你们国家的未来是非常重要的。我希望您给予钱先生下一学年的奖学金。

梅贻琦收到来信后随即将其批给教务长潘光旦审核，潘光旦随后又将其批给航空系主任冯桂莲征求反馈意见。冯桂莲从专业角度认为，以钱学森的聪明能力，学校若将资助年限延长一年，不但对钱学森个人有莫大帮助，钱学森将来对于国家必有贡献。"最后经梅贻琦同意，钱学森的资助年限再次延长。因此值得思忖，若清华大学未同意钱学森的申请，而是中断资助，钱学森是否还能取得日后的学术成就呢？由此又深为梅贻琦的胸襟所折服。

钱学森留美四年间，每月都会收到清华大学委托华美协进社寄来的100美元奖学金，即四年共计获得4800美元。这笔费用足以支撑钱学森在美国留学期间的各种开销，甚至有所结余。事实上，钱学森留美期间还曾受到北京大学、交通大学、清华大学等高校请他担任教授乃至校长的邀约，但他都未曾应允就任，而是选择暂留美国深耕学术。然而，1949年钱学森收到一封来自"北方局"的密信后，却决定回到祖国参加新中国建设，由此前后选择之对比就可见钱学森的追求。或许，那时那刻的钱学森又再次翻看起那本留言册，甚至轻声吟起表哥章镜秋写下的那句赠言："他日学成归来，于祖国防空政策自必有伟大之贡献也。"

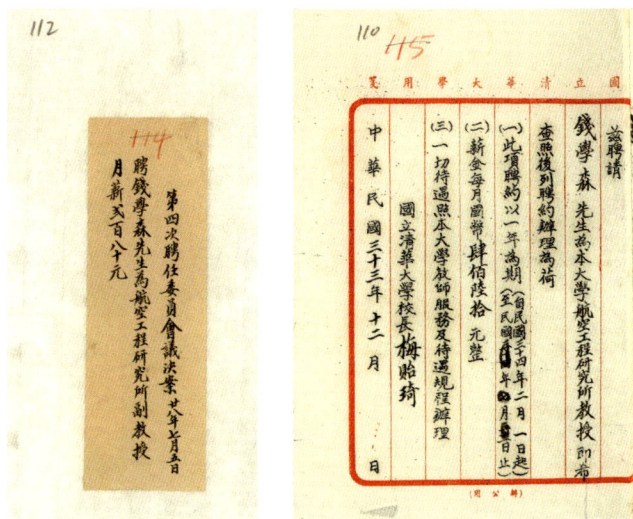

图为1939年和1944年清华大学分别拟聘钱学森回国担任副教授、教授的档案

第二篇
青年积健为雄

1939 年钱学森以留校执教为契机进入学术界，逐步
成长为世界空气动力学领域的顶尖学者。同步于此，
钱学森又不断刻意进行战略思维的训练，进而在不
断的自我突破之中成为兼具顶尖科学家和战略科学
家身份的世界级中国科学家。在此过程中，他写下
的 1.5 万余页英文手稿见证了他在青年时期的治学心
路历程。青年有为，志在四海，但心之所系仍为祖
国与故乡。暂留美国的钱学森始终不忘报国、救国
和强国的初心，为他日归国建设祖国而积健为雄。

第一章 顶尖学者成长路径

1939 年，钱学森经导师冯·卡门推荐留校执教于加州理工学院，且在作为导师学术助手的过程中逐步获得"出而问世"的能力和机会。十年磨一剑，钱学森由青年学者成长为世界空气动力学领域的顶尖学者，尤以 1949 年获得加州理工学院戈达德讲座教授之席位而问鼎学术之巅。此过程历时十年，钱学森在此间写下的 1.5 万余页英文手稿，正是他在学术道路上积健为雄的见证。

出而问世：积健为雄之作

完成博士阶段的学习并获得博士学位是进入学术界的重要一步，但这并不意味着成为真正的学者。关键是在博士毕业之后的三至五年时间里实现学术跨越，即将导师传授的知识内化为自身的学术思想并形成独立研究的能力。钱学森以 1939 年留校执教于加州理工学院为契机而获得进入学术界的机会，进而开启从"独立研究"到"出而问世"的学术能力提升过程。

钱学森留校执教之后仍作为导师冯·卡门团队的成员之一开展学术研究，但已将精

图为钱学森在加州理工学院的留影

力聚焦于空气动力学领域的学术前沿，即屈曲问题。钱学森选择屈曲问题作为新的研究方向既是导师冯·卡门的建议，同时亦是其适应时代需求做出的决定。当时，战争需求推动飞机快速发展并促使各国设计和制造全金属薄壳形式的飞机，而薄壳结构在载荷超过一定数值时就会发生皱瘪现象，即"屈曲"；但经典线性理论计算得到的数值远超实验值，因此"只能依赖从相当分散的实验数据中整理得到的经验关系来进行设计"，故而需要运用"求解非线性方程"方式提供新的理论。[1]1939 年至 1942 年，钱学森以合作研究或独立研究的方式对屈曲问题进行全过程研究，同时共计发表 5 篇相关论文，如下表所示。

钱学森发表的屈曲问题相关论文

题目	著者	刊物	刊期
《球壳在外压下的屈曲》	冯·卡门、钱学森	*Journal of the Aeronautical Sciences*	1939 年第 7 卷第 2 期
《曲率对结构屈曲特性的影响》	冯·卡门、邓恩、钱学森	*Journal of the Aeronautical Sciences*	1940 年第 7 卷第 7 期
《圆柱壳在轴压下的屈曲》	冯·卡门、钱学森	*Journal of the Aeronautical Sciences*	1941 年第 8 卷第 8 期
《薄壳的屈曲理论》	钱学森	*Journal of the Aeronautical Sciences*	1942 年第 9 卷第 10 期
《带非线性横向支撑的柱的屈曲》	钱学森	*Journal of the Aeronautical Sciences*	1942 年第 9 卷第 4 期

钱学森总结此间的科研经历时，曾将《曲率对结构屈曲特性的影响》一文作为自己"独立开展研究工作"并"出了师"的标志。钱学森缘何如此看重自己作为第三作者的论文呢？原因就在于：一方面，钱学森通过大量理论计算"就能对于确定破坏载荷的各种相互影响因素和破坏过程的机制给出正确的描述"，解决理论与实验之间的误差问题；另一方面，钱学森作为论文

---

1 钱学森. 钱学森手稿 [M]. 太原：山西教育出版社，2000: 132.

作者代表在 1940 年举办的美国航空科学研究院第八届年会（结构分会）上宣读此文，以青年学者身份亮相学术界。同时又正是在研究屈曲问题之际，钱学森因五次撰写修改《圆柱壳在轴压下的屈曲》而产生一个经典故事：Nothing is final。钱学森回国后在力学学会的一次会议上"现身说法"，介绍将 700 多页手稿浓缩为 30 多页研究成果的过程。他说：

> 研究成果好像是冒出水面的冰山或塔尖。首先准备付出劳动"出汗"。其次认识到没有错误就没有正确，不要固执己见。不符合实践的理论是不值得爱惜的。有的人舍不得，觉得惋惜，这是不对的。对自己的东西要有严格的批判精神。工作开始时错的可能性多于对的可能性。以后两者的比例可倒过来。怕错没有信心不敢是不对的，必须要意识研究过程的曲折性。[1]

可想而知，钱学森用信封装好 700 多页手稿并用红笔在信封上写下"Final"时的放空状态。然而他写下这个英文单词之后，又在放空之际恍然悟到学术道路实无止境，于是又在信封上写下"Nothing is final"。这个过程彰显的正是一位中国青年学者的积健为雄之路，凝结着钱学森青年时期的学术功夫、眼界和抱负。

当时同在冯·卡门门下求学的钱伟长，曾在晚年时回忆起钱学森在此间研究非线性力学的状态。钱伟长指出：钱学森在冯·卡门提出《工程师对非线性的问题鸟瞰》报告之后"做了关于非线性稳定的一些工作"，且经过钱学森研究得出的结论"得到各国的承认，跟实际比较接近"。[2] 其实任何科学成就都非轻而易举就能够取得，事非经过不知难，就像钱学森所做的总结：

1　钱学森在力学大会上的讲话整理稿(1961 年 12 月)，原件存于上海交通大学钱学森图书馆。

2　钱伟长. 钱伟长论教育 [M]. 上海：上海大学出版社，2006: 224.

我深深体会到研究科学只能一步一步来，扎扎实实，顽强苦干。起初解决芝麻大的问题，以后慢慢解决更大的问题，直到最后能建立一门科学。在科学道路上必须要有一股傻劲，不要怕做小的工作，需要付出大量平凡劳动，取得一次成功，必须经过千百次的失败。跌

图为写有"Nothing is final"的信封

倒了，爬起来，满怀信心，干劲充沛，任何困难也难不住，工作就一定能做好。[1]

钱学森谈到学术研究的创造性过程时，将其比喻为"在密林中找道路"。他说：

创造的过程是：运用自然科学的规律为摸索道路的指南针，在资料的森林里，找出一条道路来。这条道路代表了我们对所研究的问题的认识，对现象机理的了解。也正如在密林中找道路一样，道路决绝难顺利地一招（找）就找到，中间很可能要被不对头的踪迹所误，引入迷途，常常要走回头路。因为这个工作是最紧张的，需要集中全部思考力，所以最好不要为了查资料而打断了思考，最好能把全部有关资料记在脑中。当然，也可能在艰苦工作之后，发现资料不够完全，缺少某一方面的数据。那么为了解决问题，我们就得暂时把理论工作停下来，把力量转移到实验工作去，或现场观察上去，收集必需的数据资料。所以一个困难的研究题目，往往要将理论和实验交错进行好几次，才能找出解决的途径。

总而言之，钱学森一面受导师冯·卡门的继续指导，一面自己开始独立研究，进而在成为顶尖科学家之路上不断夯实学术基础，同时又在一个又一

1　钱学森. 钱学森文集：第 2 卷 [M]. 北京：国防工业出版社，2012: 8.

个的具体研究之中走向他自称的"出而问世"之阶段。同时又得提及的是，冯·卡门除了推荐钱学森在留校初期继续与他合作研究课题之外，还特别有意识地为钱学森创造各种独立研究的机会。例如，1940年加州理工学院古根海姆航空实验室决定建一座供弹道试验用的超声速风洞，作为实验室负责人的冯·卡门就将此科研工作交给钱学森单独承担。

成为顶尖:《迈向新高度》

时势造英雄，青年钱学森成名离不开时代因素，即其所言要有"出而问世"的学问，还得要有"问世的机会"。此机会便是"美国战时军事科学研究的需要"，若细观之则有两点：一为参加美国军方的涉密项目，二为参加美国军方的科学咨询团。

钱学森得以参加美国军方的涉密项目，皆因其科研成果可以直接运用于军事科技领域。但起初钱学森因非美国籍而无法直接接触涉密项目，直到1942年导师冯·卡门接受美国战争部委托主持涉密项目时以"个人名誉"担保称："钱学森已在美国七年，现在被加州理工学院聘请为研究人员和教师，他是目前从事超声速飞行研究的最优秀专家之一。他在该领域发

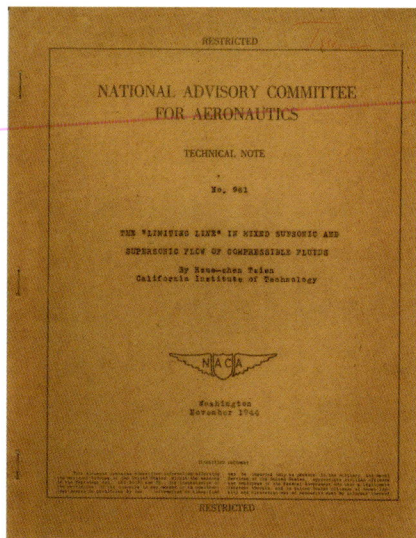

图为1944年钱学森为美国国家航空顾问委员会（National Advisory Committee For Aeronautics，NACA，即NASA前身）撰写的技术报告 "The 'Limiting Line' in Mixed Subsonic and Supersonic Flow of Compressible Fluids"（《可压缩流体亚声速和超声速混合流动中的"极限线"》）

图为NACA摄于1947年2月3日的合影，第一排左三为钱学森、左七为冯·卡门，第二排左一为林家翘，第三排左三为郭永怀。钱学森作为NACA委员期间得以阅读委员会的技术资料，这为其治学和教学提供了第一手资料

表的论文为他赢得盛誉，聘用他对完成合同的研究工作是必要的。"经冯·卡门的担保，钱学森于1942年12月1日收到获准参加美国军方涉密科研项目的许可信，此后获得的涉密等级不断提高。

　　据《竺可桢日记》的记载，当时美国科研涉密级别分为Unclassified，Declassified，Classified，Confident secret，Top secret 和 Topmost secret，而钱学森能够看到"confidenti secret"（机密级）档案。正是此故，1950年美国军方在钱学森试图回国之际取消钱学森的涉密许可证。实则钱学森以非美国籍身份参与军方项目之际，美国军方一直在"暗中调查"他以确保"忠诚"。钱学森并非个案，其时参加美国军方项目的很多非美国籍科学家都受到此类调查。与此同时，钱学森经导师冯·卡门"点名"，还于1942年开始担任美国军方"喷气技术训练班"教员，以培训美国的空军技术人才。钱学森后来回忆说："我为教员之一，与陆海空三军技术人员有了接触，后来美军中导弹及火箭方面的军官中有不少是当时的学生。"

在青年时期，钱学森参加了美国军方项目，为美国军方培训人才，这对他来说是一段非常重要的人生经历。钱学森打趣称，自己在此段时间不仅受到美国军方"器重"，而且还颇为"吃得开"。但他在此间更为重要的一段经历，则是在导师冯·卡门的推荐之下加入美国国防部陆军航空兵科学咨询团（the Army Air Forces Scientific Advisory Group），同时作为成员之一参与《迈向新高度》（*Toward New Horizon*）的编写工作。

图为 1945 年 4 月至 6 月，钱学森作为美国国防部陆军航空兵科学咨询团成员赴欧洲考察时的合影

事情缘起 1944 年美国委托冯·卡门成立美国国防部陆军航空兵科学咨询团，以对德国等国进行科技考察并为美国提供发展科技事业的建议。1945 年 4 月 29 日至 6 月 20 日，冯·卡门率领包括钱学森在内的科学咨询团前往欧洲考察。此次考察以德国为主要对象，科学咨询团对德国的火箭、空气动力学、发动机等军事科技的研究现状进行实地调研，同时还前往英国、法国、瑞士等国家进行考察。在考察之际，钱学森以实地调查获得的第一手材

料撰写出《箭形机翼》《火箭》《超声速气体动力学》《冲压式发动机》《脉动
式空气喷气发动机》《飞机上涡轮喷气发动机的安装》等报告，基本掌握了
德国在飞机、火箭、炸弹等方面的发展情况。

　　当科学咨询团返回美国之后，冯·卡门为总结此次考察成果而组织成员
编写《迈向新高度》。《迈向新高度》由冯·卡门整体设计为 13 卷，以总结
科技发展前沿成果为主旨，对空气动力学、飞机设计、机载武器、飞机发动
机、火箭推进剂、导弹、无人机、导弹制导、雷达通信等领域的最新成果进
行分析。钱学森根据分工负责其中五卷七个部分的编写工作，这七个部分分
别为：

　　"Recent Developments of Several Selected Fields of Aeronautics in Germany
and Switzerland"

　　"High Speed Aerodynamics"

　　"Experimental and Theoretical Performance of Aeropulse Engines"

　　"Performance of Ramjets and Their Design Problems"

　　"Future Trends in the Design and Development of Solid and Liquid Fuel
Rockets"

　　"Possibilities of Atomic Fuels for Aircraft Propulsion Power Plants"

　　"The Launching of a Winged Missile for Supersonic Flight"

　　钱学森以编写《迈向新高度》为机遇进行横向和纵向两个维度的分析与
比较，即一面将美国与德国的科技对比，另一面又对科技发展的前期成果和
前沿趋势进行分析，由此总结和掌握科技的发展概貌和发展前景。《迈向新
高度》作为一本由冯·卡门主编的"论文集"，形成了钱学森等参与撰写的
31 位科学家为美国提供的一份极为重要的"远景发展意见"。此后的美国科
技史已经证实此份报告的价值和意义。正因如此，美国国防部陆军航空兵司
令阿诺德读完报告之后心中暗喜，还于 1945 年 12 月 21 日向参与撰写的每

位成员签署嘉奖令以示表彰。1946 年 2 月 13 日，阿诺德又特地致函钱学森给予其特别表彰并称：

我已经阅读了陆军航空兵科学咨询团的最终报告，您为科学咨询团成绩的取得做出了多方面极其有价值的贡献，我要向您表示感谢。您做出的贡献包括：对空气动力学中的空气可压缩性问题，以及借助于保持薄的边界层减少空气阻力问题进行了研究；对激波和边界层相互关系问题进行了研究和分析；提出关于德国和美国的脉动式喷气推进发动机的调查报告，并对两者进行比较，还对这种类型的发动机的专用燃料消耗情况进行了研究；提出一份探讨固体和液体燃料火箭在设计和研制方面的未来发展趋势，并对现在正在使用和猜测将用于助推炮兵火箭、飞机助推起飞、巡航和弹道导弹发射，以及大型导弹推进等方面的固体和液体助推火箭进行详尽分析、内容广泛的报告。您的报告必将对陆军航空兵未来的研究项目规划提供巨大的帮助。

钱学森在入党自传中以"在此中学到不少东西，知道从大处和远处设想"，对此次考察经历做过总结。而"学到不少东西"既指掌握了具体的科技知识，更指得以重新换位思考科技与政治、经济和军事之间的关系并体悟到科技力量对国家强盛的重要作用，此即"大处""远处"之意。因而在某种意义上，1945 年钱学森参与编写《迈向新高度》，就已经标志着他达到世界顶尖学者的水平和层次。

又回 MIT：晋升教授职位

颇有意思的是，钱学森晚年回忆往事时对麻省理工学院的评价并不高，但麻省理工学院恰恰是钱学森的"福地"。钱学森 1935 年进入麻省理工学院求学并于一年之后获得航空工程硕士学位，之后前往加州理工学院攻读博士学位，及至 1947 年又回到麻省理工学院执教并很快就成为该校历史上第一位中国籍教授。其实 1945 年 11 月钱学森晋升为加州理工学院副教授之后原本有机会在该校晋升为教授，但由于"冯·卡门学派出走事件"的发生，钱学森"戏剧性"地成为麻省理工学院的首位中国籍教授。

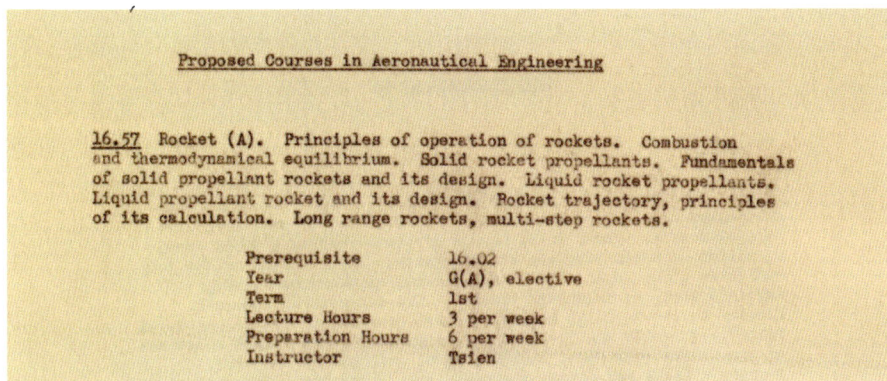

```
Proposed Courses in Aeronautical Engineering


16.57  Rocket (A).  Principles of operation of rockets.  Combustion
and thermodynamical equilibrium.  Solid rocket propellants.  Fundamentals
of solid propellant rockets and its design.  Liquid rocket propellants.
Liquid propellant rocket and its design.  Rocket trajectory, principles
of its calculation.  Long range rockets, multi-step rockets.

            Prerequisite        16.02
            Year                G(A), elective
            Term                1st
            Lecture Hours        3 per week
            Preparation Hours    6 per week
            Instructor           Tsien
```

图为钱学森执教于麻省理工学院期间开设的"Rocket"（火箭）课程的介绍

"冯·卡门学派出走事件"是指因冯·卡门与加州理工学院之间的教学理念不同而导致冯·卡门的"中国学生"集体从加州理工学院离职。冯·卡门作为加州理工学院从哥廷根大学引进的重量级学者，对加州理工学院发展应用力学事业起到重要推动作用，但彼此之间由于理念不同而逐渐产生分歧并影响到冯·卡门的中国学生对加州理工学院的态度。早在 1944 年 11 月 7 日，钱学森、林家翘、钱伟长和郭永怀四人就联名致函冯·卡门，表达"另寻他路"的意愿，同时还透露了四人的打算：

钱学森，担任一个为期两年或三年的教职，或从事类似战争期间参加的科研工作，可能前往加利福尼亚大学；郭永怀，优先考虑科研岗位，可能考虑前往普林斯顿大学工作；钱伟长，担任一个科研教职即可，参与类似于钱学森参加过的美国军方项目；林家翘，初步确定从事研究或教学工作，将会在美国东部一所顶尖大学担任应用数学教职。

此间，麻省理工学院航空工程系主任汉萨克得知此事后立刻向钱学森抛出橄榄枝，盛邀钱学森回母校任职。1946 年 6 月 17 日，钱学森参加完冯·卡门在美国国防部（华盛顿五角大楼）主持召开的美国国防部陆军航空兵科学咨询团会议之后，就回到加州理工学院办理离职手续。随后他与郭永怀由加州帕萨迪纳出发，一路向东自驾行，将郭永怀送往康奈尔大学任职后，又独自驾车前往位于波士顿的麻省理工学院任职。1980 年，钱学森为《郭永怀文集》写纪念文章时还忆及往事：

　　1946 年秋，郭永怀同志任教于由 W. R. Sears（威廉·里斯·西尔斯）主持的美国康奈尔大学航空学院，我也去美国麻省理工学院，两校都在美国东部，而加州理工学院在西部，相隔近 3000 公里，他和我就驾车旅行。有这样的知己同游，是难得的，所以当他到了康奈尔留下来，而我还要一个人驾车继续东行到麻省理工学院时，我感到有点孤单。[1]

1946 年 8 月 31 日，钱学森正式成为麻省理工学院航空工程系副教授，汉萨克很快就向校方提出晋升其为教授的申请。由麻省理工学院“校长档案”可知，1947 年 1 月 15 日汉萨克向麻省理工学院工学院院长 T.K. Shewood（托马斯·基尔戈尔·舍伍德）介绍钱学森“如此出色”的学术成就时将其比喻为“一颗一等的恒星”。同时汉萨克还特地致函冯·卡门，请他为钱学森的学术能力和成就做出评价，以作为帮助钱学森晋升教授的推荐信。冯·卡门收到信后于 2 月 21 日复函汉萨克并评价道：

1　钱学森. 钱学森文集：第 2 卷 [M]. 北京：国防工业出版社，2012: 301.

此照片摄于 1946 年 6 月 17 日，表现的是冯·卡门（中间正坐者）在美国国防部（华盛顿五角大楼）主持召开美国国防部陆军航空兵科学咨询团会议。站立者左二为钱学森，他是科学咨询团中唯一的非美国籍成员

在应用数学和数学物理解决空气动力学和结构弹性问题方面，钱学森博士无疑是一位领军人物。他在应用数学，以及物理和数学等学科分支领域，有着非常广泛的知识。他有能力将数学天才与自然现象和工程视觉等结合起来。当他还是年轻学生和我一起工作时，我对他印象很深，他用他的天赋帮助我解决和澄清了几个科学难题。我相信，钱学森博士在新的职位上，能够带领年轻学者和工程专业学生，为他们今后的科学研究打下扎实的基础。事实上，钱学森博士在加州理工学院的三四年里，给许多航空研究人员在空气动力学和弹性领域带来很多灵感。我相信钱学森博士已经具备成为一名全职教授所需的条件。我相信他是一个好老师，他还有组织天赋。他所在的科研机构为他提供开展科学研究的机会，这是一笔巨大的资产，我相信你会对

此表示感激的。

经过汉萨克的努力和冯·卡门的推荐，以及麻省理工学院历时一个月的职称评审程序之后，1947 年 3 月 7 日，麻省理工学院校报 *The Tech* 正式公布评审结果，钱学森名列 12 名"教授"（Full Professorship）之中。时年，钱学森 36 岁。虽然钱学森幽默地称此时"在美国学术界我算爬到顶了"，但他用 12 年时间完成从"学生"到"教授"的身份转变的动力之源正是出国时许下的报国承诺，即通过自身持续努力而掌握世界科技前沿知识以待他日归来建设祖国。

再回 CIT：问鼎学术之巅

1955 年，钱学森回国前将《工程控制论》《物理力学讲义》赠送给导师冯·卡门时，导师以"你现在在学术上已经超过了我"作为评价。此评价被看作钱学森在学术成就上超越导师的标志，但其实他被公认为世界空气动力学领域的"学术带头人"可往前推到 1949 年的一次学术报告。此次学术报告是他以美国火箭学会会员、加州理工学院戈达德讲座教授和古根海姆喷气推进中心主任三重身份在一次国际学术年会上所作的，而这又要从钱学森再回 CIT 说起。

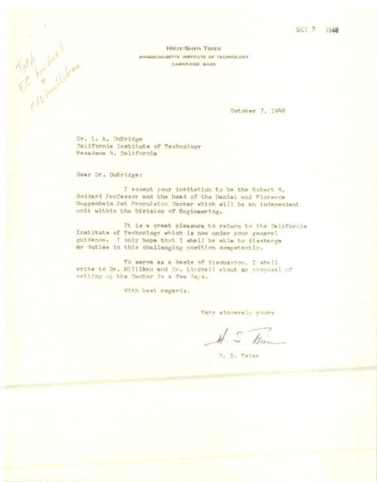

1948 年 10 月 7 日，钱学森致函加州理工学院校长杜布里奇表示接受聘任

美国古根海姆基金会于 1948 年决定在加州理工学院和普林斯顿大学同

时成立古根海姆喷气推进中心，以推动世界航空科技事业的发展和培养航空科技人才。加州理工学院和普林斯顿大学都将钱学森作为各自中心主任的第一人选，但钱学森还是选择回到加州理工学院任职，同时加州理工学院还以戈达德讲座教授之荣誉待之。1948 年 12 月 13 日，加州理工学院校长杜布里奇和古根海姆基金主席 Harry F. Guggenhelm（哈里·弗兰克·古根海姆）正式对外宣布成立加州理工学院古根海姆喷气推进中心，校长杜布里奇还向新闻媒体宣布将由钱学森出任中心主任。

对于是否接受加州理工学院的聘任，钱学森还曾致函父亲钱均夫讨论此事。1948 年 11 月 20 日，钱均夫前往杭州凤凰山敷文书院参加蒋百里下葬典礼，中午应蒋左梅接待在楼外楼用膳时遇见竺可桢、苏步青等人。钱均夫告诉竺可桢，钱学森现仍在麻省理工学院，"每周教三小时，但因有流体力学实验，甚忙。最近 Princeton 与 U.of California 均要 Jet Propeller 喷气推进器飞行试验，约学森去主持，已决计去 Calitornia，但麻省理工学院未肯放"。1949 年暑期钱学森结束麻省理工学院的课程后，携妻子蒋英和尚在襁褓中的儿子钱永刚驾车前往加州理工学院。他还在途中专门前往康奈尔大学见了郭永怀，此时两人都已结婚成家。钱学森回忆说：

1949 年我再次搬家，又到美国加州理工学院任教，所以再一次开车西去，中途到康奈尔。这次我们都结了婚，是家人相聚了，蒋英也再次见到我常称道的郭永怀和李佩同志。这次聚会还有 Sears（威廉·里斯·西尔斯）夫妇，是我们在加州理工学院相熟的朋友。我们都是我们的老师 Theodore von Kármán 的学生，学术见解很一致，谈起来逸趣横生。这时郭永怀同志已对跨声速气动力学提出了一个新课题：既然超出上临界马赫数不可能有连续解，在流场的超声速区就要出现激波，而激波的位置和形状是受附面层影响的，因此必须研究激波与附面层的相互作用。这个问题比上临界马赫数问题更难，连数学方法都得另辟新途径。这就是 PLK 方法中 Kuo（郭）的来源，现在

我们称奇异摄动法。[1]

1949 年钱学森由麻省理工学院出发驾车前往加州理工学院任职，不仅中途专门到康奈尔大学见了郭永怀和李佩夫妇，同时还一路游览了不少风景名胜。图为钱学森在怀俄明州克鲁克县国家公园拍摄的"魔鬼塔"

作为科学界冉冉升起的"一颗一等的恒星"，钱学森再次回到加州理工学院执教的消息引起诸多媒体的报道。回到加州理工学院之后不久，钱学森就以美国火箭学会会员、加州理工学院戈达德讲座教授和古根海姆喷气推进中心主任三重身份在 1949 年 12 月 1 日举行的美国火箭学会年会上，作了题为《Daniel and Florence Guggenheim 喷气推进中心的教学和研究工作》的报告。

此报告并非学术报告，却标志着钱学森在世界空气动力学领域内学术地位的确认。钱学森的报告分为喷气推进中心的介绍、喷气推进中心的教学研究计划、喷气推进中心近期研究方向三部分，特别是在第三个部分重点介绍了火箭和喷气推进工程的特征、材料问题、热交换、燃烧、火箭和喷气推进飞行器的性能等方面的研究。钱学森还在报告中提出"时速 9140 公里的飞船在技术上是可行的"之观点，这受到《洛杉矶时报》等媒体的关注和报道。1949 年 12 月 2 日有报道称：

1953 年元旦之际钱学森夫妇和郭永怀夫妇在加州相聚的视频（郭永怀拍摄）

1　钱学森. 钱学森文集：第 2 卷 [M]. 北京：国防工业出版社，2012: 301.

　　这是一个艺术家提出的关于"火箭飞船"的概念，它还未建成，科学家说它将在一个小时内从纽约飞到洛杉矶。这个蓝图基于加州理工学院的钱学森博士昨天在纽约向美国机械工程师协会描述的内容。钱学森博士说它一小时将会飞行近 1 万英里，但是着陆时的时速仅为 150 英里。

图为钱学森与同事在加州理工学院的合影

　　钱学森还在报告中从材料耐用性角度，提出"择高速火箭要比飞机更容易"之观点并解释称，因为飞机一次要飞行数小时或数天，材料必须能够承受长时间的磨损，而火箭只需工作数分钟甚至数秒，他进而总结出"通过为火箭设计数分钟而不是数千小时的工作时间，我们能够使用承受巨大压力的抗压材料而不是耐磨材料"。

此种"火箭飞船"的原理即为"钱学森弹道"。钱学森回国后做过关于此种"火箭飞船"的详细描述与解释，他说：

现在火箭导弹的研究成果，也可以应用到交通运输上去，把交通速度再提高十多倍，比火车的速度快一百多倍！……洲际火箭，它的射程有 6000 公里，它的最大高度在每小时 15 000 公里以上。因为最大速度是在接近地面时出现的，这样的火箭落地的速度是很大很大的。我们如果在火箭机身上装上一对翅膀，当火箭从高空回到地面的时候，空气的密度增加了，翅膀就生出升力使火箭飘起滑翔，速度也逐渐因阻力而减小，最后着落地面。这样加上了一段滑翔过程，火箭就可以达到更远的距离。据计算，航程可以因此增加两倍，也就是 18 000 公里。其实因为地球的半径只不过 6500 公里，地球上最远的距离也不过 20 000 公里，用了这种有翅膀的火箭差不多可以"一口气"从地球上的一点飞到其他任何一点。不但如此，因为这种远程火箭起飞重量的大约 80% 是燃料，燃料烧完之后是很轻的，一装上翅膀，就像一架飞机，因此它的着陆速度是和飞机的着陆速度不相上下的。这类有翼的火箭也可以坐人，作为交通运输工具；这样从北京到莫斯科只要三四十分钟，当它实现的时候，交通运输可以说进入一个新阶段了。[1]

在美国火箭学会年会举行之后，钱学森又于 1949 年 12 月 1 日至 2 日以加州理工学院古根海姆喷气推进中心主任的身份参加古根海姆基金会第二次会议，并就如何做好科学研究和人才培养工作发表讲话。而在古根海姆基金会第二次会议正式召开之前，钱学森作为会议代表向冯·卡门为世界空气动力学研究做出的伟大贡献致谢。由此而言，此时的钱学森已经青出于蓝而胜于蓝，在超越导师的过程中问鼎学术之巅。

---

1   钱学森. 从飞机、导弹说到生产过程的自动化 [M]. 北京：科学普及出版社，1956：13.

第二章　战略思维突破自我

　　1955 年钱学森归国时不仅已是世界空气动力学领域的顶尖学者，同时还在对世界科学技术发展前沿的整体把握上体现出极具高度、深度和广度的战略思维。天才并非天生，青年钱学森形成战略思维是他进行刻意训练的结果，尤其得益于通过跨界参加学术沙龙、既重科研又重教学、运用剪报收集治学素材、构建外语知识体系等途径不断实现自我突破。

学术沙龙：跨界思考

　　《礼记·学记》有言曰"独学而无友，则孤陋而寡闻"，意指治学须与师友或同行进行探讨。因为个人的眼界总是有限的，人们需要在彼此交流之中获得启发，此亦"三人行，必有我师焉"之故。钱学森的治学思维深受导师冯·卡门的影响，其中就包括通过参加或组织学术沙龙开展学术交流。钱学森读博时经常参加导师冯·卡门组织的学术沙龙，而学术沙龙的参加者不仅可以充分表达学术观点，甚至还可以针锋相对地"反驳"他人提出的学术观点。

　　除冯·卡门之外，当时加州理工学院的其他教师亦经常组织各种学术沙龙，这实则是学术民主之风盛行的生动体现。钱学森晚年提出"在学术讨论中，应讲学术民主，平等探讨，不分长幼"的观点，就深受加州理工学院学术民主之风的影响。正是受此影响，20 世纪 30 年代至 40 年代，加州理工学院的中国留学生们自发组织"周末学术沙龙"，于每周日上午十点通过学术报告会的形式座谈科技前沿和交流学术心得，由此起到"相互学习，拓宽知识面"的作用。[1]参加学术沙龙的就包括钱学森、郭贻诚、谈家桢、殷宏章、袁家骝、顾功叙、朱正元、黄厦千、袁绍文、曾呈奎、范绪箕等人。

图为加州理工学院中国留学生参加"周末学术沙龙"的合影

那么，这种学术沙龙究竟有何作用呢？

事实上，作报告者与听报告者并非来自同一个专业领域，但彼此的探讨和交流有助于治学方法的互鉴，这有利于大家在面对不同研究领域时进行跨界思考。因而直到1993年1月23日，钱学森致函中国科学院院士曾呈奎时还清晰地回忆称，"我在（20世纪）30年代曾在美国加州理工学院星期天上午中国同学学术报告会上听过您讲繁殖海带的重要意义，60年了"。由此可见此种学术沙龙对于治学的重要作用。1979年7月10日，钱学森在国防科学技术大学的一次讲话中还回忆道："我当研究生的时候，能够逐步地了解，知道的事情多一点，就是由于参加这种系里头的学术讨论会，那个时候我们当研究生也是这样，别的事可以不干，这个学术讨论会是无论如何都要参加的。那个时候呢，我们还不仅参加本系的学术讨论会，还要参加其他有关系

1　涂元季. 钱学森书信：第8卷 [M]. 北京：国防工业出版社，2007: 474.

的讨论会。这样能尽量多地知道一些东西，多开阔自己的眼界，能够知道科学技术的发展的总的状况，有些什么教训，有些什么经验。"正如后来他从如何寻找学术生长点这一视角解释的：

　　我们现在常常听到的是专门化，谁都要做专家、要做权威，独树一帜，深入地去研究一门学问。但是太强调这一方面，就容易忽略了学术综合性的一面。学者们聚在一起，不同行就不能谈学问，而且也似乎不应该谈学问。本来么，你是专家，我不是专家，我怎么配和你讨论学问。于是乎学部开会，一牵涉到学术问题，就必得分小组。小组者，小范围也。小范围里，都是同行的专家，自然可以谈得心投意合。但也就不免清一色，谈的都是一路东西，老一套。这样讨论学术就往往把那些介乎科学之间的，也就是很可能是生长点的东西在讨论中遗漏了，没有人去过问。那么我们的科学就必然依靠别人去发现新园地、新领域，然后我们才跟着进去。既然是跟着进去了，自然是在别人后面，不会是和别人并驾齐驱，更不是捷足先登了。[1]

左图为 1979 年 11 月 23 日由美国回国探亲的袁绍文与钱学森的合影，二人阔谈之中不时回忆起 40 多年前同在加州理工学院畅谈学术的美好时光；中图为钱学森与袁绍文在加州理工学院的合影；右图为袁绍文赠送给钱学森的照片

1　钱学森在中国科学院第二次全体会议上的发言（1957 年 6 月），原件存于上海交通大学钱学森图书馆。

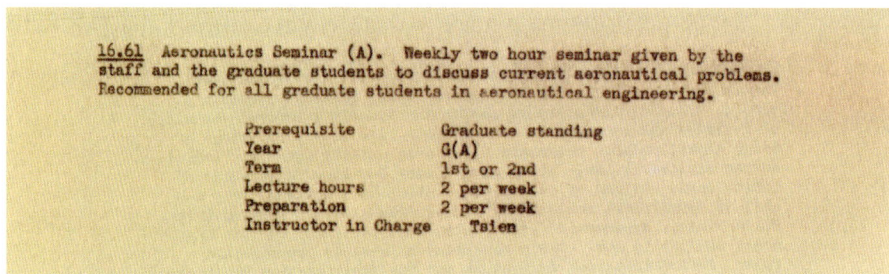

16.61 Aeronautics Seminar (A). Weekly two hour seminar given by the
staff and the graduate students to discuss current aeronautical problems.
Recommended for all graduate students in aeronautical engineering.

Prerequisite	Graduate standing
Year	G(A)
Term	1st or 2nd
Lecture hours	2 per week
Preparation	2 per week
Instructor in Charge	Tsien

图为钱学森执教于麻省理工学院期间开设的"Aeronautics Seminar"（航空学专题讨论）课程的介绍

　　因而钱学森执教于麻省理工学院和加州理工学院时就注重研讨型课程的建设，例如他担任加州理工学院古根海姆喷气推进中心主任时开设的讨论班成为"加州理工学院校园里最活跃的讨论班之一"。参加学术沙龙或学术研讨课有助于突破治学思维的局限。钱学森指出，学生只从事本专业工作而"不注意从其他工作中吸取营养"，之后就会"形成一种隔阂"。钱学森进一步解释称，"如果看不到与自己专业邻近的科学技术，看不到其他学科与本行业的联系，不能从其他学科吸取营养，再深下去，也就困难了"。[1] 由此可见，学业的专深与广博是一种辩证关系，实则还体现出治学的还原论与整体论要不断结合。

　　总而言之，此种学术沙龙以学术报告、交流和探讨为内容，有助于参加者了解不同学科的学术前沿，进而在跨界思考之中形成宽广的学术视野和战略视野。正如钱学森后来所言："知识愈是广，掌握得愈深，经验愈多，在摸索过程中，就可以走'捷径'，就可以更快地掌握机理，建立模型，所谓科学工作者水平的高低，就反映在这些地方。"[2] 而在某种意义上，此种"捷径"的形成正是战略思维不断发挥作用的结果。

1　钱学森. 钱学森文集：第 2 卷 [M]. 北京：国防工业出版社，2012：143.

2　钱学森在中国科学技术大学作"谈谈工作与学习"的报告（1961 年 10 月 28 日），原件存于中国科学技术大学档案馆。

科教融合：彼此相长

　　钱学森自 1939 年留校执教起，既从事科学研究工作，同时又承担教学任务。但他在不同时期各有侧重，留校初期主要协助导师冯·卡门开展科研项目，随着取得的科研成果的增多而逐渐承担相关课程的教学任务。借此，钱学森在"科教一体"的实践之中逐步形成科教融合的学术观，又由此不断提高科研能力和教学水平。在某种意义上，钱学森通过使科研与教学相融合而将最新科研成果转化为课程资源，同时又通过教学实践对科研成果产生更加深刻的理解。

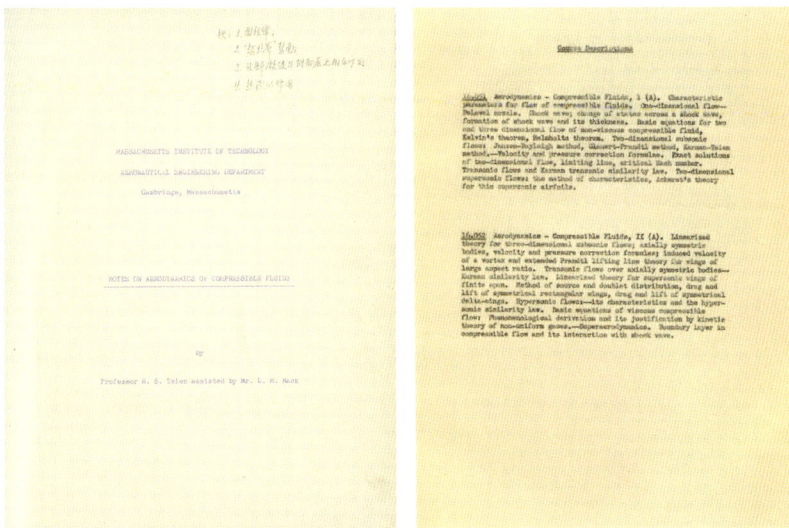

左图为钱学森执教于麻省理工学院期间开设"可压缩流体气动力学"课程时编写的"可压缩流体气动力学讲义"，图上字迹为钱学森晚年整理讲义时所写，而所记缺少的部分可能是他归国时未能及时打包带回。右图为钱学森向麻省理工学院提交的课程介绍，由此可知他需要教授两个学期。"可压缩流体气动力学讲义"共四卷，第一卷为可压缩流动的基本原理，第二卷为对相对简单的各种类型二维流动的讨论，第三卷为从二维流动扩展到三维流动的研究，第四卷为集中讨论流体的黏性效应。如此分卷，"做到了从基础知识入手，循序渐进，推导严密，逻辑清晰，系统性强，便于学生掌握知识要点"，可见钱学森善于从学生的角度设计教学安排

如前所及，钱学森执教于麻省理工学院时期除开设"火箭"课程之外，还开设"可压缩流体气动力学"课程并在教学过程中编写出"可压缩流体气动力学讲义"。据讲义的中文版翻译者指出，该讲义"数学推导精确、内容翔实、物理概念明晰，在讲解理论知识的同时还传授了把握物理本质建立数学模型的理念和方法"，至今对"工程或技术科学的学者仍具有很现实的意义"。其实无论是"火箭"课程抑或"可压缩流体气动力学"课程，均为钱学森 1936 年至 1946 年开展空气动力学、火箭喷气技术研究的成果，充分利用了他编写《迈向新高度》时搜集的材料和分析内容。如郑哲敏评价"可压缩流体气动力学讲义"时指出，"我赴美留学之际，美国组装的 V–2 火箭发射成功，自制的探空火箭'女兵下士'上天。波音公司造出了跨声速的后掠翼 B–47 轰炸机，美国空军也突破音障，造出了 X1、X2 超声速战机。于是高速空气动力学成为当时最大的热门"。即钱学森的讲课内容均涉及科技前沿，"充分利用了当时可能得到的人类最先进的科学技术文献，包括大量来自德国科学家和苏联科学家的知识"。正如钱学森晚年所言：

教书不能只教书，教书、科研是不能脱离的。我从前也教过书，也做过研究工作，有点体会：这两者不能分家，一分家以后书会越教越糟。反过来，是不是可以只做研究工作不教书呢？我也不赞成。我从学生那里得到很多启发，我每讲一课之后，学生总要问我这样那样的问题，有的问题把我难住了。这一逼，对我有很大好处。[1]

实践出真知，钱学森由麻省理工学院回到加州理工学院之后，既通过讲课将最新科研成果设计成为专业前沿课程，又通过授课实现教学相长。就此而言，钱学森留美时期的代表作《工程控制论》《物理力学讲义》，起初都是

1　钱学森. 现代力学——在一九七八年全国力学规划会议上的发言 [J]. 力学与实践，1979(1)：4–9+3.

他在开展科研过程中发表的学术论文或学术报告，随后他再通过教学实践将其体系化和课程化，因而这两本代表作具有论著和教材的双重性质。不仅如此，钱学森回国后写的另外两本学术著作《导弹概论》《星际航行概论》同样是他将科研与教学相结合的成果。

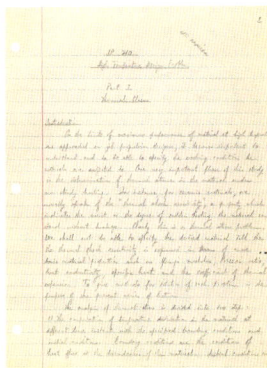

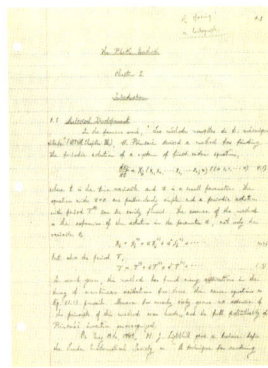

左图为钱学森在加州理工学院的留影，中图和右图分别为钱学森在加州理工学院开设的"High Temperature Design"（高温设计）、"P–L–K Method"（PLK 方法）两门课程的备课手稿首页

钱学森毕生提倡科教融合，故他晚年看到国内普遍存在"教学人员与研究人员各据一方"现象时就指出："高等院校教学人员和研究人员不能分家。一位教学人员同时也是一位研究人员，一位研究人员同时也是一位教学人员。"同时钱学森也提出建议，"专门研究机构的科学技术人员要兼高等院校的教学职务，兼工、农业生产企业的科学技术顾问"。此种建议实则是倡导消除科学、技术、工程之间的隔阂，通过彼此交叉融合实现创新。1978 年 6 月 5 日，钱学森在四川省委和成都军区学习会上谈及科研和教学关系时，给出了更加详细的解释："应该是又教书又做研究，不应该院校里有专门做研究工作的，又有专门教书的，这样不好。这样就不能够看到科学技术发展的新的领域、新的发展。教学人员如果不做研究的话，那就看不到新的发展，接触不到新的发展。所以应该把教学、科研结合起来。"[1]

1 钱学森 . 现代科学技术的组织管理 [J]. 沈阳科教资料，1980(2): 1–12.

与此同时，钱学森还进一步对基础课和专业课的辩证关系做了深刻辨析。他指出，高等院校的教师应当具备同时讲基础课、专业基础课和专业课的能力，这是因为"教专业课的又教基础课，就可以在广泛的、概括性的理论基础上来看专业课的问题。那么教基础课的也教专业课，就能看到他的基础课并不是一成不变的，而是生长的、变化的、活的东西"。[1] 反之，若高校教师只讲课而不做科研或者只讲某一门课，就会在今年教、明年教的过程中"教腻了"。不仅如此，钱学森还提倡"一位教学研究人员每几年应用一年时间到国家研究基地以及工、矿、农、林等生产部门实践"。正如钱学森的总结所言：

> 研究工作和教学工作是相辅相成的。我们要提倡，一个教师，既教书又搞科研，既是教师又是研究员，把这两方面统一起来，大大有利于教学工作的开展和科研工作的开展。还有一个问题，就是现在学校里，教基础课的教师光教基础课，教专业课的教师又光教专业课，这样会形成一种隔阂。基础课，一定要联系将来怎么用。基础课教师，不教专业课，他便不了解在实际应用上有哪些问题。教专业课的，成年累月光搞一门专业，专倒是专，但广泛理解恐怕就比较少了。而教基础课的，恰恰可以看到更广泛的东西。所以，我们应提倡教学与科研统一，而且教基础课与教专业课也统一。[2]

钱学森的言论看似浅显，实则道明了科研与教学之间相互促进和彼此反哺的深刻辩证关系。换言之，能够将科研成果及时运用于课堂教学的教师，不仅能向学生及时传授最新的知识，同时又能够提升学生解决实际问题的能力。此种由科教融合延伸到理论与实际相结合的思想，实则亦是钱学森技术科学思想的体现。然而平衡科研与教学的辩证关系并非易事，需要通过持续实践加以刻意训练。

1　钱学森 . 现代科学技术的组织管理 [J]. 沈阳科教资料，1980(2): 1–12.

2　钱学森 . 钱学森文集：第 2 卷 [M]. 北京：国防工业出版社，2012: 143.

剪报剪刊：无用之用

笔者整理钱学森留美时期发表的论文时，发现有三篇论文的研究内容是原子能的利用，它们即《原子能》《利用核能的火箭及其他热力喷气发动机》《热核电站》。作为空气动力学家的钱学森为何会发表研究原子能利用的论文呢？直到再次整理钱学森留美时期制作的九册英文剪报时，笔者才得以解惑。

近代以来，报刊在传播知识方面起到极其重要的作用。钱学森早年求学于交通大学时就习惯每天去图书馆阅读最新报刊，获取最新知识。对于钱学森几乎每天泡在图书馆里读书与思考的经历，他的大学老师陈石英还曾向其他同学大力介绍并回忆道：

学习最好的办法就是自己找书看，交大图书馆每月都有不少国外新出版的科技杂志。钱学森就经常在图书馆翻阅这些杂志，了解最新的科学技术知识。他不满足于课本上的知识，不断求新，并总能从新的角度提出他的问题。这才是正确的学习方法。经验说明如果学生真正能做到门门通，将来离校工作时解决问题的能力就更强。[1]

钱学森留美求学之际，仍然坚持通过阅读报刊获取学术前沿信息。他说："做研究就是开拓已有的知识领域，攻克学术的前沿阵地，所以一定要知道科学的最新发展情况，了解别人的最新成果。因此我一有空就去学院图书馆的期刊开放陈列架，翻看最新的期刊，阅读别人的新论文，并从中得到启发。"由此，他逐渐对原子能产生浓厚兴趣，还从 1945 年至 1950 年制作 1539 篇英文剪报并依据时间顺序将其装订成九册。正是这九册英文剪报在

钱学森试图回国之际，被美国当局当作关键证据进行调查。但海关专业人士进行技术鉴定后却提交了一份令美国当局极其失望的报告，因为报告证实九册英文剪报主要来自 *The New York Times*、*LIFE*、*The New Yorker*、*Science*、*Newsweek* 等报刊的公开报道，故而钱学森并未违反美国《出口控制法》。

图为钱学森制作的英文剪报。其中几份为有关奥本海默的内容，且包含奥本海默在麦卡锡主义之下被调查的相关报道，未曾想到不久之后，钱学森竟遭同样的厄运

那么，这些均为公开报道的文献到底有何价值呢？剪报虽源自公开文献，但钱学森却通过强大的信息整合能力分析出其中的关键信息。正如他后来从系统辨识角度指出如何做好情报研究工作时所言："人们认识客观世界有两种方法：一种是还原法；一种是从整体出发认识内部结构。第一种方法用得很多，但创造、发明往往用的是第二种方法。系统辨识就属于第二种方法。系统辨识是情报研究工作中最重要的一门技术，所谓高级的情报研究工作，就是用系统辨识方法进行的情报研究工作。情报研究工作的重要性在于能基于点滴的资料，经过分析研究，将全貌猜个八九不离十。假如有全貌，就不太需要情报研究人员了。猜出全貌靠什么方法？靠的主要是系统辨识的方法。所以，从事情报研究工作的同志一定要学会系统辨识的方法。"[1]

在某种意义上，钱学森以制作剪报为途径实现跨学科研究，又通过发表高水平学术论文实现研究领域"扩张"。因而钱学森回国带领中国科技人员

---

1   史秉能，袁有雄，卢胜军. 钱学森科技情报工作及相关学术文选 [M]. 北京：国防工业出版社，
    2015: 145.

投身航天事业之际，就大力推广剪报治学的方法。例如，由于当时国内缺乏火箭喷气技术方面的资料，钱学森就指示科技情报工作者要下定决心通过制作剪报不断搜集资料。他还曾在国防部第五研究院某研究所的一次讲话中谈到如何制作剪报：

> 争取原本剪贴，报纸、期刊上的都可用复制的方法搜集。这样做，可以把某一个题目的资料和目录搞全，如果我是研究人员，我就很喜欢这样的资料。这样做不要很强的鉴别能力，做起来好做，可以落实。……如这样做，可以把资料搜集得很全面，让研究人员使用方便，并且能解决他们的问题。[1]

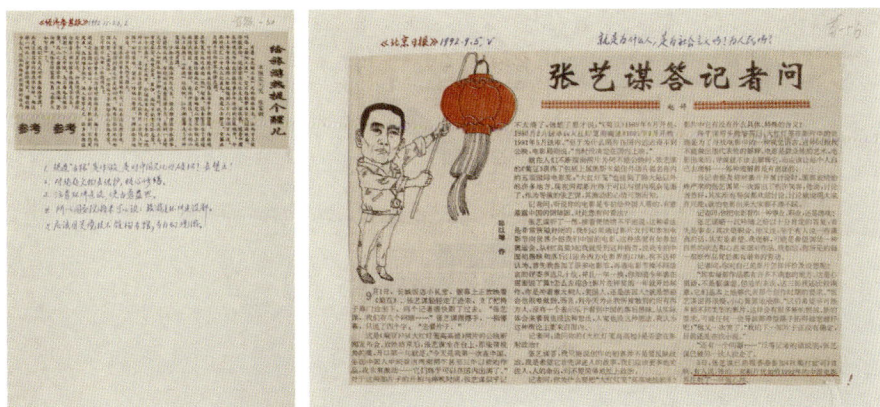

图为钱学森晚年制作的剪报及其批注

纵观钱学森的学术道路，制作剪报是一条重要的"故事线"。尤当钱学森晚年回到学术研究之中，制作剪报成为他每日的必修课且他从不假手于人，而他阅读的报刊主要包括《人民日报》《解放军报》《红旗》《新华文摘》《世界经济科技》《光明日报》《经济日报》《科技日报》《北京日报》

1　史秉能，袁有雄，卢胜军.钱学森科技情报工作及相关学术文选[M].北京：国防工业出版社，2015：8.

《参考消息》《经济参考报》等。故而钱学森自称"我这个人活在信息世界，什么都看"，例如由新华通讯社主办的《世界经济科技》周刊即为他每期所必读，他从中了解"全世界到底怎么回事"并"从那里学点东西"。经过长年累月积累起来的剪报，就像一个可以随查随用的数据库，可以及时地为钱学森提供治学需要的素材。由此可见，看似无用的剪报实则大有用处，因为剪报数达到一定规模时就会显示出蕴含于其中的信息价值。而在大数据"通行天下"的当下，再回看钱学森的此种治学方法，其仍有积极意义。

究竟掌握了几门外语

在某种意义上，要有战略思维就须有国际视野，而要有国际视野就须能掌握一门乃至数门外语。要解释钱学森战略思维的形成原因，就不得不提及他的外语能力。经考证可知，钱学森掌握的外语包括英语、德语、法语、意大利语和俄语，且他能熟练运用五门外语阅读科学技术文献，以及能够在汉语与外语、外语与外语之间进行互译。钱学森曾经解释学习外语时"会了一国的，学另一国的也不难"，且"连猜带蒙就可学会另一国的"[1]，但他的外语能力实则是在终身学习之中逐步建立起来的。

钱学森就读的师大附中非常重视外语教学，不仅从初中一年级开始讲授英语课，同时为提高学生英语水平还每周提供四小时的选修课以增强学生的英语训练。钱学森晚年提及学习英语的经验就是背诵，且还记得高中时代背诵过华盛顿·欧的《李大伯之梦》。师大附中的学生都有学习两门外语的

1　史秉能，袁有雄，卢胜军. 钱学森科技情报工作及相关学术文选 [M]. 北京：国防工业出版社，2015: 35.

经历，必修英语，选修德语、法语或日语，钱学森选修德语。钱学森求学于交通大学之际选修法语，而赴美留学之后开始自学意大利语，回国后又学习俄语，翁杏法还为其"开小灶讲俄语课"。学以致用，钱学森学习外语的目的在于阅读外语的科学技术文献，以使自己及时掌握世界科技强国的最新成果。

凭借丰富的外语学习经验，钱学森回国后曾应《俄语教学与研究》杂志之邀请撰写《科学技术的研究工作和外文》，介绍学习外语对于科学研究的重要意义，并提出"要掌握文献，就得懂外文，能看外文"的观点。他写此文主要是为了回应当时科技界对于学习外语存在的一种偏颇观点，即认为可以直接阅读由少数人专门翻译的材料。此文则指出，每个专业都有"行话"，而不懂"行话"的人很难翻译通达，因此科技工作者就需要"自己来干"。不仅如此，此文还以"隔行如隔山"类比解释说：

现在中国科学院还设立了专门的科学情报研究所，其负责整理、翻译和出版外文的科学技术文献。这一类工作将来还要加强和扩大。但是这样的科学技术专业人员做的翻译工作也还不能完全满足研究人员的需要，缘故在于科学技术文献浩如烟海，专业翻译工作者能做的，只是一小部分，还有大部分的外文文献，来不及翻译。再说翻译全部外文文献也是不必要的，因为其中有不少重复，不少一般的东西，但这不是说专业翻译工作者不翻译的外文文献就没有什么可取的东西了。一篇论文可以是基本上平常的，

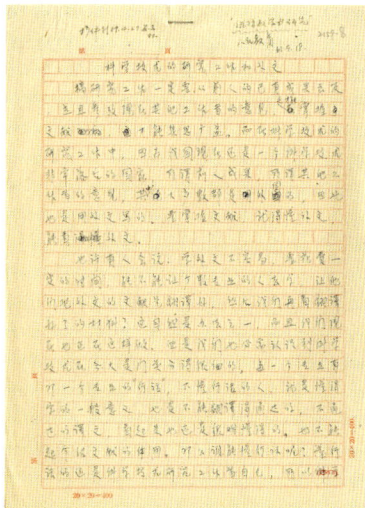

图为钱学森应邀为《俄语教学与研究》杂志撰写的《科学技术的研究工作和外文》手稿首页

但是很有可能其中有一小段，或光是其中一句话，却大有意义，能给研究工作者很大的启发。科学技术研究工作里，决不能忽略这种点滴的东西，忽略了就会大走弯路，吃大亏！可是这样的发现，当然非研究工作者自己不能做，今天科学技术分工那么细，隔行如隔山，他人决不能代劳。所以在专业外文翻译工作者之外，科学技术工作者自己还是有必要学习外文，这样才能真正掌握文献。

　　钱学森还提出"研究人员不懂外文是瞎子"的论点，并强调"研究人员不懂外文，就不能及时使用外文资料解决当前的技术问题"。[1]他不仅如是说，亦以此为鉴学习外语和运用外语，且为中国科技翻译事业做出重要贡献，诸多如航天、激光等科技名词即为钱学森所译。钱学森晚年还特别关注机器翻译事业，当得知中国科学院自动化研究所成功研制出"IMT/EC-863"（Intelligent English–Chinese Machine Traslation Systement，智能英汉机器翻译系统）时"非常高兴"，并建议"赶快投产使用推广，在实践经验的基础上再求改进"。不仅如此，钱学森晚年阅读文献时若发现外文不准确之处便会及时提出。例如，1985年5月1日钱学森致函北京林学院社会科学部自然辩证法教研室指出：

　　蒙赠《自然辩证法习作选》第一集一册，十分感谢，其中有许多文章是我有兴趣的，将仔细阅读。现在只说英文名Selected Works of Natural Dialectics，似欠妥，应为Selected Papers in Dialectic of Nature。自然辩证法的习用英文是Dialectic of Nature，而works一般指大本头著作，这里收集的单篇文章，叫papers似更合适些。

1 史秉能，袁有雄，卢胜军．钱学森科技情报工作及相关学术文选[M]．北京：国防工业出版社，2015：7．

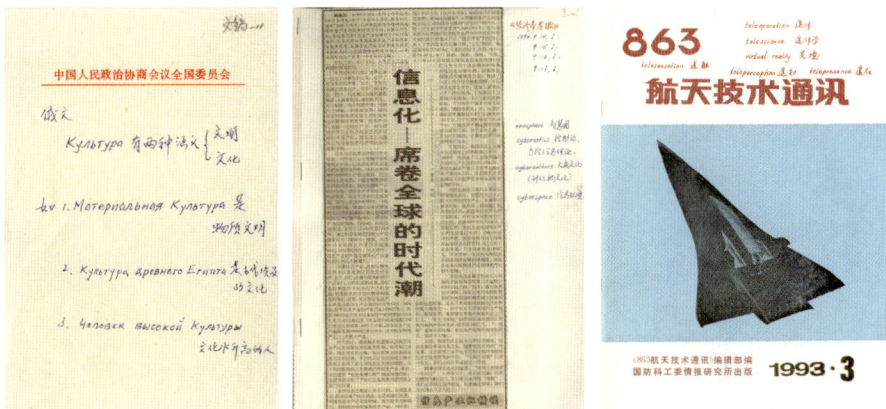

钱学森晚年读书时经常会翻译新的科技名词，由此在交互阅读与思考之中形成宽广的学术视野

与此同时，钱学森晚年还提出翻译应注重"中国化"，如1993年8月16日致函黄玉明商榷"遥科学"一词是否翻译精确时特别呼吁"中国固有文化还不能丢"。此意是指科技名词的翻译要能体现中国传统文化，即如其将virtual reality译为灵境。那么，钱学森为何会如此看重翻译问题呢？因为翻译实非小事，关乎文脉和文运。如果将外语"中国化"，使其与中国传统文化有效衔接，往往能够实现守正创新；而若一味"生搬硬套"，最终将失去文化和精神的独立性，成为他者附庸。由此可见，掌握多门语言的能力还使钱学森逐步领悟到语言的文化意蕴。此种文化意蕴恰恰包含着文化自信，即如钱学森所坚持的学术研究要体现"中国味"，而非"洋人世界"。

第三章 身在他乡思在故乡

钱学森留美 20 年间时刻关注祖国，身在他乡却无时无刻不思念故乡。学以报国，他执教于加州理工学院初期就曾受聘于"航空委员会航空研究所"，担任委托研究员，以通讯研究方式支持国内航空科技事业的发展；同时他还向北大校长胡适提交如何发展工学的"草案"，以期中国高等工科教育能够瞄准世界科技前沿。此间，作为科学家的钱学森还通过文学阅读抒发思乡情绪。然而，1947 年他回国后本有留下之计划时又为何会再别离故乡呢？

被聘任为委托研究员

在现代战争中，掌握制空权对战争胜负具有重要的决定性意义。20 世纪 30 年代日本侵略中国"如入无人之境"就是凭借空军优势让空军作为前锋，此又正是日本航空科研整体能力的体现与运用。鉴于此，以提高中国航空科研能力为发展目标的"航空委员会航空研究所"于 1939 年在成都成立并由王助担任所长；此所成立初期仅有器材、飞机和气动力三个研究组，但经过发展之后于 1941 年扩充并升格为"航空研究院"，同时成立器材和理工两个系。

该所成立后就开始广聘人才，既有"专任研究员"之设，又有"委托研究员"之设。前者为专职研究员，后者为通讯研究员。在研究所成立初期，王助就致函钱学森表达聘任诚意。当钱学森向导师冯·卡门询问意见时，冯·卡门希望钱学森能够暂时留在加州理工学院协助他继续"从事流体力学的工作"。1940年4月20日，冯·卡门还特地致函王助表示"希望钱学森留下"并在信中写道：

> 钱学森博士给我看了您和他讨论是回国服务还是留在美国的信件。我完全同意您在信中的观点。我想特别强调的是，我无意阻止钱学森博士回国履行他为国家服务的职责。但正如您所言，我相信一个人能够以不同方式效忠于他的祖国。我想，回国前在航空工程和航空科学的不同领域开展研究工作，不仅符合钱学森博士的兴趣，同时也符合中国的利益。他已经在高速空气动力学和结构方面做出杰出贡献。我们现在正在从事流体力学的工作，我想这正是您研究所今后的重要研究课题。所以，我建议钱学森博士在加州理工学院再工作一年或两年。可以肯定，我欣赏他的科研能力、合作能力和个人修养。所以，我希望钱学森留下并非出于私心。

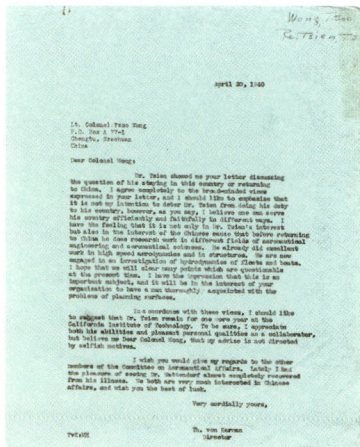

图为1940年4月20日冯·卡门向王助致的函，表示"希望钱学森留下"以协助其继续"从事流体力学的工作"

王助读到冯·卡门的来信之后亦觉其说得有理，因而于6月24日复函表示同意冯·卡门的建议。于是王助退而求其次，以委托研究员之席位聘任钱学森，因此钱学森能在无须回国之前提下以通讯研究方式助力国内航空科研事业的发展。例如，1940年12月7日钱学森将撰写的论文《高速气流突变之测定》寄交航空研究所，此论文作为航空研究所研究报告第二号以单行本出版。钱学森在此文的"摘要"中写道：

由高速风洞试验之结果，知"压缩性气流"中，若流速渐次增加达"临界速度"，则发生"突变"现象。是时经过某物体之大流速，与该处之声速相近；该物体所受之阻力，骤增甚巨。执此以观，知飞机各部之临界速度，对于高速飞机之设计，甚关重要。上述之速度，固可由试验直接量定之，但此必需具备一高速风洞，始克奏效，其需费至巨。今吾人若能获一可靠之方法，所需之速度，可由理论计算得之，或可由寻常低速风洞之结果，加以推算而测定之，则节省匪鲜。本文内容，即为此种方法之一。文内之计算，系以"绝热曲线"之切线，代替该曲线。换言之，即取此切线，为该曲线之近似值是也。以前诸法，或假设欠准，或解答艰繁，其计算结果，辄与试验结果，不甚符合。但此法所测定之值，据最近高速风洞试验之结果，较前诸法，得值最近，故似最为可靠。

简而言之，钱学森的论文为当时国内尚不发达的航空科学界，特别是在缺少风洞设备的条件之下推定和测算高速气流突变提供了理论计算依据。与此同时，钱学森担任委托研究员之际还曾发表他的第一篇学术评论文章"Comment on Dr. Ling's Paper"。此篇评论文章的评论对象是研究所专任研究员林致平发表的论文《偏心圆管之扭力问题》（航空研究所技术报告第一号，1940 年 8 月）。此时的钱学森虽才 29 岁，却已经在此篇学术评论中表现出扎实的学术功底。众所周知，学术评论是学术研究的重要构成，也是同行

图为 1947 年钱学森回国期间与王助的合影

评议的重要途径。而钱学森撰写此篇评论文章的视野与方法，与其晚年提出的观点不谋而合，即"只有不同意见的对阵才有助于发现真理"。

谜之"草案"仍无踪

钱学森撰写过很多草案并能使其由纸面"落地"而成为具有可操作性的实施方案，这体现出其将战略目标和现实能力相结合的辩证思维。笔者有幸整理过此类文献，遗憾的是，已知1945年钱学森撰写过一篇《工程科学系之目的及组织大纲（草案）》，却至今未能见此草案内容。但值得庆幸的是，此篇草案虽去无踪却非来无影，因为通过对留存档案资料的诠释可知草案内容之内涵。当时年仅34岁的钱学森究竟缘何撰写此篇草案呢？由"工程科学系"可知，草案应是为某所大学撰写。此所大学正是北大，而拿到此篇草案的又正是时任北大校长的胡适。此篇草案反映了钱学森青年时代正在逐步形成的学术眼光、格局和境界，因而有必要借由复原钱学森撰写草案之前后过程一探其中奥秘。

此篇草案缘起1945年胡适担任北大校长之后的复兴计划，尤其是他计划通过增设工学院、农学院以及医学院，希冀将北大办成一所涵盖文、理、法、工、农、医等专业的综合性、研究型高等学府。即在此间，胡适拟聘时为加州理工学院副教授的钱学森回国出任北大工学院院长一职，此事由饶毓泰牵线搭桥。饶毓泰与胡适是好友，当得知胡适被任命为北大校长之后就于1945年9月19日致函称"望兄积极负起责任领导我们"，随后就在信中建议北大势必要办工科且可先成立应用力学系与电学工程系，接着就向胡适推荐钱学森、郭永怀、朱兰成、马大猷等优秀人才，同时提议由钱学森担任应用力学系主任。

饶毓泰给胡适回信后又立即给郭永怀写信，希望由郭永怀向钱学森说明经过。郭永怀是饶毓泰在北大任教时的学生，得到饶毓泰来信后即向钱学森说明情况，而钱学森很快就为北大草拟出《工程科学系之目的及组织大纲（草案）》。1945 年 10 月 8 日，饶毓泰致函胡适并将钱学森所拟的草案随函附寄并称：

钱学森（左起第 3 人）曾与胡适（左起第 5 人）有过一面之缘，此合影可能摄于 1940 年 3 月 25 日至 31 日胡适以中国驻美大使身份前往旧金山接受加利福尼亚大学法学博士学位之际

　　钱学森先生寄来所拟《工程科学系之目的及组织大纲（草案）》。此文是他应我之请而作的，我觉得他的意见有许多是和我的相契合的，但和一般工程学者之传统目的与组织大不相同，值得我们深切地注意，兹附呈，阅后请掷还。我未曾和钱先生直接通信，我是请郭永怀转达北大拟请他出来组织应用算学系或应用力学系之意思，所研究与教学范围则和钱先生的工程系的内容差不多完全相同。如果北大工程科学系能这样办，理学院与工学院的分界就不致太严了。这对于工程教育是个革新运动。可否由北大聘钱学森先生为工学院院长？[1]

1　耿云志 . 胡适遗稿及秘藏书信 [M]. 合肥：黄山书社，1994(42): 518.

　　1945 年 10 月 14 日，胡适复函饶毓泰称："请聘钱学森为（北大）工学院院长。"[1] 饶毓泰得到胡适首肯后，立即向钱学森表明此意。10 月 23 日，饶毓泰致函胡适："钱学森先生尚未有复信来，大概在慎重加虑中。"[2] 钱学森经过慎重考虑后的结果如何呢？ 1946 年 1 月 2 日，胡适在日记中写道："钱先生来信：现在加州理工学院航空系任事，与校方约定一两年后回国。故北大如定明春开办工学院，则学森无参加可能。"[3] 显而易见，钱学森未能接受北大的聘任。1946 年 1 月 14 日，饶毓泰致函胡适，写道：

　　转来钱学森先生的信早收到。后又接郭永怀兄来函说钱先生一二年内不能归国，故此时不能立即负起责任来。弟对于此事虽甚失望，然郭永怀、林家翘诸君都望钱先生出来领导，钱如不加入北大，他们也就不肯加入，故仍望钱肯答应负责，即使他自己一时不能归国。弟曾有函报告与 Von Kármán 先生接谈经过，Von Kármán 先生现未返 Pasadena，待他返后有更具体的结果。同时弟函郭永怀嘱他向钱先生转达：自适之先生掌北大命令发表后士气为之一振，今才作深远之计划。我愿凡关心中国大学教育前途者多来帮助适之先生。中国工程向（来）未上轨道，北大开办工科无传统的负累，有布新的勇气，凡关心中国工程科学前途者不应该错过这个机会，适之先生与北大同人对钱先生具有无穷希望，亦欲借此使钱先生和他同志与国内无数向上的青年有更深造之机会。为表示万分诚意，北大开办工学院可迟至 1947 年秋，以待钱先生之归。但钱先生此时应立即答应负责规划，郭永怀、林家翘两君如能于今秋归国则更善。这是我对郭永怀说的，兄意如何？[4]

1　耿云志. 胡适年谱 1891–1962(修订本)[M]. 福州：福建教育出版社，2012: 268.

2　耿云志. 胡适遗稿及秘藏书信 [M]. 合肥：黄山书社，1994(42): 521.

3　胡适. 胡适全集：第 33 卷 [M]. 合肥：安徽教育出版社，2003: 557.

4　耿云志. 胡适遗稿及秘藏书信 [M]. 合肥：黄山书社，1994(42): 525–526.

饶毓泰缘何如此执着地推荐钱学森？原因就在钱学森撰写的草案之中，从饶毓泰评价草案为"对于工程教育上是个革新运动"便可知其价值。那么，所谓革新运动又到底为何？所有谜底都将在本书"回国传新知：技术科学思想"这一节中揭开。1947 年胡适得知钱学森回国时，立刻致电钱学森"请其假返国之便，抽暇来平一游，藉对北大工学院之发展有所请教"，以补此前未能聘请钱学森执教于北大之憾。作为钱学森与北大之"缘分"，1955 年钱学森归国后曾"亲自领导设计"和"具体指导"为北大建设风洞北大的风洞建设工作，且"从设计理念到气动计算公式无不亲自教授"。[1]

文学青年的文学阅读

科研工作无不充满着探索和挑战，同时又有枯燥和烦闷的一面。当年，钱学森只身一人前往美国求学深造并留校执教，在科研和教学之中也会面临各种压力。如何排遣这些压力呢？钱学森自有其法，如听音乐、摄影、郊游等，此外还有一个舒缓情绪和放松心情的方法即阅读文学作品，且阅读可谓贯穿他的整个生命历程。

钱学森在师大附中读书时就开始阅读文学作品，如《西游记》《儒林外史》《三国演义》等古典小说，及至大学时代又细读鲁迅翻译的普列汉诺夫之《艺术论》等。留学之际，钱学森还阅读大量欧美文学作品，如 *The Dickens Digest*、*The Thurber Garnival*、*The Fall of Paris* 等，由此可以想象其在繁忙的科研工作间隙阅读文学作品的文学青年形象。就在此间，钱学森读到一本特殊的"英文"文学作品，因为此书虽为英文作品，作者却是中国人

1　赵汝敖 . 诞生于 1958 年国庆节的风洞——回忆北大 2.25m 大型低速风洞的建成 [N]. 北京大学校报，2009-09-25(2).

老舍，而此书正是老舍的代表作《骆驼祥子》。《骆驼祥子》是老舍创作的长篇小说，以 20 世纪 20 年代北洋军阀混战为时代背景，讲述从农村到北平谋生的人力车夫"骆驼祥子"的人生经历。此书于 1945 年经伊万·金译成英文并由纽约 Reynal & Hitchcock 出版社出版。

其时，钱学森正在加州理工学院任职，得知《骆驼祥子》一书已在美国出版就前往购买，但因此书热销而未能买到第一版，待到第二版出版时才买到一本毛边本。钱学森为何会如此迫切地要阅读此书呢？其实，这是思乡情绪使然。

"骆驼祥子"的谋生之地北平正是钱学森青少年时代生活了 15 年的北京，父亲还在他读小学时雇过一辆"洋包车"负责接送他，或许他在阅读此书时想起了当年接送他的那位"祥子"。此时距他 1935 年赴美求学已有 10 年，思乡情愫渐积在心中，他阅读此书颇有寄情释怀之感。钱学森读完此书后便将其珍藏，还在 1955 年回国时将其同其他图书一起由加州帕萨迪纳托运到香港，后又经海路运抵天津，随后再运到中国科学院宿舍。1960 年他搬到位于北京航天桥附近的航天大院居住时，此本毛边本《骆驼祥子》亦被搬运到此处并珍藏于家中书柜。

对此本文学作品的购买、阅读与收藏，反映了一个中国文学青年身在国外却始终心怀祖国和故乡的家国情怀。钱学森回国后仍将文学阅读作为人生的"必修课"，并订阅《人民文学》《文艺理论与批评》《文艺研究》《文学研究》等杂志阅读。不仅如此，他读到好的文学作品时常会向友人推荐，如读到毕淑敏的《翻浆》后"深受感动"并将其推荐给友人。笔者整理钱学森藏书目录时就发现，文学类藏书占据钱学森藏书体量的很大一部分，且涵盖古今中外的小说、散文、戏曲和戏剧等，如《茅盾全集》《清稗类钞》《元散曲的音乐》《芥子园画传》《柯灵电影剧本选集》《莎士比亚全集》《契诃夫小说选》《斯巴达克思》《谁之罪？》《处女地》《安娜·卡列尼娜》等；此外还有《中国文学史》《在延安文艺座谈会上的讲话》《中国绘画史》《古典戏曲十讲》

《美学文艺学方法论》《文艺中的形式方法》等理论著述，这些也在钱学森的阅读范畴之内。

及至晚年，钱学森不再满足于作为"文学艺术爱好者"，而是创造性地将阅读文学作品的感悟转化为学术思想资源并提出"中国文学格调"论。"中国文学格调"是指构建中国的文艺理论观应在"走马克思列宁主义毛泽东思想研究文艺理论的路子"中做到两个结合。一方面，作为社会主义中国的文艺理论工作者要"不忘中国五千年辉煌的文艺传统"，以敏锐眼光"利用最新的科学技术成果发扬这一文艺传统"；另一方面，对待其他国家文化不能一味"发牢骚"，要能够客观分析和批判吸收其中的优秀成分。由此，他又提出从"文艺体系学""文艺能力学""文艺政治学"三个方面丰富马克思主义文艺理论，且通过治学构建起由"文艺创作 - 文艺理论 - 美学 - 马克思主义哲学"组成的文艺体系学。

图为钱学森回国初期在中国科学院宿舍的留影，茶几上放的正是他订阅的《人民文学》杂志

不难看出，此论与当下构建中国自主知识体系的目标不谋而合。同时，钱学森还提出"美感不同"的主体分类思想，即以"美感不同，对艺术的欣赏能力也就不同"为依据，而将不同主体的文艺需求分为"表达哲理""阳春白雪""下里巴人"三个方面。概言之，钱学森的文学阅读既满足了其情感层面的需求，同时又超越情感层面而在思想层面为其提供了丰富的学术资源。可以说，钱学森经阅读感悟与理性思考，逐渐从青年时代的"文学艺术爱好者"发展成为"文学艺术研究者"，因而他将文学阅读看作"高级的东

西"。[1] 正因如此,他始终提倡"科艺结合"并主张"科技工作者和文学艺术家交朋友",既要使科技工作者学点文学、艺术、音乐和绘画,又要使文艺界的人学点科学技术,而此观点对于当下不无积极启发。

回到故乡却又再别离

1947 年对钱学森来说是一个特别的年份,他既在是年晋升麻省理工学院教授,又在此年暑期回国与蒋英喜结连理。钱学森是年回国本有留下之意,但看到国内战争正酣、经济萧条、民不聊生,尤其经历"交大校长人选、教部内定钱学森"风波之后,他决定暂先回到麻省理工学院。此事缘起 1947 年交通大学更换校长风波,钱学森因此间回国而"陷入其中"。

据称,由于时任交通大学校长的吴保丰与教育部部长朱家骅"并不属于一个系统",故向教育部提出辞呈;交通大学校长便"空缺"出来,朱家骅于是物色蒋梦麟、凌鸿勋和茅以升三人作为校长人选,但均被三人婉拒。恰在此时,以麻省理工学院教授身份回国的交通大学毕业生钱学森进入朱家骅的视野。《申报》8 月 28 日便以"交大校长人选、教部内定钱学森"为题报道称:

据可靠方面获悉:国立交通大学新校长人选,教部内定交大校友钱学森继任。钱氏原任美国麻省理工学院教授有年,新近由美返国,现留居北平,朱部长前在平时,曾请北大校长胡适出面商于钱氏,钱氏以校务责任綦重,尚在谦辞中。

1947 年交通大学校友在美国波士顿富兰克林公园集合庆祝母校成立 51 周年(曹建猷之子曹康白提供)

1　涂元季.钱学森书信:第 7 卷 [M].北京:国防工业出版社,2007:107.

8月29日，朱家骅还通过清华大学叶企孙教授致电钱学森，以请其代为转达聘任之意。叶企孙在8月29日的日记中写道："晚接骝先（笔者注：朱家骅）部长致钱学森电，请彼担任交大校长。"但当叶企孙将电文告知钱学森并询问其意见时，钱学森当即表示："目前国内局势战乱不止，各级政府又腐败无能，在这种形势下，我不能回来为国民党装点门面。"于是叶企孙就建议他："你要不愿意，那么就赶快走，晚了恐怕就走不成了。"于是钱学森听从叶企孙的建议，一面于8月31日以"加急电"答复朱家骅称"森之兴趣纯在研究，无意于行政工作，承命就交大事，虽感奖勉盛意，决难应命"，一面于9月1日紧急飞往上海。

图为钱学森回国期间在杭州西湖的留影

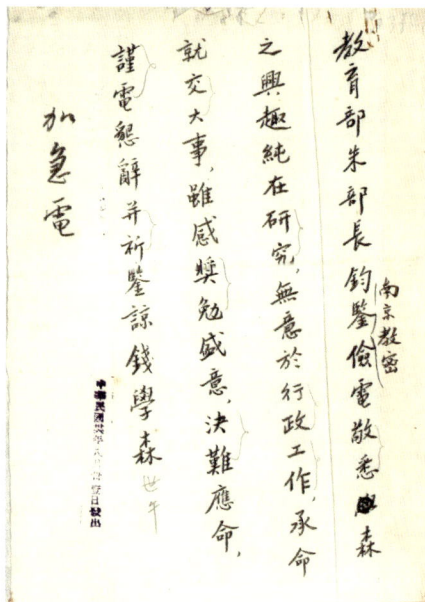

图为1947年8月31日，钱学森致电教育部部长朱家骅的电报底稿，底稿原件存于清华大学档案馆

其时正值高中生报考大学之际，当钱学森被报道即将担任交通大学校长的消息传出后，上海春明书店刊印《大学入学指南》时特别标明"交通大学 上海 钱学森"，以此吸引高中生报名。那么，钱学森为何会拒绝任母校校长一职呢？他回到上海后曾对父亲钱均夫说："归国效劳，是其素志；但这种政府，断不能存在于人世间。"因为他看到国民党的腐败统治后不愿意为其装点门面，即其所言"早年的教育不能使我接受国民党政府的召呼"。

　　然而钱学森虽未留下在母校任职，但却给国内科学界带来科学自信，正如当年《世界交通月刊》第 3 期以《交通人物——钱学森》为题报道称：

　　钱君在短短十年中，已大有贡献于航空科学，蔚为国光。现仍在继续努力，孜孜研究，将来成为航空界之巨擘，可操左券。我国航空专业方在创设，将来钱君返国任职，对于国航前途上之贡献何可限量。

　　不言而喻，若"已大有贡献于航空科学，蔚为国光"的钱学森出任交通大学校长，无疑会对国民党当局起到装点门面的作用，但钱学森并未被"大学校长"的帽子吸引，而是选择暂时回到麻省理工学院。然而，这篇报道关于"将来钱君返国任职，对于国航前途上之贡献何可限量"的预言，在八年之后成为现实。

第四章　科学之外浪漫之内

科学是钱学森形象的底色，但他的精神世界极为浪漫，这体现于青年时代的兴趣爱好之中、科学研究之中以及家庭生活之中。浪漫主义不断推动钱学森的科学创新，而科学创新的过程又正是思维的"浪漫"过程。二者相互影响，可谓"科学之外浪漫之内"，为钱学森成为顶尖科学家和战略科学家提供源源不竭的思想火花和创新动力。

新技术 + 音乐 = 机械音乐

钱学森就读交通大学时是一位音乐发烧友，既有参加学校管弦乐团的经验，又曾阅读过《音乐的听法》《到音乐会去》、*The One Hundred and One Best Songs*、*Liteary Digest* 等音乐著述。在实践和理论思考之中，钱学森发表了数篇关于音乐的文章，其中有一篇题为《机械音乐》的文章颇有意思。此文发表于《音乐教育》1935 年第 3 卷第 8 期，体现了钱学森如何运用工科思维讨论"机械"与"音乐"相结合的社会价值。

所谓机械音乐是相对于活音乐而言的，人的各种活动在机械出现以后被机械"取而代之"，由此在艺术表现形式上出现机械化现象，即如留声机"已成为保存现代音乐所不可缺的媒介物"。钱学森指出机械音乐并不是简单的活音乐的替代物，而是"可以成为现代艺术中独立的一部门"。他写道：

机械音乐之所能，也就是活音乐之所不能，就是打开和除去这两种限制：演奏者生理上的限制和活音乐上所用乐器本身底（的）限制。这种解放，正如机械工业之于手工业——机械工业把工业从人力和工具方面的困难中救出来，所以机械音乐把音乐从演出技术底（的）限制中救（出）来了。正如保尔·斯退凡所谓"机械是开拓更大的自由的路，更大的可能性的路"的（工具）。

钱学森对于机械"介入"音乐的发展趋势充满乐观，同时还广泛地论述了机械音乐如何"在自己的内部唤起""感情和思想"的价值。他还从科普视角分析四种机械音乐的发声原理，即机械发音（Mechanical Tone-Production）、机械电力发音（Mechanical-electrical Tone-Production）、电力发音（Electrical Tone-Production）、光电发音（Photo-electrical Tone-Production）。他又进一步对有声电影的价值进行探讨并写道：

虽然在发音结构方面，我们必须把留声机、无线电和有声电影包括到机械音乐里去；但我以为，既然它们底（的）目的，不在创造新的技术可能性，而且它们也不能离开一般音乐而独立，它们和以上所说的诸机械乐器是有分别的。而且我们也不能说它们是乐器，而是一种传播工具吧。留声机、无线电和有声电影底（的）功绩，不是由他们可以得到新的东西，而是因有了他们，把固有的音乐在社会中所加于人类底（的）作用增加了、强化了而已。然而我们如果说它们完全不能创造新的技术底（的）可能性，也未尽然。因为在有声电影底（的）摄制过程中，对话、音乐、唱歌等元素是分开收音的，以后再把分别设置的片子，对好了时间，一齐发音，再灌入摄制，才得到最后的声带片子，这是把不能同时发出的音响制成如同一齐发出一样。最近报纸所载：美国发明家已经得到分别灌留声机唱片的方法。就是说一个提琴独奏，可以先灌提琴底（的）部分，再在同一底片灌入钢琴伴奏部分，演唱时，就同一齐演奏的一样。我们姑且不去说这种方法在艺术价值方面如何，然其开拓了一条新的路，则是没有疑义的了。

此文表面是在写音乐，其实是聚焦讨论科技发展对社会的影响。即其所言，科技发展将会带来各种"新的可能性"；虽然很多发展只是"第一步"，"但必然的，我们已经开启了新时代"。直到晚年，钱学森撰写《科学技术现代化一定要带动文学艺术现代化》一文时，还从"新技术＋音乐"相结合的视角指出电子计算机的发展对音乐产生的变革性影响，写道：

电子计算机作为一台复杂而又高速的控制机器，完全可以根据人的愿望综合出各种声音，比如人的歌声、弦乐器的声音、铜管乐器的声音、木管乐器的声音、打击乐器的声音，而且音域更广，强弱比更大。所以有朝一日我们将进入一场音乐会，台上没有乐队，没有歌唱家，没有独奏音乐家，也没有指挥，可能有一位音乐家坐在台旁一角，他面对一台有一排排按钮和旋钮的控制台，我们看他不时按一下这个按钮，有时转一下那个旋钮，再也没有其他动作了。幕后的电子计算机按照作曲家写的乐谱综合出深刻、动人、雄伟的音乐，通过安放在音乐厅各处的扬声器演奏出来，台旁的音乐家只做必要的调节以加强音乐的感染力。（现场）有作曲家，但除了控制台前的音乐家外，没有任何演奏人员，是电子计算机代替了，代劳了。不但代替，电子计算机还可以按人的意愿制造出前所未闻的音响，作曲家不受任何乐器和歌喉的限制，大胆自由地创作，使音乐艺术向更高水平跃进。[1]

可以说，此种源于音乐的浪漫主义和乐观情怀融入钱学森的日常生活，特别是只身海外之际，他以音乐抒发自己的情感。例如，钱学森读博时就与同门师兄弟西尔斯和马勃组织过一个"竖笛三重奏乐队"，他们三人经常一起吹奏，西尔斯吹奏高音竖笛，钱学森吹奏中音竖笛，马勃吹奏次中音竖笛。直到 1941 年西尔斯离开加州理工学院前往康奈尔大学，这支"竖笛三

---

1   钱学森. 科学技术现代化一定要带动文学艺术现代化 [J]. 科学文艺，1980(2): 3-7.

重奏乐队"才宣告解散。[1] 此种对音乐之爱不仅使钱学森心情愉悦，还激发出他强大的精神力量。尤其在滞留美国的五年时间里，钱学森时常聆听巴托克和贝多芬的交响乐，"特别是巴托克的音乐中潜伏着的那种执着的刚强"深深吸引了他。罗沛霖解释称，"这也许是他作为当时中华民族的海外孤臣，与巴托克情感相通吧"。

图为钱学森留美时期使用的两支竖笛，其中大的长 61 厘米、直径 5 厘米，小的长 32.6 厘米、直径 2 厘米

原子能 + 火箭 = 星际航行

钱学森就读交通大学时发表的《火箭》一文颇有想象力，甚至带有一些科幻色彩。此文极为大胆地提出"我们会有那么一天，和火星通信"的设想。显而易见，依据当时的科技条件，星际航行无法实现，但这一设想凸显出青年钱学森的科技创想能力。他在文中以力学、机械以及航空等知识为支撑，计算出如何运用"火箭"这个"小玩意"征服空间和征服宇宙，进而实现"到星球去"的星际航行。同时从严谨地指出以现有科技条件制作如此火箭未免太性急，"因为经验毫无，也必失败"，但又基于科学乐观主义提出"我们必须从小的地方慢慢做起来"。

那么，应该从哪些小的地方做起来呢？钱学森在文中提出，可以结合火

1　威廉·里斯·西尔斯. Story From A Twentieth——Century Life[M]. 美国康奈尔大学档案馆藏影印本，1993: 79.

箭和飞机两种技术设计出火箭飞机，即退一步，先通过研制火箭飞机不断积累操作经验，以便更好地向前一步。由于火箭飞机能在几小时内往返世界各地，钱学森幽默地称其为"现实的缩地法"。他在文章最后热情洋溢地呼喊：

朋友，全世界都热心于火箭了，工程家和科学家都动员了，他们努力地，忍耐地，一步一步地走向征服宇宙的路。朋友，他们每一步都是坚实的！

从此文可见青年钱学森的科学探索欲，如其所言"我们可以从非常渺小的事物，研究改进到伟大的成就"。这是因为一次失败就是一次经验的积累，任何成与败都会为后人留下借鉴。这颗科幻的种子一直留在钱学森心中，在他留美时"发芽"并帮他找到星际航行的动力之源：原子能。其实钱学森在《火箭》中就从"冲动量"角度提出用于征服空间和征服宇宙的最佳能源："最好的自然是原子氢，这东西在结合成分子氢的时候，能产生 21 000 米 / 秒的速度和 2140 千克·米 / 秒的冲动量。但原子氢我们现在是没有办法大量生产的。"

因此，钱学森留美时期开始关注原子能的研究与利用，并制作前文提及的九册英文剪报且于 1946 年发表题为《原子能》的文章。此文在风格上与钱学森同期发表的其他文章迥异，主要探讨原子能作为航空动力装置的发展前景。文章包括七个方面，即质量与能量的等价性、原子结构、核反应、原子核结构与结合能、恒星中的能量产生、核裂变与链式反应、实现核反应的工程途经。此文诚如钱学森所言属于"介绍性研究"，但他坚信：

在第二次世界大战末，使用原子弹带来了惊人的结果，这极大地刺激了人们对在其他工程应用领域中利用原子能（的）可能性的兴趣。核反应释放的能量约为传统化学反应的一百万倍，这个事实似乎超出了人们的想象。尽管人们在将这些新发现的知识用于实际的电站工程所需要的时间上存在较大分歧，但没人怀疑技术发展的新纪元已经开始。由于相信航空动力装置将可能成为使用原子能的首个主要的原动力，所以航空工程师对此更感兴趣。这个信念是基于以下事实：对于固定式电站，经济运行的标准为发每千瓦小时电所需的费用，最重要的是燃料费用，而不是燃料重量，不管是采用化学燃料还是核燃料。对汽车应用，尤其是航空应用，燃料重量是极其重要的。在计划中的以超声速飞行的情况下，似乎只有利用原子能才能减少燃料载荷和增大有效载荷，使飞行做到经济可行。

撰写此文时，钱学森以"新纪元"视角预判原子能将来的发展前景，这意味其学术视野的拓宽，他由此开始对原子能进行持续和深入的跟踪研究。1947 年 5 月 13 日至 15 日加州理工学院喷气推进实验室举行第 54 至 55 次研讨会时，他又在会上作了有关"利用核能的火箭及其他热力喷气发动机"的报告。钱学森在报告中提出"核能火箭"概念并指出原子能可能用于飞行器的动力装置，因为它能适应超声速飞行所要求的减少燃料载荷和增大有效负载这两个主要指标。[1] 即在此年，他在发表的成名作《工程和工程科学》中，又再次提出解决"长程火箭"动力问题的最好办法是实现"裂变材料的生产"并预言："核反应的利用的一个快速发展的时期即将到来。"他回国后又从科普角度在《工人日报》1956 年 11 月 4 日第 4 版上发表《星际航行与科普工作》一文，以通俗简明的语言解释何谓星际航行，即火箭技术和高速飞行技术的发展使人类可以脱离地球、航行于星际空间，使人类能够以宇宙为活动园地并像哥伦布那样去发现星际空间的"新大陆"。

由此可见，源于青年时代的科学幻想经由科学研究而不断成为可能。科技史上比比皆是的例子表明，科技往往孕育于科学幻想！就像钱学森言及的"幻想中也有实事的萌芽"，而科技工作者的使命就在于："把幻想里的实事逐渐扩大，使其萌芽生长，而终于把幻想变成事实。这也是理论结合实际的

1　该讲稿后发表于 1949 年出版的 *The Science and Engineering of Nuclear of Power Volume Ⅱ* (Chapter Ⅱ)。

道理了。"正因如此，钱学森早期有关星际航行的科学幻想经由科学实践和理论探索，逐渐凝结于他回国后主讲的课程"火箭技术概论"，最终形成体系化的理论知识并反映于他在 1963 年出版的学术著作《星际航行概论》之中。

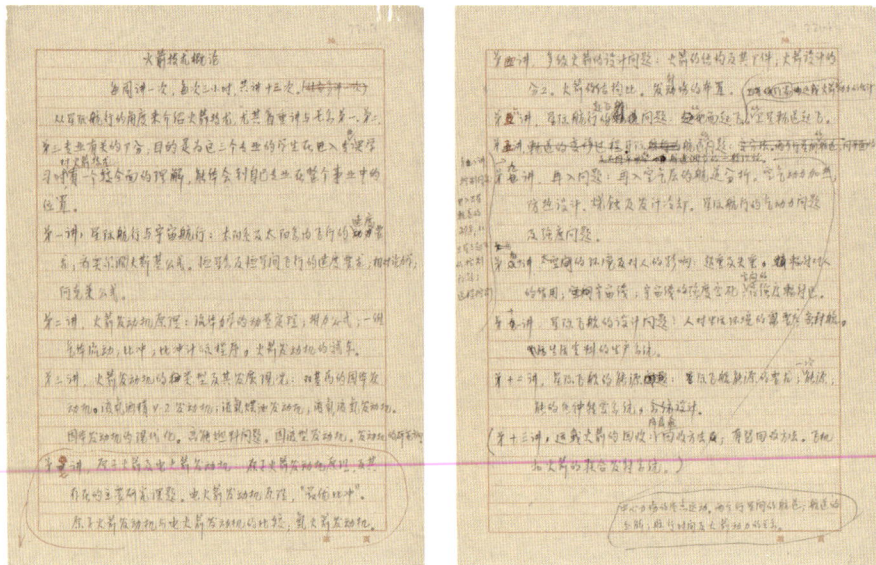

图为钱学森主讲"火箭技术概论"课程时撰写的提纲

还值得一提的是，钱学森于 1955 年完成的《热核电站》一文正式发表于 *Jet Propulsion* 1956 年第 26 卷第 7 期。文章主要探讨热核电站的特性及其技术设计中的基本问题，他虽然指出"尽管核裂变电站比传统电站有许多明显的优点，但全球实际可供开采的铀和钍的储量非常有限，这使得核裂变电站的长期前景变得有点不明朗"，但也表示"热核聚变反应，尤其是氘'燃烧'成氦的反应，所采用的燃料非常丰富"，因而钱学森又乐观地强调：

人们将会看到这样的工程项目规模巨大，（这）对想象力是一个挑战。然而，热核电站的成功开发对人类福祉的回报是如此巨大，非常值得设立一个研究项目细致地分析该问题。

据 1957 年 5 月 25 日《参考消息》的报道，是年美国《大众科学》3 月号刊载《根据钱学森的概念设计的氢发电厂图》一文并称，"根据钱学森教授提供的概念画出的氢发电厂设计图，并附有短文一篇。"此时钱学森已经归国近两年，并未主动向《大众科学》供稿，而文中其提到的"短文"可能正是《热核电站》一文。行文至此，特别想指出的是，阅读钱学森的文章总能从中体悟到不可言说却又始终存在的生命激情与生活热情。

计算机 + 控制 = 无人工厂

钱学森作为"两弹一星"元勋的科技成就广为人知，但他在推动中国计算机事业发展方面的诸多贡献似乎还不那么具有社会知晓度。钱学森早在留美时期就已经关注到计算机的重要作用，且将其作为运算工具用于工程控制领域的研究，进而在 20 世纪 50 年代就提出关于无人工厂的设想。

1946 年钱学森转至麻省理工学院执教后，就曾到同在波士顿的哈佛大学观看过世界上第一台机电式计算机马克 1 号。此台机电式计算机由哈佛大学应用数学家霍华德·艾肯于 1944 年研制成功，随后他又分别于 1947 年和 1949 年研制出马克 2 号、马克 3 号。通过实地观察，钱学森意识到计算机将会在科学、技术和工程等领域产生巨大的应用价值。后来，他转向研究工程控制论时就敏锐捕捉到计算机与控制相结合将产生的创新价值。1952 年 5 月 2 日，钱学森致函冯·卡门时就提及计算机的工程化运用并对计算机的发展前景进行预言：

我现在更加确信，快速计算机的发展将导致工程领域的一次彻底性革命，并将工业效率提高到一个更高的水平。

　　钱学森的预言主要基于对以下两个学术问题的研究：一是火箭客船自动导航问题，二是工程系统性能自动优化问题。第一个问题主要基于导弹干扰理论，探讨火箭客船如何实现自动导航。1946 年钱学森前往麻省理工学院任职后为研究生开设一门"火箭工程学"，在提出"火箭客船"概念时指出大气干扰等因素会导致火箭客船产生航向偏差。钱学森基于控制理论提出如何使航向偏差获得"自动补偿"的方案，他在信中以航海引航问题类比，指出"自动补偿"不能依靠"人类导航器"，并说："我考虑一种由一系列跟踪站组成的导航系统，用于向计算机提供瞬时位置和速度，计算机将这些信息与预先确定的存储数据一起生成以控制设置。"

　　第二个问题以工程系统性能的自动优化为落脚点，探讨计算机的有用性。钱学森留美时期不仅积累了丰富的实验和工程经验，其中尤以将数据和现象升华为理论的出众能力令人瞩目。他在信中以"在给定转速和燃油率条件之下内燃机如何获得最大制动平均有效压力"为例，说明可以通过计算机寻找最优点；由此又引申出通过叠加多台计算机提高计算速度，以实现复杂系统的自动优化。但更重要的是，钱学森在信中提出计算机真正的价值在于控制，而非计算。他说："快速计算机的真正价值不是计算和给出数值结果。因为这是一种被动作用，而其更重要的作用在于控制和指导工程系统的运行。"

　　钱学森与导师冯·卡门在信中讨论的内容，成为 1954 年出版的经典著作《工程控制论》之重要构成。钱学森回国后于 1956 年参加制定十二年科学规划[1] 时，

图为钱学森在加州理工学院讲课时绘制"火箭客船"的示意

---

[1]　十二年科学规划指《1956—1967 年科学技术发展远景规划》。

就提出要将计算机技术列为国家规划并建议大力发展计算数学，因为在其看来，"在将来，我们不能想象一个不懂得用电子计算机的技术科学工作者"。[1]
同时他还利用各种时机以计算机与导弹的结合为例，科普作为"导弹的脑筋"的电子计算机之重要作用。他解释道：

> 用雷达测定飞机或导弹的位置，同时还要做快速计算，方能及时做出适当的控制决定；这就需要电子计算机，用人计算是不够快的。所以导弹的脑筋是电子计算机，它是整个控制系统的中心环节。……如果要把电子计算机装在导弹里面去，作为弹身内控制系统的一部分，我们首先必须把它"专业化"，只做一件事（控制计算），不要它万能，做通用计算，这样的计算机就可以简单一些。但是只专业化还不够，还要小型化和超小型化，竭力缩小体积，从相当于柜子的大小缩到盒子的大小。这不是一件容易的事。所以光靠通用计算机还不能解决导弹问题，我们还要进一步制造出超小型的专业计算机。我们在上面所说的自动控制系统是依靠雷达定位装置的。雷达发出的电波是直线前进的，如果敌机很远，在地平面下，你就看不到它，所以现在的洲际武器控制系统就不能用电波控制，而用天文系统控制。导弹上带着天象台、自动记忆系统，某时观测太阳在何方，经过计算机的记忆和计算系统，查对出自己所在的正确位置，然后通过自动控制系统的活动，校正飞行方向。[2]

但当时的科学界由于对计算机的价值尚未达成共识，因而对发展计算机持谨慎态度，对计算机能否代替人的思维更是充满疑问。钱学森则以计算机模拟水轮机设计、计算机求解流体力学方程以及计算机下象棋等为例，且通过阐述计算机的记忆功能、逻辑功能以及学习功能，指出计算机可以代替的人的思维并预言说："人在度算上远不如电子计算机快捷，人脑工作久了

---

1 钱学森. 论技术科学 [J]. 科学通报, 1957 (3): 97-104.

2 钱学森. 从飞机、导弹说到生产过程的自动化 [M]. 北京：科学普及出版社, 1956: 10-12.

图为 1956 年 5 月 11 日中国科学院负责同志和参加全国先进生产者代表会议的本院代表的合影，第一排左八为钱学森

会疲倦。所以，电子计算机在一定条件下将能胜过人脑。"同时他还在制定十二年科学规划的过程中提出农业的发展方向，即"必须在农业机械的设计上引入控制机"，使农业机械走向自动化，而此观点的提出仍是基于"计算机＋控制"的思维。

不仅如此，钱学森回国后还从如何实现共产主义的视角，思考如何进一步通过"计算机＋控制"的方式而实现无人工厂。1956 年他在第一次全国先进生产者代表会议上发言时，就从工业革命引发的远距离控制技术和电子计算机两项体现"生产过程的自动化"的成果入手，探讨无人工厂、机器代替体力劳动、机器代替一般管理工作等"共产主义的生产方法"。[1] 他在同年

1　钱学森"在第一次全国先进生产者和积极知识分子大会上的发言"文稿，原件存于上海交通大学钱学森图书馆。

撰写的《从飞机、导弹说到生产过程的自动化》一书中，又从计算机的逻辑计算角度提出无人工厂的概念并联系到图书馆和档案馆的"自动控制处理"，颇为大胆地提出：

现在的计算机除能做数字计算外，还能做逻辑计算，也就是能有条有理地从几种可能性中选出最好的。机器操作的情况，用自动记录仪反映到计算机上，计算机经过逻辑计算，再去指挥机器。按照这个发展方向，不但体力劳动可以逐渐被代替掉，一般变化不大的日常管理工作，也可让机器来做，由电子计算机和自动控制系统来操纵。这就是无人工厂。这就达到了最高级的自动化。不但在工厂里如此，在机关里我们也可以利用自动控制系统处理日常例行的事。像我们的有些图书馆，书多，管理员少，往往书一进去就找不到了。而管理图书、档案的工作，一般比较简单，其中有体力劳动和非创造性的脑力劳动，这也可以用机器代替。有的图书馆已经用压缩空气传递书了，可是还需要人去找书，把书从书架上送到输送书的机器上去。将来，只要你把书摆在一定地方，有一定序列，然后编上一定号码，放进电子计算机的记忆系统里，人们借书时，先找到卡片，打书号，记忆系统就将书号翻译成书的位置，然后就自动送书。这就利用自动控制和记忆系统代替了图书管理员。[1]

接着，钱学森又通过阐述生产方式从机械化到自动化预言"共产主义的生产方法"的出现。他将机械化称为第一次工业革命，即"用机器代替人的体力劳动"；而将自动化称为第二次工业革命，即"用机械系统来替人做非创造性的脑力劳动"。随后，他又预言说：

现在企业的自动化正在开始，无人工厂还没有出现，所以我们还处在第二次工业革命的前夜，明天才是超高速飞行、星际航行、无人工厂、自动化

1　钱学森. 从飞机、导弹说到生产过程的自动化 [M]. 北京 : 科学普及出版社 , 1956: 15.

办公室和图书馆的时代，也就是人类生产方式的一个新阶段。到那个时候，人们终于摆脱了一切非创造性的劳动，实现了共产主义的生产方法。[1]

由此就会深刻理解，钱学森晚年能够清晰地"看到光明"之共产主义必将会在中国实现，原因就在于他不仅于早年建立起共产主义的信仰，同时还通过研究论证了共产主义必将实现。又值得指出的是，20 世纪 70 年代末期至 80 年代初期出现了关于计算机能否代替人类思维的学术争论，有一种论调认为人类思维将被计算机取代。钱学森基于物质与意识的辩证关系指出：

我们说计算机能代替人搞一部分思维，因为思维同世界上其他一切一样都是物质运动或运动着的物质，不然我们就陷入唯心论。但我们说计算机永远也代替不了人的全部思维，因为第一，计算机是人造的，人是计算机的主人；第二，当人从简单的、计算机能搞的思维解脱出来时，人的思维又可以向更高一级发展。人是会越来越聪明的，计算机总是第二，不可能完全代替人。不这样考虑，就要陷入机械唯物论。[2]

体悟其理，深感钱学森运用辩证思维分析问题的洞察力。正是如此，再看 1988 年 10 月 18 日钱学森在纪念国防科委成立 30 周年专家座谈会上的发言，实则是极为谦虚的。他说："在 20 世纪三四十年代，计算机刚出现的时候，并没有很多人看到计算机的伟大作用，我是其中的一个，现在看那是大错特错了。从（20 世纪）40 年代到现在，三四十年的发展证明了电子计算机对于我们，不要说科学技术和生产，就是对整个社会的作用，都是了不起的。"由上可见，钱学森不仅没有"大错特错"，而是极大地推动了计算机事业在中国的发展。

---

1 钱学森. 从飞机、导弹说到生产过程的自动化 [M]. 北京：科学普及出版社，1956: 18.

2 钱学森. 现代科学技术 [N]. 人民日报，1977-12-09(2).

钱学森 + 蒋英 = 浪漫人生

　　钱学森和蒋英的爱情与婚姻令人称颂，二人共同创造了浪漫人生。蒋英出身名门，父亲是著名军事理论家和军事教育家蒋百里，曾任保定陆军军官学校校长、陆军大学代理校长；母亲蒋左梅原系日本本州岛新潟县人，名叫佐藤屋登，毕业于东京护理产科学校，1914 年与蒋百里结婚后改为夫姓并由蒋百里取名左梅。

　　蒋英幼年时代在北京度过，后随父母前往上海生活。蒋英在上海中西女塾（现上海市第三女子中学）读书时对音乐产生浓厚兴趣，于是开始练习弹钢琴以及学习乐理知识。1929 年钱学森考入交通大学后，经常找在中西女塾读书的蒋英。蒋英后来说："我读中学时，钱学森来看我，我都向同学介绍说他是我干哥哥。我觉得挺别扭的。那时我已是大姑娘了，我记得还给他弹过琴。后来他去美国，我去德国，我们的联系就断了。"蒋英之所以说钱学森是她的"干哥哥"，是因为早年钱学森母亲章兰娟曾将蒋英认作干女儿并将其接至钱家短暂生活过一段时间。

图为少女时代的蒋英

蒋英中学毕业后远赴欧洲学习音乐并于 1946 年底学成归国。蒋英回国一事迅速引起国内媒体关注，各媒体纷纷以"抒情女高音家"回国为题进行报道。例如《申报》1947 年 1 月 29 日以《蒋英女士学成返国》为题报道称："蒋百里之女蒋英女士，赴德赴瑞士，研习音乐十年。最近返国，已由国立音乐院聘为教授。闻蒋女士拟在最近期间，于京沪两地，开一盛大之音乐会云。"新闻中提及的"国立音乐院"，即当时位于上海的国立音乐专科学校（现上海音乐学院）。对于国立音乐专科学校是否向蒋英发放聘书，我们不得而知，但蒋英很快就被上海正声合唱团聘为声乐指导。

即在此间，蒋英与回国探亲的钱学森在上海举行婚礼。在上海交通大学钱学森图书馆的馆藏中，有一件由钱学森哲嗣钱永刚教授捐赠的珍贵文物《钱均夫账簿》。由账簿可知，钱均夫在 1947 年记录下了钱学森和蒋英结婚的各种开销，其中：

付喜封送力及车费 831 000 元；

付赠申夫妇牙章二对连刻费 390 000 元正；

付新婚证书 338 000 元；

付喜筵四桌（连一切开销）3 658 000 元；

付祭祖香烛、排元、供酒 47 000 元正；

付请客糖果、手巾、纸烟、奶粉 315 000 元；

付送礼新妇回门盒及爕和喜礼 310 000 元。

账簿中提到的"新婚证书"就是钱学森和蒋英的鸳鸯谱。这份鸳鸯谱由封面、内页、封底三个部分组成，其中封面和封底为绸缎材质，内页为宣纸材质，内页正文包括一段文字和左右两幅配图两部分。

撰写这段文字的是钱学森少年时期的书法老师孙厓才。左侧配图为陈汉第创作的《夏清图》，以竹寓意钱学森的君子风度；右侧配图为吴善荫创作的《彩凤霞冠》，以牡丹寓意蒋英的高贵典雅。陈汉第和吴善荫是民国时期

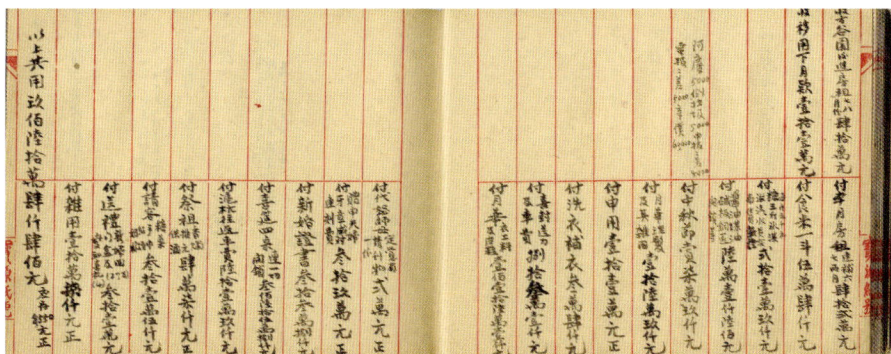

图为《钱均夫账簿》中记载的钱学森和蒋英结婚的各种开销

有名的海派夫妻画家，陈汉第是钱均夫和蒋百里在求是书院读书时的老师，钱均夫特地找这位德高望重的长辈为钱学森与蒋英的鸳鸯谱配画。

图为钱学森和蒋英的鸳鸯谱

1947 年 9 月 17 日，钱学森和蒋英的婚礼在上海沙逊大厦举行。图为二人的婚纱照及婚礼现场照

左图为钱学森为刚刚出生的钱永刚拍摄的照片，右图为钱学森为刚刚出生的钱永真拍摄的照片

钱学森和蒋英分别留学美国和德国之际，钱学森父亲钱均夫和蒋英母亲蒋左梅同在上海，钱均夫就曾主动向蒋左梅提出两个子女的婚姻大事。钱学森和蒋英婚后回到美国生活，钱学森还为蒋英购买斯坦威三角钢琴作为结婚礼物。蒋英时常用这架钢琴为钱学森演奏歌曲，而钱学森又时常在蒋英的演奏之中获得灵感。1948 年儿子钱永刚出生，1950 年女儿钱永真出生，新生命为这个家庭带来无限欢乐。

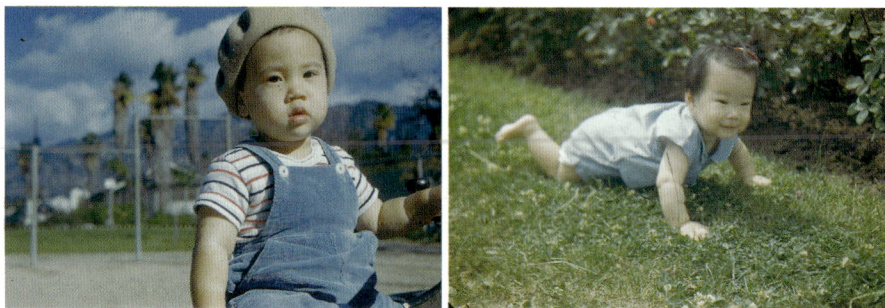

图为钱学森一家在美国的日常生活。钱学森和蒋英经常带着两个子女到户外接触大自然，也会带着他们去博物馆参观或电影院观影。例如，钱学森和蒋英就曾带着两个子女看迪士尼动画电影《恐龙世界》，直到晚年钱学森还记得电影配乐用了斯特拉文斯基的《春之祭》。

第三篇
壮年挺膺创业

1955 年钱学森归国时正值壮年，躬身投入新中国尖端科技事业的创业浪潮，在挺膺负责之中为研制火箭、导弹、人造卫星以及反导弹工程等立下"笔补造化"之功。同时他又倾力于科技创新人才的培养，且以技术科学思想为指导在国防部第五研究院、中国科学院、清华大学、中国科学技术大学以及国防科学技术大学等科研机构和高等院校开展人才培养工作，为新中国发展科技事业培养出一批具有理工结合能力的战略科学家和卓越工程师。那么，究竟什么是技术科学思想呢？其又有何种魅力呢？

第一章　成名作但有新身份

《工程控制论》《物理力学讲义》是钱学森的经典代表作品。两本著述体现的并非钱学森的学术初心，而是他被迫滞留美国之际开创的两个新的研究方向。但在某种意义上，两本著述已属中国科学院的学术成果，因为那时钱学森已被聘为中国科学院研究员并领取薪资。不仅如此，贯穿两本著述的技术科学思想的首次提出，还得从钱学森 1947 年回国时作的学术报告说起。

回国传新知：技术科学思想

1947 年 7 月 28 日上午七点至九点，浙江大学工学院六十一号教室举行了一场主题为"工程科学与工程"的学术报告会。报告人正是钱学森，参加报告会的有竺可桢、郑晓沧、丁绪宝、范绪箕、岳劼毅、潘渊等四十余人。竺可桢在当天的日记里写道："述工程科学之进展必赖基本科学，古代应用科学与纯粹科学之合一，19 世纪渐趋于分离，近则以发达过甚又趋于互相联系之状况。次述科学能解决若干问题，可于理论决定，不需实验已能证明。一般人说理论与实验为二事之不合理，因理论不正确也。次述理论对将来工程科学之发展，如 Jet Propeller、Fuel Problem 等。最后述工程师之教育准备。"

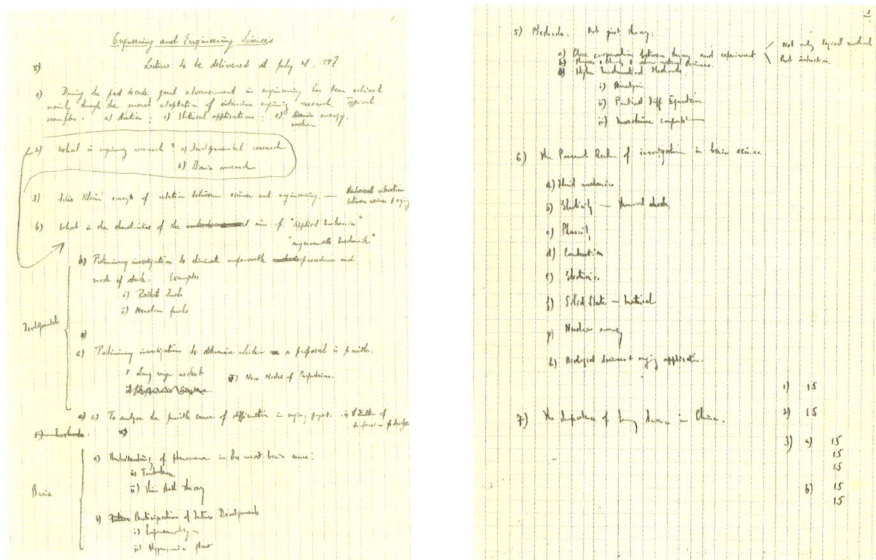

图为 1947 年 7 月 28 日钱学森作技术科学报告前撰写的提纲手稿

　　需要指出，钱学森最初以英文 Engineering Sciences 命名由他提出的理论[1]，即竺可桢日记里的"工程科学"。但钱学森回国后将 Engineering Sciences 译为"技术科学"，故本书为阅读之便而统一使用技术科学行文。钱学森到浙江大学作报告一事早在半年前就已敲定，由其时正在美国访问的竺可桢向钱学森发出邀请；同时交通大学得知钱学森即将于暑期回国省亲后，亦致电请其回母校作报告。1947 年暑期钱学森回国之际，除到浙江大学和交通大学作报告之外，还同时受邀前往清华大学和北京大学作报告。

　　那么，为何这四所大学都会邀请钱学森作有关技术科学思想的报告呢？

　　钱学森在交通大学的报告经整理后以《怎样研究工程科学和研究些什么》为题发表于《工程界》1947 年 12 月第 2 卷第 12 号，由此可知此思想

1　1948 年钱学森在 *Journal of the Chinese Institute of Engineers* 第 6 卷上正式发表"Engineering and Engineering Sciences"一文：Tsien H S. Engineering and engineering sciences[J]. Journal of the Chinese Institution of Engineers, 1948, 6: 1–14.

的内容。钱学森在学术道路上以师从冯・卡门为契机并由研究空气动力学而起家，且从导师那里传承属于德国哥廷根学派之应用力学思想的衣钵，即理论与实际相结合。正如庄逢甘院士称，"钱学森同志继承了世界优良的空气动力学学派的传统并加以发展，在工作中强调理论联系实际又重视理论的作用"。[1] 但钱学森又未将学术眼界限于空气动力学，而是不断拓展到其他领域。例如，乱流问题的研究除对水力学有意义之外，还对空气动力学、气象学、引擎燃烧室的设计等有直接帮助；再如，稀薄气体力学问题的研究既适用于高空飞行领域，又能为高真空蒸馏、气体真空泵设计等提供原理解释。

随着研究经验的积累，钱学森认识到要以更加宽广的学术视野理解基础科学与工程技术的关系。正是这一思考弥合了长期以来存在于科学与工程之间的"裂痕"，且钱学森以"长头发科学家"和"短头发工程师"比喻之。这是因为近代科学和工程的发展致使彼此深度融合，特别是雷达、原子能以及火箭等尖端技术的成功研制需要将科学理论与工业应用紧密结合起来，致使科学与工程之间亟须架起一座桥梁。但此前相当长的时间里，科学家善于理论分析，工程师攻于实践问题；即如钱学森指出，"有的人注重工程或制造细节，而不注重一般的理论；而另外一些人则注重科学或基本的原理，忽略了实际的问题。这样互相猜忌的结果，使两派不能合作"。

钱学森提出的技术科学思想正适应这一时代的需求，其核心内涵是既要能够运用科学理论分析和解决工程实际问题，又要能够通过总结不同工程实际问题之间的共性而将其上升到科学理论层面进行分析，而这种科学理论一旦得以建立便能产生广泛意义。钱学森解释说："技术科学的目的是把工程实际中所用的许多设计原则加以整理与总结，使之成为理论，因而也就把工程实际的各个不同领域的共同性显示出来，而且也有力地说明一些基本概念的重大作用。"同时他还提出技术科学思想研究的方法论可归纳为两点："要将问题简单化"和"实验家同理论家要密切合作"。他在交通大学的报告中

1　《庄逢甘院士纪念文集》编委会 . 庄逢甘院士纪念文集 [M]. 北京：中国宇航出版社，2011: 32.

详细地说道：

（一）要将问题简单化。有许多问题如果不加假定，简直无法下手。例如以前提到的流体力学中两种基本假定，就是不能压缩及无黏着性两点，虽然不合实际，不能跟经验完全符合，可是没有这种假定，简直无法进行，有了假定才可以做出局部的结果，所以在研究问题时必须先做一番整理工作，什么需要考虑？什么不需要加以考虑？这就要观察整个问题并加以理解，而同时要参考实验的结果；因为理论和实验要互相呼应，才能收效而帮助工程的发展。（二）实验家同理论家要密切合作。做实验如果仅仅空泛的乱试，往往不得要领。如果问题复杂，则更不容易得到肯定的结果。无论做实验或做题目，都必须全面认识问题，推测一种可能的结果。做实验的目的不过是校对以前的测定对不对，所以这"工作假定"（Working Hypothesis）非常要紧。"工作假定"如何成立，并没有一定的方法，完全要靠经验和直觉，学识充足、经验丰富，就容易分辨，所以做问题的动机和种种假定并无科学的分析或根据在内，末了一步采用科学方法来证明这种动机和假定准确不准确或者对不对。[1]

由此再看钱学森此前取得科学成就之内在治学逻辑，无不彰显着理论与实践的碰撞和互证。再仔细体悟又不难发现，技术科学思想充满着哲学的辩证思维，这也为他后来去"叩马克思主义哲学的大门"播下一颗思想种子。此外，当时的雷达、原子能以及火箭等尖端技术能够在较短时间内成功研制，正是得益于一批技术科学家的直接参与。1948 年钱学森还在发表的文章"Engineering and Engineering Sciences"之中，提出培训"技术科学家"需要的三组课程，即工程设计和实施的原理、工程问题的科学基础、工程分析的数学方法，具体课程内容包括：

---

1 钱学森 . 怎样研究工程科学和研究些什么 [J]. 工程界，1947, 12(2): 12.

　　第一组的课目是常规的工程科目，诸如机械制图、绘图和机械设计、工程材料和工艺、车间实习。第二组的课目是物理和化学，它们一般包含在一个好的工程课表里。但是这里，工程科学家的培训和常规工程师的不同，他必须掌握多得多的物理和化学知识。举例来说，他在力学方面的知识必须不只限于刚体的静力学和动力学以及简单的梁、柱中的应力。他必须学习弹塑性理论的原理。他对流体运动的认识必须不能只限于水力学的内容，他必须学习流体动力学的原理。他在热力学方面的知识不能只限于第一定律和第二定律，或者理想的奥托循环或狄塞尔循环的计算，他必须要从统计力学和热力学平衡更广泛的观点出发学习熵的物理意义。然后他必须懂得从原子核到分子的物质的基本结构。换句话说，他必须学习许多物理学家或化学家所必须学习的课目。第三组的课目是数学方法和数学原理，后者用来帮助理解数学方法的应用。这就包括这样一些课目：微积分、复变函数、数学分析原理、常微分方程、偏微分方程。换句话说，他必须懂得一个应用数学家所必须掌握的课目中的大部分。

　　但具备上述知识并不意味就能成为一位技术科学家，因为这些知识只是工具，而"有效地运用这些工具只能通过实践"；于此，钱学森又进一步指出为了完成技术科学家的完整培训过程，个人须在系统完成"学院学习"之后用一至两年的时间"在一名经验丰富的资深人员的指导下从事一个专门问题的工作"。由此，个人可在理论与实践的结合之中获得如钱学森所言的"智慧"，"智慧提供对复杂问题的洞察力，而洞察力正是成功地解决问题的关键"。[1] 钱学森对培养技术科学家的构思正是他后来回国培养创新人才的指导思想，同时其对当下培养战略科学家和卓越工程师不无启迪。

1　李佩. 钱学森文集：1938—1956海外学术文献（中文版）[M]. 上海：上海交通大学出版社，2011: 394−395.

　　如此观之，就会理解为何当初饶毓泰执意要向胡适推荐钱学森，因其已经掌握引领世界科技前沿发展思想的核心要义。正是因此，1947 年钱学森受到国内四所大学邀请作报告时深知有义务和责任向国内传播新知，以鼓励国内科技界和学术界关注和研究科技前沿，故而积极备讲且还留存为报告所拟的两页提纲。即如前文所提，1947 年钱学森回国时曾有留下之意，但因故只得"仍回美洲"，"解放后，决心归来，又被美帝阻拒"；[1] 而就在中华人民共和国成立前夕，当钱学森收到北方局寄来的信函，得知其邀他回国"在东北或华北领导航空工业的建立"时，他"决心归来"的信念倍增，随后他便付诸实施。

北方局希望：早日回国建设

　　1947 年钱学森回国省亲时曾在北京见过几位好友，其中就有中共地下党员罗沛霖、胡懋源等人。但钱学森当时并不知道他们的真实身份，且还在与罗沛霖的接触之中主动提出"支持他到美国上学的想法"并写了推荐信。巧合的是，罗沛霖正是在此时接到组织的指示"想办法去美国留学"，"因为中国共产党看到解放战争胜利在即，而即将开始的社会主义建设需要人才。"[2] 而在 1949 年夏天，周恩来对从美国回国汇报工作的徐鸣（中共党员）作出明确指示："你们的中心任务是动员在美的知识分子，特别是高级技术专家回来建设新中国。"[3] 正是在此历史背景之下，钱学森收到一封来自北方局的信件。

1　钱均夫致李元庆函（1953 年 4 月 20 日），原件存于上海交通大学钱学森图书馆。

2　罗沛霖，王德禄. 罗沛霖：党派我去留学，我要对得起党 [J]. 中共党史研究，2011(1): 96–101.

3　王德禄，高颖，程宏，等. 1950 年代归国留美科学家访谈录 [M]. 长沙：湖南教育出版社，2013: 424.

1949 年 5 月 14 日，担任中国科协香港分会负责人及香港大学心理学教授的曹日昌遵照"北方工业主管人"之意，给钱学森写了一封请其"在东北或华北领导航空工业的建立"的信。但曹日昌并不认识钱学森，于是将此信寄给正在芝加哥大学的葛庭燧并称："钱学森先生，想你认识，否则请打听一下。北方局希望他回来，要我约他，我不知道他的通信处，附函请代转交，并请对他多鼓励一番，他能回国最好！拜托，拜托。"[1] 葛庭燧收到来信之后就于 5 月 20 日将信转寄给钱学森并称：

以吾兄在学术上造诣之深及在国际上的声誉，如肯毅然回国，则将影响一切中国留美人士，造成早日返国致力建设之风气，其造福新中国者诚无限量。弟虽不敏，甚愿追随吾兄之后，返国服务。弟深感个人之造诣及学术地位较之整个民族国家之争生存运动，实属无限渺小，思及吾人久滞国外，对于国内伟大的生存斗争犹如隔岸观火，辄觉凄然而自惭！[2]

就在葛庭燧寄出此信之前，他还特意誊抄一遍曹日昌给钱学森的信，因而得以知晓曹日昌所写信件的内容如下：

学森先生：

听好几位留美的同学提到您，可惜我们没有见过面。

近来国内的情形想您在美也知道得很清楚：全国解放在即，东北华北早已安定下来，正在积极恢复建立各种工业，航空工业也在着手。北方工业主管人久仰您的大名，只因通信不便，不能写信问候，特命我代为致意。如果您在美国的工作能够离开，很希望您能很快地回到国内来，在东北或华北领导航空工业的建立。尊意如何，盼赐一函。一切旅程交通问题，我都可尽力

---

1 刘深.葛庭燧传 [M].北京：科学出版社，2010：108.

2 刘深.葛庭燧传 [M].北京：科学出版社，2010：109.

襄助解决。

　　最后，我作一个自我介绍，我是学心理的，现在香港大学任教。因为香港接近国外，国外朋友回国的多数经过香港，我就顺便地招呼一下。

　　余另叙，候示，即祝研安。

弟曹日昌上
五，十四

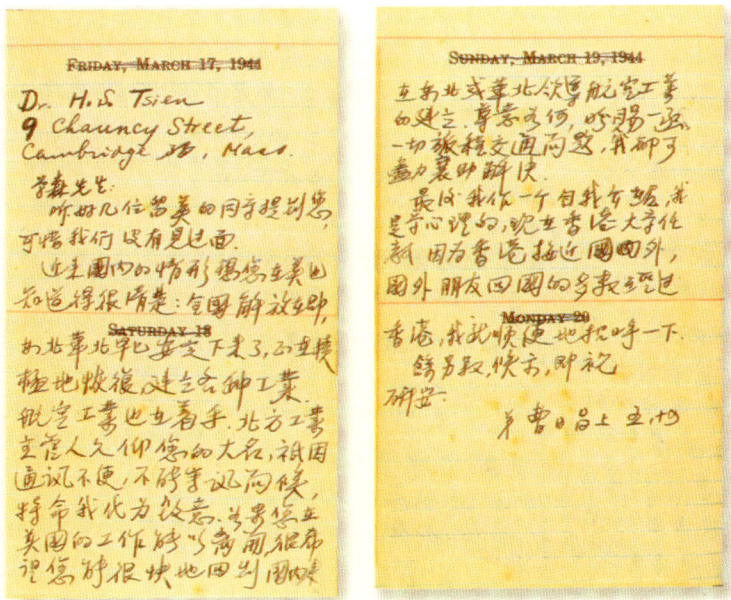

图为葛庭燧誊抄的曹日昌给钱学森的信的底稿

　　钱学森收到葛庭燧转寄的信件时，意识到是时候回到祖国了。1993年1月30日，钱学森致信葛庭燧祝贺其80岁生日时还饱含深情地感言，"我永远也不能忘记是你引导我回到祖国的怀抱"。当时在美国的很多中国留学生都收到此类信件，例如林家翘收到周培源寄来的信件，知道北京西郊解放的消息后，就迫不及待地告知钱学森。钱学森收到此封信时尚在麻省理工学院

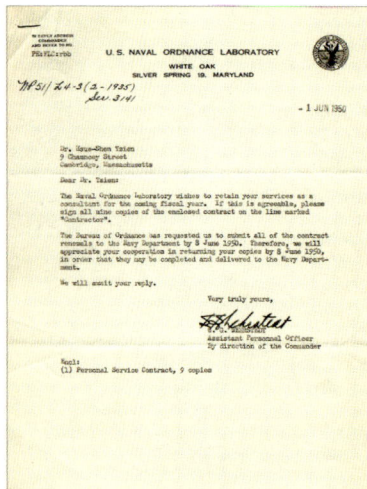

航空工程系任职，且已在此前接受加州理工学院古根海姆喷气推进中心主任之聘。故而，他一面按约前往加州理工学院任职，一面又陆续辞去美国国防部陆军航空兵科学咨询团、海军炮火研究所、海军军械实验室等机构的兼任职务，以便随时动身回国。

特别值得一提的是，钱学森再次回到加州理工学院之后就到洛杉矶安全第一国民银行奥克诺尔支行办理了一本活期存折。众所周知，活期存折可以随时存款和取款，可见钱学森的回国决心。但就在钱学森计划于 1950 年归国时，他却被美国以"莫须有"之名扣留长达五年之久。

滞留美国之际，钱学森不仅被取消参与涉密项目的资格，同时还要被迫向洛杉矶移民归化局汇报行踪。然而，身处人生"至暗时刻"的钱学森并未因此沉沦不起，反而通过两部经典著述的问世而在人生困境之中找到进境之路。

困境即进境：两部经典著述

1949 年钱学森回到加州理工学院主持古根海姆喷气推进中心的工作时，正值科研黄金期；但翌年就被取消参与涉密项目的资格，此举意在"切断"钱学森了解美国尖端科技前沿信息的渠道。然而令美国未曾想到的是，钱学森可谓绝处逢生，他在无法掌握第一手科研信息的条件之下转换研究思路，将精力聚焦于科学理论研究并开创出"工程控制论"和"物理力学"两个新的研究方向。

钱学森回国后说过，"在国外的许多年来，我研究的学科虽然很杂，但是有一个东西可以把它们贯穿起来，那就是：我的研究工作都没有离开'为工程技术服务的理论科学'这个大范围。它们都是为提高生产力所必需的，而且都是当时一门一门发展过来的最新的学问"。[1]工程控制论和物理力学无疑就是当时最新的学问，但他的研究转向并非"平地起高楼"，而是建立在他对此前科研经验的系统整理上。同时，作为加州理工学院古根海姆喷气推进

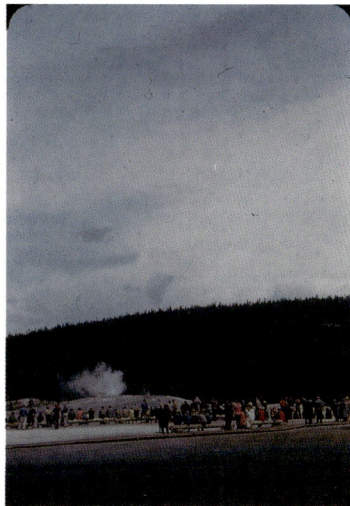

1950 年钱学森被取消参与涉密项目的资格，但他仍密切关注美国火箭的研制进展。图为钱学森拍摄的火箭发射场景，画面中的"白点"正是火箭升空时的火焰

中心的戈达德讲座教授和博士生导师，他还充分利用加州理工学院的学术资源，先后完成《工程控制论》《物理力学讲义》的编写工作。

钱学森是如何完成这两部经典著述的呢？先看《工程控制论》。众所周知，控制论作为 20 世纪科学史上著名的"三论"之一，由维纳于 1948 年在《控制论（或关于在动物和机器中控制和通信的科学）》一书中提出。其时维纳和钱学森同在麻省理工学院任职，前者执教于数学系，后者执教于航空工程系，彼此有过学术交流。工程控制论旨在将控制论运用于工程领域，即如钱学森之言，"工程控制论的目的是研究控制论这门科学中能够直接用在工程上设计被控制系统或被操作系统的那些部分"。对于研究和写作《工程控制论》的过程，钱学森曾回忆道："当时我就是不管三七二十一，先在研究生班开课，自己是一面学一面讲，一面写讲义。讲了两次，心中有点数了，

1　毛家钧. 访钱学森 [N]. 文汇报，1957-01-30.

就着手写书。"[1]

钱学森回忆此段经历时轻描淡写，有轻舟已过万重山之感，而从钱学森研究工程控制论的手稿可知其为此付出的艰辛努力。《工程控制论》于 1954 年经麦格劳－希尔公司出版并在全球发行，引起国际科技界的广泛关注；当年就售出 1508 册（美国 630 册，其他国家 878 册），1955 年增印后又售出 1572 册（美国 1077 册，其他国家 495 册）。学术著作有如此销量，即在当下也属难得。1956 年 2 月 15 日出版的英国《自然》科学期刊的书评，将《工程控制论》称为"卓越"著作。郑哲敏院士主编《钱学森手稿》校注《工程控制论》时写道：

基于作者在火箭技术方面的丰富经验，他迅速认识到 Wiener（维纳）所创控制论的重要性，很快便运用控制论的原理解决了一批喷气技术中的问题，诸如：火箭喷管的传递函数、远程火箭的自动导航，以及火箭发动机燃烧的伺服稳定等问题。作者意识到，不仅在火箭技术的领域内，而且在整个工程技术的范围内，几乎到处存在着被控制的系统或被操纵的系统；事实上有关的系统控制的技术已经有了多方面的发展，因此很有必要用一种系统全局的方法，来充分了解和发挥上述导弹技术和控制技术等新技术的潜在力量，以更广阔的眼界用更系统的方法来观察有关的问题，这样，不仅可以得到解决旧问题的更有效的新方法，并且可以揭示新的以前没有看到过的前景。于是，作者提出了一门新的技术科学——工程控制论。[2]

由此可见，钱学森研究工程控制论仍是遵循技术科学思想的路径，而他同步研究的物理力学也是以技术科学思想为指导的。早在 1953 年钱学森就发表《物理力学，一个工程科学的新领域》一文，随后他又逐步扩

---

1 涂元季. 钱学森书信：第 1 卷 [M]. 北京：国防工业出版社，2007: 274.

2 钱学森. 钱学森手稿 [M]. 太原：山西教育出版社，2000: 323.

大研究范围并在教授"物理力学"的过程中于 1955 年完成《物理力学讲义》的编写工作。

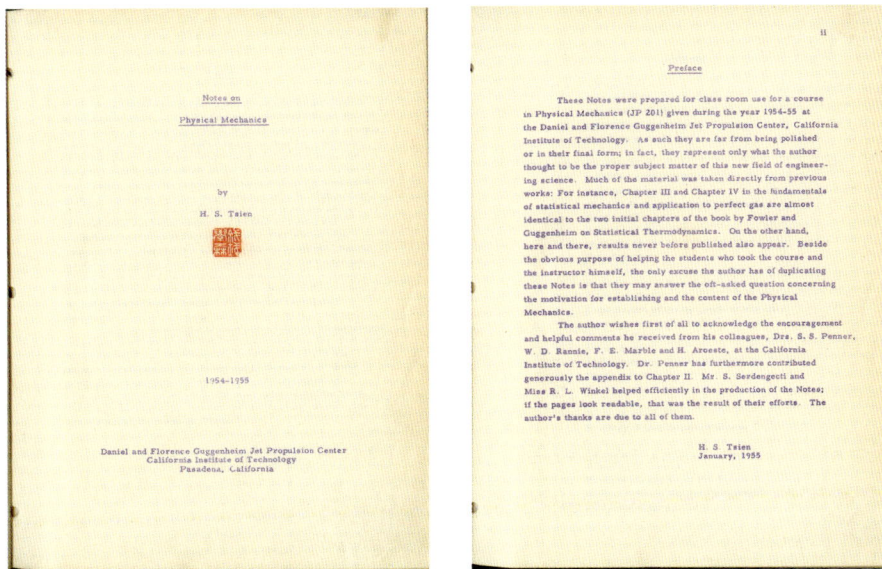

图为《物理力学讲义》封面及前言

何谓物理力学？钱学森在 1962 年由科学出版社出版的中文版《物理力学讲义》开篇解释道：

物理力学是一个新的力学分支，其被具体地提出还只不过几年；它的目的是通过对物质的微观分析，把有关物质宏观性质的实验数据加以总结和整理，而找出其中的规律，然后再进一步利用这些规律去预见新物质材料的宏观性质，特别是工程技术里要用的物质和材料，像动力机械的工作介质，结构里的金属和非金属材料，等等。因此，它是一门为工程技术服务的技术科学。[1]

1　钱学森. 物理力学讲义 [M]. 北京：科学出版社，1962: 1.

由此可知，物理力学广泛涉及近代物理学、物理化学、量子化学等学科的运用，能够提供计算工程技术中所用物质和材料的热力学性质的方法，减少科研人员的"劳动量"。正是《工程控制论》和《物理力学讲义》，让导师冯·卡门盛赞钱学森"在学术上已经超过了我"；又正是此评价使钱学森"有生以来第一次这么激动"，因为他深深觉得"在学术上超过了这么一位世界闻名的大权威"而"为中国人争了气"。[1]

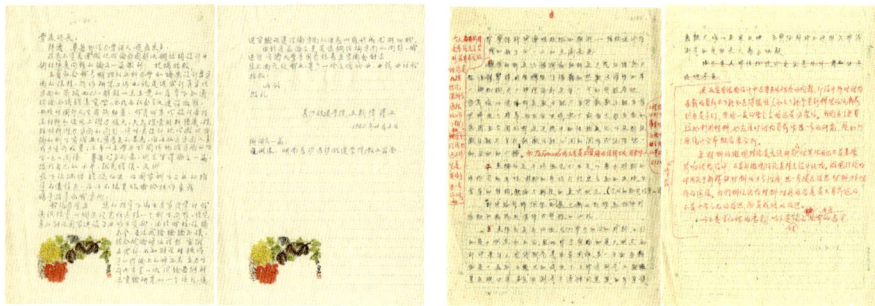

1962 年钱学森的著作《物理力学讲义》中文版出版后引起学术界的强烈反响。左图为 1962 年 4 月 8 日长沙铁道学院（现中南大学）教授王朝伟阅读《物理力学讲义》后写给钱学森的信，他同时附论文《实际杠杆弹性极限的推测——结构设计原理的新方面》，希望钱学森"赐予指导"；右图为 1962 年 7 月 25 日钱学森对王朝伟论文提出的意见手稿（红色文字部分）

无论是《工程控制论》抑或《物理力学讲义》，都绝非纯粹的科学理论之作，因其对工程实践都有深刻的指导意义。就像钱学森的自评："工程控制论并不是脱离实际的东西，它与生产过程自动化，与电子计算机，与许多国防问题都有着密切的关系。"[2] 正是因此，这两部经典著述实则饱含着强烈的爱国情怀。钱学森说：

我研究这些东西的动机有两个：第一，我要用自己的行动来证明帝国主

---

1   钱学森.在授奖仪式上的讲话 (1991 年 10 月 16 日)[N]. 人民日报, 1991-10-19(1).

2   钱学森.激动地接受科学奖金 [N]. 人民日报, 1957-01-25(7).

义者对中国人的看法是错误的。他们总爱说中国人搞工程技术不行。所以，什么是世界上最新的科学技术，我就研究什么，而且要研究得比他们更好。第二，我认为中国总有一天要翻身。翻身后要实行工业化，必须用最新的科学技术来加快工业化速度，因为时代不同啦！[1]

当钱学森被迫滞留美国而潜心于开创两个新的研究方向时，大洋彼岸的祖国不仅时刻关注和搜集钱学森的各种消息以寻找营救他的可能性，同时还以中国科学院之名聘任钱学森为研究员，虚位以待君归。因此从这个意义上说，钱学森的两部经典著述《工程控制论》《物理力学讲义》已属中国科学院的科研成果。

但有新身份：祖国虚位以待

中国共产党自成立之后就重视科技工作，且在革命时期就通过成立延安自然科学研究院培养科技人才。中华人民共和国成立前后，党中央就开始组织力量成立中国科学院以发展新中国的科技事业：一方面，通过调整原中央研究院、北平研究院等科研机构以抽调人员加强中国科学院的科研力量；另一方面又计划延聘海内外人才，此间尚在美国的钱学森成为中国科学院拟聘的研究员之一，而将钱学森纳入拟聘研究员名单的正是钱三强和丁瓒。

钱三强和丁瓒受陆定一之委托于 1949 年 9 月起草《建立人民科学院草案》时，提出成立"应用数学研究所筹备处"以及拟聘研究者。钱三强和丁瓒在草案中写道：

1　高易金.钱学森的一家[J].新观察，1957(6).

　　我国应用数学专家甚多，现在在国内国外的我国的工作者非常受人重
视，数量亦相当多，在各大学中都没有适当的系使他们充分发展。同时他
们的工作与未来的高度工业化的发展有密切的关系，譬如超声速的飞机的
研究等。鉴于这种种原因，建议成立应用数学研究所筹备处，除集中人才
外尚需计划购买近代的计算机及必要的图书。可以工作的人员：周培源、
王竹溪、钱伟长、钱学森（在美）、陆士嘉、张维、林家翘（在美）、郭
永怀（在美）等。[1]

　　因而当 1950 年中国科学院进入正式筹建阶段之后，"设数学及应用数
学研究所筹备处"的意见得到认可，中国科学院也计划"招徕"钱学森
等人。但不久之后，中国科学院就决定筹建力学研究所为新的机构，
搁置了"设数学及应用数学研究所筹备处"的计划。但得知钱学森无
法顺利回国后，中国科学院院长郭沫若批准于 1950 年 10 月起由中国
科学院聘任钱学森为研究员并按照研究员薪资标准的 70% 为其发放
工资。
　　此笔工资的发放事宜由中国科学院上海冶金陶瓷研究所具体负责，而
工资的领取人是钱学森的父亲钱均夫。钱均夫好友孙廑才的女儿孙永说，
每次都由她前往研究所领取工资再转交钱均夫。[2]《钱均夫账簿》中以"补
助费"为名记录中国科学院上海冶金陶瓷研究所为钱学森发放的工资，具
体如下表所示。

1　葛能全. 钱三强年谱长编 [M]. 北京：科学出版社，2013: 146.

2　吴锡九. 回归 [M]. 上海：上海科学出版社，2012: 67.

中国科学院上海冶金陶瓷研究所为钱学森发放的工资明细表

时间	金额	时间	金额	时间	金额
1950 年 11 月	人民币 2 804 300 元（10 月及 11 月份）	1951 年 3 月	人民币 1 491 350 元	1951 年 7 月	人民币 1 624 600 元
1950 年 12 月	人民币 1 431 500 元	1951 年 4 月	人民币 1 535 750 元	1951 年 8 月	人民币 1 506 900 元
1951 年 1 月	人民币 1 474 100 元	1951 年 5 月	人民币 1 556 900 元	1951 年 9 月	人民币 1 594 500 元
1951 年 2 月	人民币 1 477 100 元	1951 年 6 月	人民币 1 581 750 元	1951 年 10 月	人民币 1 593 500 元

注：人民币为旧币。

钱均夫于 1952 年之后未再记账，但中国科学院上海冶金陶瓷研究所仍每月定期为钱学森发放工资。钱学森留美之后一直会给居住在上海的父亲钱均夫寄生活费，但 1950 年之后由于人身自由受限而无法再给父亲汇款，因而此笔由中国科学院发放的工资保证了钱均夫在上海的日常生活。无法得知钱学森是否知晓中国科学院对他的聘任，但他在滞留美国的五年时间里从未放弃任何归国机会。同时父亲钱均夫亦经常致函钱学森和蒋英夫妇，"以鼓动、增高他们对祖国的感怀"。[1]钱学森回国后说："美国联邦调查局

图为钱学森的父亲钱均夫的留影。钱均夫在国内的日常生活主要依靠钱学森由美国寄回的生活费，钱学森自 1950 年被美国限制人身自由后便无法再向父亲正常汇款，因而中国科学院的"补助费"正及时

---

1 钱均夫致李元庆函（1953 年 4 月 20 日），原件存于上海交通大学钱学森图书馆。

的特务是守着我的，看看有什么友人来我家里，我又去访什么人，我有什么信。因为这些事，我也就不常出去，过着孤独的生活。"[1] 但钱学森并不孤独，因为祖国同样未曾放弃任何营救他的机会，而此机会就出现于一份《中国画报》之中。

1　钱学森. 我在美国的遭遇 [N]. 人民日报，1956-01-02(4).

第二章　笔补造化躬身入局

钱学森能于 1955 年回国，源于他偶然读到一份《中国画报》，但这实则是钱学森"无一日、一时、一刻不思归国"之坚定信念与祖国积极营救的结果。20 世纪 50 年代中期正值新中国尖端科技事业迎来创业浪潮之际，钱学森回国恰逢其时，并在躬身入局后立下"笔补造化"之功。

一份画报与祖国营救

1986 年 8 月 30 日，中华全国工商业联合会在人民大会堂举行陈叔通诞辰一百一十周年纪念会。钱学森受邀参加大会并发言，说："我自己对叔老还怀有感激之情。我们一小家在 1955 年之所以能回到日思夜梦的祖国，当然是因为中国共产党领导全中国人民建立了伟大的中华人民共和国，中国再也不是受人欺负的了；但叔老在关键时刻办了一件起作用的，也是重要的事。这一点我不会忘记。"钱学森"对叔老还怀有感激之情"并"不会忘记"的正是 1955 年陈叔通协助他回国之事，而此事还得从一份《中国画报》说起。

钱学森滞留美国后从未打消归国念头，他 1955 年 6 月间读到一份英文版《中国画报》时被一个熟悉的面孔吸引。此份 1955 年 5 月出版的《中国画报》刊登了一张毛泽东等党和国家领导人在天安门城楼上的合影，合影之中就有钱学森熟悉的陈叔通。陈叔通是钱均夫的老师，时任全国人民代表大会常务委员会副委员长、全国政治协商会议副主席。钱学森看到合影后就想出一个方法：通过给陈叔通写信向中央表达自己"焦急"归国的意愿。此信

图为1955年5月出版的《中国画报》，展现了党和国家领导人以及人民群众在天安门纪念"五一"国际劳动节的盛况

至今藏于外交部档案馆，全文如下：

叔通太老师先生：

自一九四七年九月拜别后，久未通信，然自报章期刊上见到老先生为人民服务及努力的精神，使我们感动佩服！学森数年前认识错误，以致被美政府拘留，今已五年。无一日、一时、一刻不思归国参加伟大的建设高潮。然

而世界情势上有更重要更迫急的问题等待解决，学森等个人们的处境，是不能用来诉苦的。学森这几年中惟以在可能范围内努力思考学问，以备他日归国之用。

但是现在报纸上说中美有交换被拘留人之可能，而美方又说谎所谓中国学生愿回国者皆已放回，我们不免焦急。我政府千万不可信他们的话，除去学森外，尚有多少同胞，欲归不得者。以学森所知者，即有郭永怀一家（Prof. Yung-huai Kuo, Cornell University, Ithaca, N.Y.），其他尚不知道确实姓名。这些人不回来，美国人是不能释放的。当然我政府是明白的，美政府的说谎是骗不了的。然我们在长期等待解放，心急如火，惟恐错过机会，请老先生原谅，请政府原谅！附上纽约时报旧闻一节，为学森五年来在美之处境。

在无限期望中祝您康健。

一九五五年六月十五日

钱学森谨上

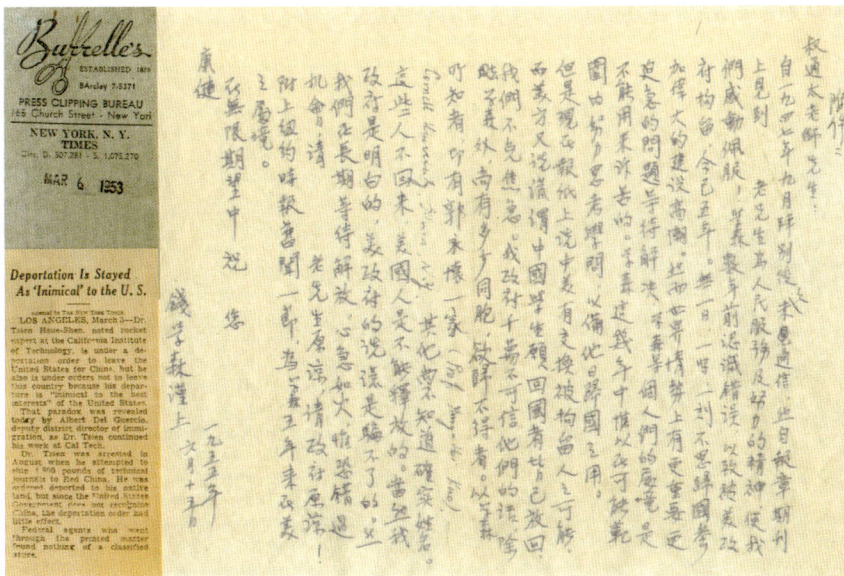

图为钱学森致陈叔通的信

信中提及的"纽约时报旧闻一节"是指《纽约时报》1953 年 3 月 6 日的一篇报道。此篇报道指出在钱学森回国携带的技术资料中并"没有发现任何秘密资料",且直接指出钱学森"离开会损害美国的核心利益"。钱学森写好此信后并未直接寄到国内,而是先由蒋英寄给在比利时的妹妹蒋华,再由蒋华寄给钱均夫。钱均夫收到信后于 1955 年 7 月 7 日将钱学森的信转寄给陈叔通并称:"小儿钱学森为欲归之志愿不遂,最近又看到同学中之放回者,特附来信,恳鉴察其苦衷,得使向中枢申说。"陈叔通收到钱学森的信后将信交给中国科学院副院长竺可桢,意在请中国科学院出面解决此事。7 月 12 日,竺可桢向中国科学院党组书记、副院长张稼夫汇报此事并称:

从钱个人信里可以看出他是急切地想回国而且极不愿再留在美帝的。但从附来美国报纸的新闻(1953 年 3 月)就可以看出美帝把钱看作航空工程的权威,而且以他为飞箭的专家,而这飞箭是美国想用来运载原子武器的,从此可以看出美帝之所以扣留钱,并不是因为他携带 1800 本书,而是怕钱回国后为祖国服务。院里应该如何拯救钱君使他能脱虎口,请你设法。[1]

1955 年 7 月 17 日,张稼夫致函国务院副总理兼外交部部长陈毅"设法争取其回国",及至 7 月 21 日,陈毅批示外交部副部长章汉夫"请外交部想办法",于是就有了后来中国在中美大使级会谈进行之际争取钱学森回国的故事。鲜为人知的是,钱均夫在给陈叔通的信中提及的"最近又看到同学中之放回者"是指徐璋本,钱学森曾请徐璋本回国后向中国政府转达"他积愿于今年暑期返国服务"的意愿。外交部档案记载,1955 年 7 月 29 日徐璋本致函中华全国自然科学专门学会联合会称:"为协助钱先生心切返国服务之热忱,希望学联会诸位先生赐与研商,并与我政府外交部协商于日内瓦中美两政府大使级会谈时,尽力设法俾钱学森先生能于短期间返国服务,不再受

1 关于留美科学家钱学森回国的有关材料,原件存于中华人民共和国外交部档案馆。

美政府无理阻挠。"

8月4日，中华全国自然科学专门学会联合会将徐璋本的信转送外交部，外交部美澳司司长徐永焕于8月10日签发复信称，"关于被美国无理扣押的钱学森教授回国问题，我们正在设法协助他早日回国参加建设工作"。而在此时，祖国多方经努力终于扫除钱学森回国的各种障碍；8月4日，美国司法部移民归化局通知钱学森可以离开美国，于是钱学森第一时间预订开往香港的邮轮。9月7日，陈叔通向钱学森发去电报告知他可以回国，电报内容如下：

YOURS OF JUNE 15 RECEIVED STOP US REPRESENTATIVE AT GENEVA INFORMED RESCINDING ORDER AGAINST YOUR DEPARTURE STOP YOU MAY RETURN ANY TIME STOP CABLE DATE OF VOYAGE STOP INFORM ME OF ANY OBSTRUCTION STOP ADDRESS STANDING COMMITTEE NATIONAL PEOPLES CONGRESS PEKING CHINA.

9月16日，钱学森前往银行将活期存款1007.64美元全部取出；9月17日，钱学森与家人登上"克利夫兰总统号"邮轮启程归国。钱学森登船前接受《洛杉矶时报》记者采访时说："When I reach China, I will do my best to help the Chinese people build a nation where they will get along with dignity and happiness."当"克利夫兰总统号"邮轮航行于太平洋时，钱学森于9月23日向陈叔通发去电报称："JOY AT THOUGHT OF RETURNING TO HOMELAND STOP SAILING ON PRESIDENT CLEVELAND ARRIVING HONGKONG COTOBER EIGHTH STOP SO FAR NO OBSTRUCTION."

当钱学森尚在归途时，中国科学院于9月27日召开会议决定聘请钱学森为力学研究所所长。中国政府得知钱学森启程回国时，一面由外交部以钱学森父亲钱均夫的名义给钱学森发电报告知他"知你回国，甚慰。望小心保重，沿途勿登岸。政府将托人在边境车站接你"，一面又由外贸部安排华润公司在香港接应钱学森。与此同时，国务院于 9 月 27 日致电广东省人民委员会，要求其做好国内的"招待"："在美国之科学家钱学森，已经美帝释放，于本月十七日由加利福尼亚动身返国，约于下月初经香港入国境。科学院特派朱兆祥同志偕家属去接，希予协助并对钱与其家属之食宿负责招待。"此电经国务院副总理陈毅批发，并经国务院秘书长习仲勋阅后以急电发出。

左图为 1955 年 9 月 17 日钱学森登上"克利夫兰总统号"邮轮前的留影，中图为钱学森与家人在回国途中的留影，右图为 1955 年 10 月 1 日蒋英带领钱永刚和钱永真在船上为庆祝新中国成立 6 周年而表演节目的留影

正是由于中国政府的一系列妥善安排，钱学森与家人于 10 月 8 日安全抵达香港并经罗湖口岸抵达深圳，随后又在朱兆祥等人的陪同下于 10 月 28 日抵达北京。直到 1998 年，钱学森仍饱含情感地说，"深圳是我滞留美国 20 年后，于 1955 年乘客轮横渡太平洋，在九龙登陆后，走上祖国的第一城！

图为 1955 年 10 月 28 日钱学森抵达北京，中国科学院副院长吴有训（右）和周培源（中）到北京火车站迎接钱学森的合影

我也记得在边界就见到五星红旗和毛主席像的激动心情"。不久之后，钱学森就将"激动心情"化为报国的实践。

东北之行：调查研究

钱学森回国引起国内外媒体的关注，他在抵达后的行程由《人民日报》《光明日报》《文汇报》等报纸进行全程报道。由报道可知，钱学森到北京不久就于 1955 年 10 月 30 日至 11 月 11 日参观了中国科学院、北京大学、清华大学等研究机构和高校，了解到新中国成立以来的科学成就。但是这些主流媒体在一段时间内突然停止报道钱学森的消息。何故？

原来，钱学森于 1955 年 11 月 22 日至 12 月 21 日被国务院安排前往东北进行为期一个月的考察。此行名为考察，实为调研和摸底中国研制火箭、导弹的技术储备和工业基础。正如 1955 年 11 月 20 日国务院给东北三省和

相关机构发电报称："钱学森的专长是力学、自动控制、航空工程等，在了解我国建设情况及技术水平后将对他未来的研究工作有所帮助。"同时从电报可知，钱学森考察的城市及其机构主要包括：

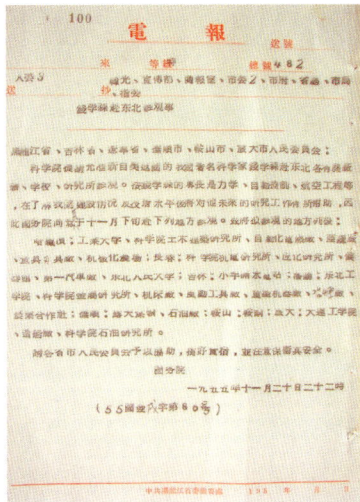

图为 1955 年 11 月 20 日国务院致东北三省和相关机构的电报

哈尔滨：工业大学、科学院土木建筑研究所、自动化电热厂、亚麻厂、量具刃具厂、机械化农场；长春：科学院机电研究所、应化研究所、仪器馆、第一汽车厂、东北人民大学；吉林：小丰满水电站；沈阳：东北工学院、科学院金属研究所、机床厂、

风动工具厂、重型机器厂、冶炼厂、农业合作社；抚顺：露天煤矿、石油厂；鞍山：鞍钢；旅大：大连工学院、造船厂、科学院石油研究所。

由上可见，钱学森考察的机构涵盖高等院校、科研院所以及工矿企业。正是通过此次东北之行，钱学森基本掌握我国"航空工业"的基础，即如他后来在《建立我国国防航空工业意见书》（简称"意见书"）中写道：

我国现在的航空工业是十分薄弱的，我们在最近才从飞机修理阶段转入飞机生产阶段，有了飞机工厂和喷射式推进机厂。但是这两个工厂现在完全依靠苏联供给的图纸，自己还不能够设计新型飞机，更不能作出为设计用的工程及科学资料。至于飞弹、火箭，我们是完全没有。说到航空用的材料，我们也是一样薄弱。现在只有一个年产 20,000 吨的铝厂。我们所必需的航空特殊金属还是要由外国进口。电子器材厂也是正在开始，还不能完全生产各种类型的零件。至于航空研究，我们只有些主要为教学用的风洞及其他实验设备。我们还没有专为研究用的设备，更没有为设计研究用的大型设备。所以可以说，我们完全没有航空研究可言。

但钱学森并未泄气，反而对新中国研制火箭、导弹有了信心。钱学森曾主动提出要去参观未在计划之内的哈尔滨军事工程学院，且当哈尔滨军事工程学院院长陈赓询问钱学森"中国能不能发展导弹"时，钱学森给出了明确的答复："为什么不能搞？外国人能搞，我们中国人就不能搞？难道中国人比外国人矮一截？"钱学森晚年如实地回忆说："谁知这一句话，决定了我这一生从事火箭、导弹和航天事业的生涯。现在回想起来，当时我说一句可以搞导弹，但是真正干起来，发现困难真多呀。因为新中国成立不久，从经济到技术，各方面的条件与现在比，相差是很远很远的。"[1]

---

1 钱学森.一切成就归于党，归于集体 [N].光明日报，1989-08-06(4).

　　结束东北之行，钱学森回到北京又受到国防部部长彭德怀的接见，二人就如何研制导弹进行交谈。在交谈中，彭德怀告知钱学森我国当前急需的是防空火箭，其次是对海上目标进行打击的火箭，这种火箭要能打击300～500公里这一范围内的目标。彭德怀还直接问钱学森："射程为500公里的导弹，我们自己能造出来吗？是这样的导弹需要什么人力、物力条件？估计要多长时间才能造出来？"没有档案资料表明钱学森是否给予彭德怀明确答复，但12月27日钱学森与万毅（中国人民解放军总参谋部装备计划部部长）的一段谈话实则已经给出答案。钱学森说，研制射程为300～500公里的导弹，"在两年内可以由研制试制到工业生产，但这仅解决了20%的问题；最重要的飞行自动控制器的问题（即80%的问题），如无国外资料，自己从头开始，可能需10年，也许短些"；随后又特别谈及技术人才、机构设置和资金投入等问题，并"建议军委予以讨论，下决心开始这一兵器的研究工作"。随后，万毅就此次谈话向彭德怀作了汇报。

　　1956年2月4日，钱学森和蒋英夫妇在陈赓的陪同之下应邀前往叶剑英元帅家中做客，席间谈论的话题仍然是如何研制导弹。正是此次宴请之后，叶剑英元帅领着钱学森去见周恩来总理，钱学森"受命"向中央提交一份有关如何研制导弹的意见书。钱学森晚年回忆说："有一次叶帅在家请我们吃饭，我爱人也去了，陈赓也在。吃完饭，大概是星期六晚上，他们说找总理去，总理就在三座门跳舞。我们跑到那儿，等一场舞下来，总理走过来，叶帅、陈赓他们与总理谈话。后来大概就谈定了，总理交给我一个任务，叫我写份意见怎么组织这个研究机构。后来我写了一份意见，又在西华厅开了一次会，决定搞导弹了。那天开完会，我在总理那儿吃了一顿午饭，桌上有蒸鸡蛋，碗放在总理那边，总理还特意盛了一勺给我。"

　　钱学森接到任务之后不久就写出《建立我国国防航空工业意见书》，其落款时间是1956年2月17日。此份意见书仅有2700余字，却无疑是中国航天事业的奠基之作，同时又对科技企业如何创业有着哲学方面的启示。那么，此份意见书之价值究竟何在呢？且看本书第三篇第三章第一节"功在立基：取势布局"之解释。又值一提的是，钱学森在东北考察时见到好几位大学和留美时期的同学，其中一位同学已在第一汽车厂担任车间总工程师并"在自己的岗位上努力地工作着"，而在旧中国里"他所学的本领根本无处使用"。这使钱学森意识到"祖国社会主义建设事业的迅速发展和对于科学技术人才的需要"，同时使他"深受感动"并表示"要更加努力使尚在美国的中国留学生早日回来，一同参加祖国建设"。[1]

为何会受邀访问苏联

钱学森执教于加州理工学院时就受到苏联的密切关注，如《工程控制论》英文版出版后不久就被翻译成俄义。因此钱学森回到中国后，苏联就一直想"接触"钱学森。苏联科学院决定于 1956 年 6 月召开"第三届苏联数学大会"时，就决定在受邀中国学者名单之中特别邀请钱学森，此份名单里还有华罗庚、陈建功、关肇直、冯康、陈景润、李俨、程民德、吴文俊等。

"第三届苏联数学大会"十分盛大，共计有 2000 多位来自苏联、美国、英国、中国、法国、意大利、瑞典、印度等国家的顶尖学者参加。然而当中国学者结束会议并回国时，钱学森则以中国科学院力学研究所所长身份留在苏联进行为期

图为钱学森在苏联访问时的留影

1　钱学森. 响起了向科学大进军的号角 [N]. 人民日报，1956-02-05(3).

一个月（1956 年 6 月 20 日至 7 月 21 日）的访问。其实，苏联邀请钱学森大有"玄机"。

钱学森回国后撰写过一份《访问苏联科学院的观感》，由此可知其访问行程既有作学术报告（如"The Poincaré —Lighthill—Kuo Method"《航空技术的展望》《技术科学中的新方向》《工程控制论中的一些问题》《物理力学研究中的一个结果——纯液体的性质》），同时又有参观苏联中央流体空气动力学研究院、苏联科学院力学研究所、苏联科学院机械学研究所、苏联科学院精密机械及计算技术研究所、莫斯科大学力学实验室、莫斯科航空学院空气动力学实验室及推进机实验室等科研机构。但这些报告和参观多为公开活动，苏联科学院还特意安排钱学森与苏联科学院的科学家、工程师进行"闭门"座谈，就空气动力学问题、导弹问题和自动控制问题展开充分交流。

苏联此举旨在通过曾经担任美国加州理工学院戈达德讲座教授的钱学森，了解美国航空科研的实际状况。当时作为钱学森访问苏联的随行秘书的吴鸿庆回忆说："到苏联第二天，苏联科学院主席团就组织了一次座谈会，有二三十位苏联的一流学者参加。他们向钱先生提出了各种各样的问题。由那些问题可以看出，他们对美国力学特别是与航空航天关系密切的空气动力学的研究状况很感兴趣，希望了解一些新的信息，特别是了解钱先生对有关学术问题的见解。"[1]钱学森在座谈会中的回答，颇令苏联科学院的科学家和工程师感到"解惑"。正如钱学森的总结：

估计我这次访问对苏联的帮助有下列两点：第一是有些问题他们在以前已经注意了，但是他们因为我也指出其重要，他们的意见得到了又一个对证，这巩固了他们的结论；第二是有些问题他们在以前没有看到，经过我指出，他们考虑后觉得有道理，忽略了是不对的，并决定开始研究。他们说有一个问题，"喷气襟翼"，他们已经因此开始了研究。

1　熊卫民 . 忆 1956 年钱学森首次访苏：吴鸿庆教授访谈录 [J]. 科学文化评论，2017, 14(1): 74–81.

　　钱学森也"主动出击"，解答完苏联方面提出的问题之后向对方提出两个问题，即"科学研究力量的组织问题"和"燃烧问题"。苏联科学院的科学家和工程师的回答，使钱学森了解到苏联在航空航天科研方面的实际状况。同时他还在访问时发现苏联科学家与英美科学家的不同科研思维模式，苏联科学家"都先从一般的理论作起，建立了一般的理论以后再把一个个的分题逐一解出，一个分题都不留下。这样自然能把一个问题解决得十分透彻，十分全面"，而英美科学家"往往不作一般的理论，只解决实际情况中最需要解决的一个分题，然后直接走到问题的第二个阶段中所需要解决的另一个分题。至于每一个阶段留下来的一些分题，他们都暂时不管，留待日后有必要时再来管它"。通过对比，钱学森指出：

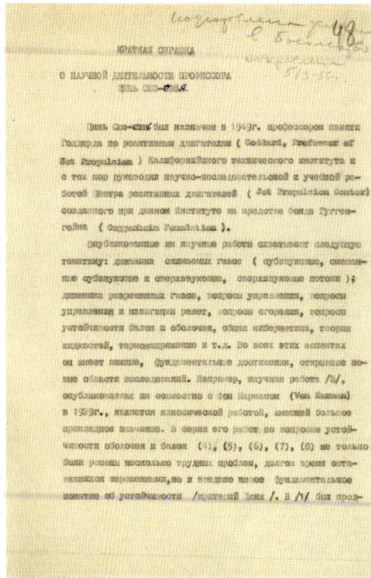

苏联方面为钱学森来访做了充足准备，图为苏联科学院力学研究所搜集的"有关科学家钱学森教授的简介"（首页）。此份材料不仅盛赞"钱学森教授的科研成就就是全方位的，他在机械和应用数学领域的权威性是社会公认的"，同时还特别提及钱学森在加州理工学院的博士生吴耀祖"近两年从事有关水波及有自由流面的流体力学科研工作"

　　这也就是说苏联和德国科学家们进行研究的时候，采用宽广的战线，全面进攻；而英美科学家们进行研究的时候，采用重点突破，孤军深入的方法。两种作风都互有短长：全面进攻自然声势浩大，不留空子，但也需要大量人力，进军迟缓；孤军深入自然行动神速，很快达到目的，但也有要走回头路的危险。总的说来，要灵活敏捷，快速地占先，英美科学家们的作风是值得考虑的。苏联科学家们自己也有同一意见，认为他们从前的作风缺少灵活性，以致在喷气推进的飞机上和火箭上让资本主义国家占了先。今后他们要对新事物更敏感，快速地发展一切有前途的东西。

　　由此可见，苏联邀请钱学森出席"第三届苏联数学大会"并非主要目的，而是期望借此通过钱学森了解和掌握美国的科技前沿动向。值得一提的是，钱学森访问苏联中央流体空气动力学研究院时见到风洞中原先用来做实验的军用飞机被换成民用飞机，或许当时的苏联也并不想让钱学森知道苏联的真实水平。但对钱学森来说，即便仅看表面也能够准确判断苏联的科研水平。如其所言，"苏联在航空技术和力学方面已达到或超过美国的水平，尤其在理论结合实际方面有独到之处"。

　　此次访问苏联，钱学森爱人蒋英一同受邀，因而苏联还特意安排了丰富多彩的文化活动：既有苏联科学院主办的各种欢迎宴会，还有观看歌剧、话剧和舞剧，以及参观展览馆、艺术馆、博物馆和美术馆等活动。钱学森说："苏联有丰富多彩的传统艺术、文化，这是我以前所完全不知道的，这使我对苏联人民发生敬意。"7月21日钱学森结束访问，乘坐中国民航飞机经停蒙古乌兰巴托机场后回国。苏联科学院还向钱学森支付共计4500卢布的"专家费"，钱学森回国后将这笔钱悉数上交。钱学森访问苏联不啻完成了他早年的一个心愿，即他在麻省理工学院读书时曾有意到苏联工作。

图为钱学森和蒋英返国途中经停蒙古时，蒋英在蒙古乌兰巴托机场的留影

"笔补造化"献宏猷

1956 年 12 月 4 日，中国科学院院长郭沫若致函钱学森称："今天为朋友写字，有多余的纸和墨，我便把夏间为您题写的一首诗写出了。附上，请用以补壁。"信中提及的"补壁"之诗是："大火无心云外流，登楼几见月当头。太平洋上风涛险，西子湖中景色幽。突破藩篱归故国，参加规划献宏猷。从兹十二年间事，跨箭相期星际游。"郭沫若为钱学森创作的"补壁"之诗，描述的正是钱学森自称"很怀念"的参与制定十二年科学规划的那段美好时光。

图为钱学森回国初期居住在中国科学院宿舍的全家福，墙上所挂诗作乃郭沫若为钱学森创作并书写的"补壁"之诗。直到 2000 年 8 月 11 日，钱学森致函钱学敏时还谈及此幅"补壁"之诗："您 8 月 8 日来信及您在今春去郭老故居参加《郭沫若书法集》首发式所得《郭沫若》及《书法集》，我和蒋英都非常感谢，并向您和您全家表示谢意！郭沫若先生是我在中国科学院的首长，我也存有先生送我的一幅书法作品，不知您见过没有？该幅讲我从美归国及参加全国航天事业"

十二年科学规划是在党的领导下由国务院科学规划委员会组织数百位科学家经过半年时间集体研讨后制定的，而钱学森作为国务院科学规划委员会 35 名委员之一深度参与其中。对钱学森在十二年科学规划的制定过程中的作用，时任中国科学院党组书记兼副院长的张劲夫曾以"既志存高远又切实可行"评价，而另一位参与者何祚庥则以"大战略家来主持"概括之。那么，钱学森在十二年科学规划的制定过程中究竟发挥何种作用呢？

作为十二年科学规划的文本《1956—1967 年科学技术发展远景规划纲要（修正草案）》，是由 "13 个方面 +57 项重要任务 +616 个中心问题 +12 个重点任务" 共同构成的科研体系。十二年科学规划虽以任务研制为目标，但同时还对基础科学的研究做出规划。钱学森对任务研制和基础科学的规划目标之确定均有重要贡献，前者体现为主持重要任务中之第 37 项 "喷气和火箭技术的建立" 的编写，后者主持 "基础科学的发展方向" 之 "力学" 学科的规划。

（一）主持第 37 项任务 "喷气和火箭技术的建立" 的编写

十二年科学规划的第 37 项重要任务 "喷气和火箭技术的建立"，是在钱学森的主持下由王弼、沈元和任新民共同起草完成的。"喷气和火箭技术的建立" 从新技术角度指出 "喷气飞机和火箭是现代飞行器械技术中的最高成就" 及其国防与民用意义，并突出强调 "由于火箭是利用复杂的自动控制系统来控制飞行的路线的，因此，在国防上可以达到超越远距离瞄准的要求，它同时也是近代空防的利器"。[1] 他们还提出 "掌握它、运用它和继续发展它必须要付出很大努力"，同时又提出可靠务实的总体目标：

首先掌握喷气飞机和火箭的设计和制造方法，同时研究其有关的理论，并建立必需的研究设备，从事高速气体动力学、机身结构、各种喷气动力、控制方法以及飞行技术的研究，使在最短期间能独立设计民用的喷气飞机和国防所需的喷气飞机和火箭。

他们在提交的《任务说明书和中心问题说明书》中进行了更加具体的说

1　全国科学研究工作规划委员会 . 1956—1967 年科学技术发展远景规划纲要（修正草案）[R]. (1956-12-22).

明并在开篇阐明："喷气和火箭技术对应现代国防事业的两个主要方面：一方面是喷气式的飞机，一方面是导弹。没有这两种技术，就没有现代的航空，就没有现代的国防。掌握了喷气和导弹的技术，民用航空方面的科学技术问题也就不难解决。"随后，他们又从预期结果、解决途径、大体进度、组织措施等多个方面进行说明。例如，他们就解决途径写道："必须尽快先建立包括研究、设计和试制的综合性的导弹研究机构，并逐步建立飞机方面的各个研究机构。"[1] 其实，钱学森主持编写的"喷气和火箭技术的建立"与他此前撰写的《建立我国国防航空工业意见书》可谓"如出一辙"，即主张建立"健全的航空工业"需要同步推进理论研究和研发制造，由此在规划时间节点就能"独立进行设计和制造国防上需要的、达到当时先进性能指标的导弹"。

（二）主持"基础科学的发展方向"之"力学"学科的规划

十二年科学规划将基础科学列入国家中长期发展规划并在"基础科学的发展方向"之中提出 8 个学科，即数学、力学、天文学、物理学、化学、生物学、地质学和地理学，而其中"力学"的规划正是由钱学森负责主持的。从十二年科学规划的文本可知"力学"的基本概要："力学是一切工程技术的基础。近代的航空、火箭技术的发展中，力学研究常常是它们的先导。固体强度的研究是机器制造业和土木建筑工程中最关键的问题。巨大规模的水利建设要求流体力学、结构力学、土力学解决大量的问题。最近力学逐渐渗入到化学工业、冶金工业、石油工业、动力工业中去解决一些根本性质的理论问题，将对这些工业中生产效率的提高起重要的作用。"[2] 文本随后又对流体力学、固体力学、物理力学、一般力学等做出方向

1　王寿云. 钱学森 [M]// 《科学家传记大辞典》编辑组. 中国现代科学家传记（第一集）. 北京：科学出版社，1991: 776.

2　全国科学研究工作规划委员会. 1956—1967 年科学技术发展远景规划纲要（修正草案）[R].（1956-12-22）.

性描述（见下表），但都反映了基础科学的理论研究要与工程实际相结合这一思想。

十二年科学规划之力学学科的规划方向和内容

规划方向	规划内容
流体力学	①结合高速高空飞行的发展研究高速飞机空气动力学问题、亚声速飞行和超声速飞行中的边界层理论，并进一步结合火箭的研究发展高超声速空气动力学和稀薄气体力学的研究；②结合航海事业开展关于船舶造波理论和推进理论以及水翼理论的研究；③发展旋转机械中流体力学的研究，以提高涡轮机和压气机的效率；④着重发展和水利建设、石油工业等有密切关系的含颗粒流体力学、渗漏理论和多相流体动力学；⑤发展流体力学中基本理论问题之一即"湍流理论"；⑥重视流体力学领域出现的两个新的生长点的发展，一是和化学反应、传热、传质相结合的化学流体力学，例如关于燃烧理论、爆震理论、化工反应器和工业炉中的流体力学的研究，二是和电磁学相结合的电磁流体力学
固体力学	①发展固体的强度理论，特别是在高温状态下或高速变形状态下金属的塑性理论；②开展关于金属的破裂理论和疲劳规律的研究；③结合机器制造工业开展关于金属压力加工和金属切削的塑性变形理论的研究；④发展弹性动力学和流体弹性力学的振动问题研究，解决抗御地震和爆炸的结构问题、飞机和水工结构的颤动问题以及高速机械的振动问题；⑤发展非线性弹性力学和非均匀体弹性力学并解决机器制造和建筑工程中大量的强度分析问题；⑥展开岩石力学和土力学的工作，并建立流变学的基础
物理力学	建立起把力学和近代物理学、化学结合起来的生长点——物理力学，研究从物质的微观结构预测气体、液体和工程材料的性质等重大问题
一般力学	①结合控制机械系统的要求着重发展运动的稳定性理论、非线性振动理论，以及和控制仪表相关联的刚体动力学（如陀螺仪理论）、机械运动学和动力学等；②发展和火箭及星际航行相关的外弹道学和变质量物体力学

"力学"学科的规划内容体现出钱学森技术科学思想的特征和要求，同时"力学"学科的规划又与"喷气和火箭技术的建立"这一重要任务紧密相

连。此外，钱学森参与制定十二年科学规划时还在其他任务的制定和学科的规划中建言献策，涉及电子计算机、无线电电子学、自动化技术、原子能、半导体，以及可燃矿物资源的综合利用、热能的有效应用、统一动力系统的建立、交通工具的新发展、精密仪器制造，等等。时任中国科学院党组书记兼副院长的张劲夫回忆道：

> 当时，钱学森同志是力学研究所所长，还担任十二年科学规划综合组组长。那年我 42 岁，钱学森同志长我两岁半。40 多岁的他，身材不高，宽阔的脑门下，一双深邃睿智的眼睛，白净的脸庞透着秀气，思维活跃，知识渊博，离开祖国 20 年之久，仍说得一口标准的普通话，浓重的京腔京味，使我感到惊讶。他所作的关于核聚变的精彩报告，令人眼界大开，使大家看到了当时世界科学技术的前沿。[1]

钱学森的主持和建议，展示出作为顶尖科学家的眼光和战略科学家的视野，因而何祚庥评价他既"体现出马克思主义指导下的远见卓识和自然科学里的深入求实的精神的合流"，又"突出了时代精神"。[2]然而钱学森得知何祚庥对他的赞誉时，则严肃地表示"所论实过誉了"。钱学森晚年读诗时非常喜欢李贺的那句"笔补造化天无功"，钱学森参与制定十二年科学规划正可谓"笔补造化"献宏猷。

---

1 张劲夫.让科学精神永放光芒——读《钱学森手稿》有感 [N]. 人民日报，2001-09-24(1).

2 何祚庥.钱学森与十二年科学规划 [Z]. 中国科学院院史资料与研究，1992, 3.

十二年科学规划的制定得到苏联科学家的支持，图为参加规划制定的中国科学家与苏联科学家的合影。前排左起为沈元、钱学森、苏联专家米哈伊洛夫博士（苏联科学院科技情报研究所所长）、王弼、陈亚娥；后排左起为陈彩福、黄志十、张世英、昝凌、王玉京、刘永培、任新民、刘树声、宁珮

图为钱学森陪同苏联专家及其家属游览长城

顺及一事，即后来在编制"863 计划"的过程中，当入选国家高技术研究发展计划的标准无法确定时，正是钱学森的一番话给当时的编制者以启迪。钱学森指出编制高技术发展战略规划是"事关国家发展大局、全局的大事"，"不是全面考虑每个学科自己的发展，也不是做面面俱到的学科发展规划"，而是"站在国家的高度，思考发展国家的高科技需要做什么，保证国家安全需要什么"。经此点拨，编制者有了总体方向并在钱学森的建议的基础上确定七个领域作为重点发展领域，即航天、激光、信息、自动化、生物工程、新能源、新材料。[1] 回头再看，钱学森参与制定十二年科学规划时提出的研究规划同样饱含着"有所为"和"有所不为"的辩证思维。此种辩证思维又极为深刻地体现于由其撰写的《建立我国国防航空工业意见书》，且在取势布局之中带领中国科技工作者开辟出一条通向成功的道路。

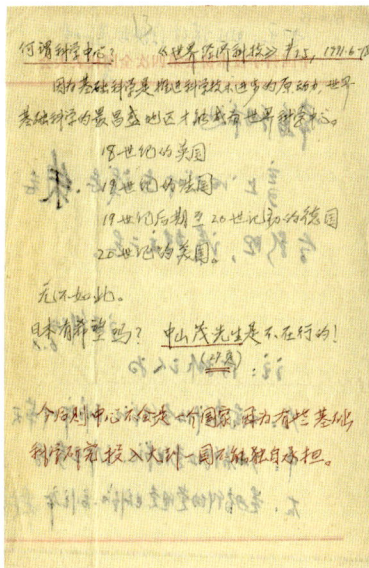

晚年钱学森在治学过程中非常关注"科学中心"的形成问题并在图示手稿中指出，基础科学是推进科学技术进步的原动力，世界基础科学的最昌盛地区才能成为世界科学中心。钱学森参加十二年科学规划的制定时极为重视基础科学研究

1　郭传杰，王聪．村人散语话科苑：郭传杰访谈录 [M]．北京：科学出版社，2023：85-86.

第三章　挺膺创业奉献自我

　　钱学森为新中国发展科技事业做出了卓越的贡献，既有立基之功，更有培养创新人才之业。前者表现为在取势布局之中构建起中国尖端科技的研制体系并成功地领导导弹、人造卫星和反导弹工程的技术研制，后者则表现为以国防部第五研究院、中国科学院、中国科学技术大学、清华大学以及国防科学技术大学为平台培养出一批具有理工结合能力的人才。钱学森回国后20余年在挺膺创业之中奉献出全部智识。

功在立基：取势布局

　　先看钱学森在1985年以"液体地地战略武器及运载火箭"项目获首届国家科学技术进步奖特等奖时讲过的一段话，他说："我明确表示不要这个奖，他们还是把我排进来。这样一来，这个项目的总师屠守锷就成了第二获奖人，而且受影响的还不止他一个人，所有的获奖人都受影响，这不合适嘛！"钱学森婉拒特等奖既有谦逊之因，但更主要的原因是他为中国发展导弹事业起到的主导作用不在于领导完成某个具体导弹型号的研制，而在于通过整合薄弱力量使中国形成独立自主研制导弹的能力。此种能力正蕴藏于钱学森撰写的《建立我国国防航空工业意见书》之中，即在"取势"之中做到"布局"。那么，何谓"取势"，又何谓"布局"？

　　"取势"是指钱学森在意见书中主张辩证处理国内基础与国际条件之间的关系，既客观分析国内研制导弹的整体基础，又积极争取国际有利条件。

他特别提出要争取苏联等国家的支持。

虽有智慧，也应乘势。"取势"亦指钱学森将导弹研制计划融入国家科技事业整体规划，即以参与制定十二年科学规划为契机，将意见书内容"分解"到十二年科学规划之"喷气和火箭技术的建立"等任务和"力学"等基础科学的研究领域。正是因此，钱学森将 1967 年作为意见书实施的"截止时间"，意在与国家科技规划同步。

正是在"取势"之中，钱学森又做到对研制导弹的跨领域"布局"。"布局"旨在强调研制导弹并非生产简单的军工武器，而是需要建立"健全的航空工业"，涉及领导机构、科学研究、设计研究和生产工厂四个方面。贯穿其中的核心理念正是技术科学思想，即科学理论与工程实际相结合。意见书写道：

> 现在在科学院内，力学研究所的研究工作或多或少都与航空工业有关，其他研究所中的高温材料研究、电子学研究、计算机研究等也都与航空工业有密切关系。在将来很可能再设新研究所来推进某一方面的研究，如气动力学研究所、自动控制研究所等。

此后，钱学森同时担任中国科学院力学研究所所长和国防部第五研究院院长，根据两个机构的不同职能分配研制任务。他在中国科学院力学研究所

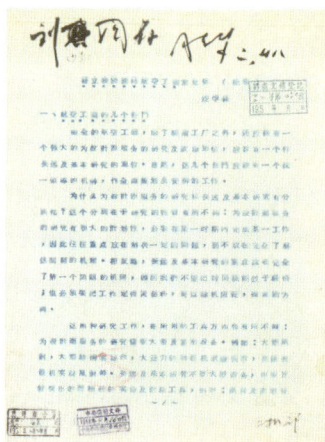

图为《建立我国国防航空工业意见书》首页，此份意见书由周恩来于 1956 年 2 月 28 日批示给刘少奇阅存，原件存于中央档案馆

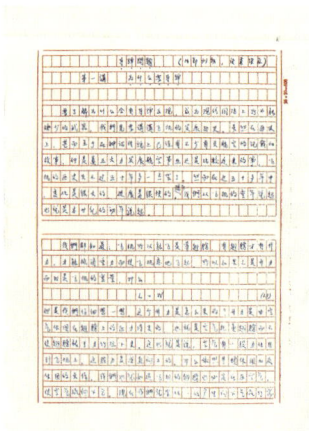

图为《导弹概论》手稿首页。钱学森通过讲授《导弹概论》培养了一批研制导弹的杰出人才

的一次会议上说，"我们承担理论性研究课题，五院搞实的"，即力学研究所"本身不出产品"，而是产出能够联系实际和解决工程技术问题的"报告"。[1]中国科学院为国防部第五研究院研制导弹技术解决大量理论问题，这个过程被钱学森比喻为一场"接力赛"。他说："由于保密，力学研究所许多同志并不太知道他做的工作意义有多大，但我很清楚，这些研究报告，即使是不成功的结果，对我们整体的工作都是一笔财富，这就是社会主义的优越性，这就是'接力赛'。"[2]例如，1959年6月14日钱学森撰写《关于在中国科学院配合国防需要开展火箭技术探索性研究的意见》时提出，中国科学院在火箭技术领域可以开展三方面工作，即"理论的研究，用以建立计算用的方程式；参数及物质性能的测定；通过实验做小型课题的验证"。同时，他以"中国科学院的各研究所不重复国防部及第一机械工业部所领导的研究工作"为基本原则提出具体任务。

1960年，实验人员在中国科学院力学研究所大楼前的空地上进行爆炸成型实验。图为钱学森和郭永怀为实验人员进行现场分析。正是中国科学院开展的诸多理论研究和试验分析为国防部第五研究院研制导弹提供了理论依据

1　钱学森同志对力学所方向任务的看法（1965年2月27日），原件存于中国科学院档案馆。

2　中国力学学会. 中国力学学会史 [M]. 上海：上海交通大学出版社，2008: 18.

　　再如，及至 1960 年 10 月 6 日，钱学森以中国科学院力学研究所所长的身份在给中国科学院党组的《关于力学研究所尖端技术研究任务的安排问题》中又明确指出："根据 1958 年以来两年多的工作经验，我们认为科学院尖端技术方面的研究任务应该配合国防部门设计、试制的力量，先走一步。国防部门完成关键性的部件设计，并做出样品；这些关键部件的样品，一旦纳入国防部门所设计的技术装置体系中，就是科学院对国防尖端技术的贡献。用这样一个原则来检查力学研究所的工作，能看出两个问题：第一个问题是工程技术的力量太弱，远远不能满足部件设计、部件试制、实验测试、成品鉴定等工作的要求；而这个问题也就带来了第二个问题，即因为技术力量不足，不可能把研究工作进行到底，不敢说能完成部件设计并制成样品，所以就只能让研究工作停留在对部分及个别问题的分析和解答上，不能总其成而出成品。所以第二个问题就是研究任务的目标不够鲜明，支离破碎，缺乏战斗号召的力量。为了解决上述两个问题，我们遵循院党组的指示，建议抽调中国科学技术大学学生的一部分和其他力量以及吸取各地区科学分院的少数力量，大大加强工程技术工作，重新调整任务，为完成关键性的部件研究设计任务而奋斗。"[1]

　　值得一提的是，钱学森在意见书中所指的"领导机构"并非纯粹的行政领导机构，而是"一个全面规划及安排的机构，应该包括科学、工程、军事、政治方面人员"并设在国防部。这个建议与国情有关，研制导弹必须有一个可以在全国科学机构、军工机构、高校和工厂等单位之间进行协调的机构，进而保障不同单位的有效配合。意见书提出的"设计研究"之任务主要是"生产新型成品，包括试制及试飞阶段在内"，意见书还根据任务将单位分为"空气动力学研究所，材料研究所，燃料研究所，结构研究所，火箭推进机研究所，冲压推进机研究所，透平式推进机研究所，控制系统研究所，运用研究所，设计局，试制工厂，试飞站"。而负责此"设计研究"之机构

1　关于力学研究所尖端技术研究任务的安排问题，原件存于中国科学院档案馆。

即为 1956 年 10 月 8 日成立的国防部第五研究院，首任院长正是钱学森。

意见书还提出生产导弹武器需要"航空生产相关的一系列工厂"即生产工厂，它们能"把航空设计院的新型设计，大量生产"，且这些生产工厂应该包括金属工厂、非金属原料工厂、电器制造厂、燃料工厂以及各种零件工厂等。这些工厂当时多属于第二机械工业部，但可以通过设在国防部的领导机构进行协调，这正是钱学森提出将领导机构设在国防部的原因之一。不仅如此，意见书还提出具有可操作性的"发展计划"，即在领导机构成立之后依照轻重缓急开展科学研究、设计研究和生产工厂的工作。基本原则是："研究、设计和生产三面并进，而在开始时，重点放在生产，然后兼及设计，最后兼及研究。"事实证明，钱学森提出的原则是正确的，因为只有提高工厂的生产能力才可以为设计工作提供材料和零部件，而研究工作因中国科学院已经集聚一批科学家并积累一些理论成果，所以在起步阶段可相对延后。

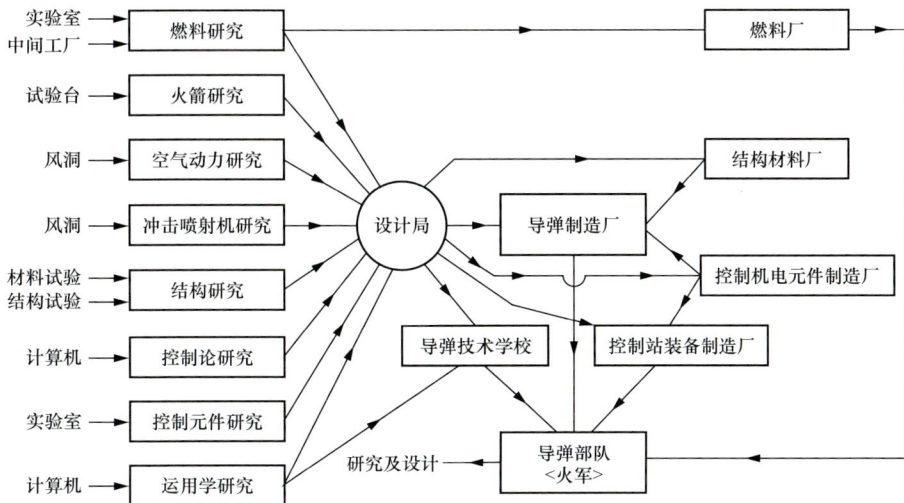

1956 年钱学森作火箭导弹专题报告时制作出更为详细的"导弹的研究、设计、制造及应用"体系图，图为其《建立我国国防航空工业意见书》的图像表达

1966 年 10 月 27 日，中国首次成功地进行"两弹"结合试验，进而掌握以导弹为运载工具远程投送核弹的能力

　　钱学森写好意见书后就将其交给周恩来总理，周恩来于 1956 年 2 月 22 日将意见书送毛泽东审阅并致信特别说明："这是我要钱学森写的意见，准备在今晚谈原子能时一谈。"2 月 28 日，周恩来又将意见书批给中央军委和国防部以及其他党和国家领导人。此份意见书成为中国研制导弹的张本之作。钱学森晚年之言"现在想起来真是惭愧，那时我对中国的情况一点也不了解，意见书中错误一定不少"，实在是自谦之词。正是钱学森在意见书中"取势"与"布局"，通过构建"科学理论—技术研发—制造生产"的体系，奠定了中国导弹和航天事业走上独立自主道路的基础。

人造卫星：科幻成真

国务院 2016 年批复同意将每年 4 月 24 日定为"中国航天日"，这源于 1970 年 4 月 24 日中国成功发射第一颗人造卫星"东方红一号"。此颗人造卫星的研制离不开钱学森的战略建言与直接领导，而其成功发射恰如他早年科幻思想之中"星际航行码头"的"梦想成真"。

前文已及，早年钱学森在《火箭》一文中就提出星际航行的初步构思，及至留美之际更是从专业角度探求星际航行的技术条件并发表《探空火箭最优推力规划》《远程火箭飞行器的自动导航》《从卫星轨道上起飞》等多篇论文进行论证。他在 1956 年发表文章《星际航行与科普工作》时又提出实现星际航行需要实施分步走战略，而第一步就是建造"一个围绕地球转的，在空气层外的星际航行码头"。此"星际航行码头"即为人造卫星，且于 1970 年因"东方红一号"的成功发射而由概念成为现实。

中国研制人造卫星深受国际局势影响。世界第一颗人造卫星"伴侣一号"由苏联于 1957 年 10 月 4 日成功发射，其时钱学森正以中国政府工业代表团导弹组组长的身份访问苏联。钱学森说："我们在莫斯科期间，苏联发射了人造地球卫星，完全明白地说明苏联科学技术的优越。"1958 年 1 月 31 日，美国又成功发射"探险者一号"人造卫星，是年毛泽东在中共八届二中全会上提出"我们也要搞人造卫星"。为落实毛泽东的指示，中国科学院成立由钱学森担任组长的"581 小组"，中国研制人造卫星的征程由此开启。为推动研制进程，钱学森以中国科学院为主战场开展科研攻关。同时中国科学院决定将研制人造卫星分为三步，即发射探空火箭、发射小卫星和发射大卫星。

此后因经济、政治以及技术等缘故，人造卫星的研制被"暂停"。但"暂停"并不意味着放弃，1961 年 6 月至 1962 年 12 月，钱学森通过组织和主持星际航行座谈会的方式持续研讨人造卫星的科学理论问题。[1]1962 年 12 月，中国科学院重新启动人造卫星的研制工作，且将研制人造卫星列入国家计划，而这离不开钱学森于 1965 年 1 月 8 日向国防科委和国防工办提交的《关于制定人造卫星研究计划的建议》。此份建议从卫星用途、空间武器以及运载工具等方面，提出"建议科委早日主持制定我国人造卫星的研究计划，列入国家任务，促进这项重大的国防科学技术的发展"，同时又详细地指出测地卫星、通信及广播卫星、预警卫星、气象卫星、导航卫星和侦察卫星的军民两用意义。[2]

图为 1960 年 4 月 29 日，张劲夫、钱学森等在上海南汇"T-7M"探空火箭发射现场进行视察

1 除钱学森之外，赵九章、贝时璋、张翰英、郭永怀、吕保维、蔡翘、钱骥等人也在星际航行座谈会上作专题报告。作为新兴的科技，星际航行的发展对科技提出新的要求和新的课题，例如"火箭发动机的推进剂问题、各种高性能的金属及非金属结构材料问题、超高速进入大气层的防热问题、高精度陀螺及惯性控制系统、高精度的测速及定位系统、无线电遥测及超远程测量技术、巨型运载火箭的发射系统、卫星及飞船的跟踪技术等"，亟须不同领域的科学家进行协同攻关研究。仅就超高速进入大气层的防热问题来说，就必须研究速度为声速的 25 ～ 30 倍超高速空气动力学，研究气体在 8000℃直到 1000℃以上的性质，研究表面材料或冷却剂在强热作用下的性能，等等。这里面有力学问题，有物理学问题，也有化学问题。由此，"星际航行不但需要大量的设计师和工程师等工程技术人员参加，而且还需要不少的技术科学和基础科学工作者参加；只有他们在一起紧密地配合着工作，才能比较迅速地解决这一连串难题。"参考：中国科学院新技术局 . 星际航行科技资料汇编（第一集)[M]. 北京：科学出版社，1965: 前言。

2 钱学森建议早日主持制定我国人造地球卫星的研究计划并列入国家任务的报告，原件存于中国人民解放军档案馆。

1965 年 1 月 30 日，国防科委向聂荣臻和中央军委送交钱学森的建议，且周恩来对此十分重视并指示聂荣臻进行研究。聂荣臻随后指示张爱萍邀请钱学森、张劲夫等有关同志及部门座谈，表示"只要力量上有可能，就要积极去搞"，同时又指示人造卫星研制以中国科学院为主导并充分利用地球物理所的科研力量。[1] 而在 1965 年 1 月 20 日，由中国科学院力学研究所起草的《关于开展人造卫星及有关设备研制的初步意见》以"建国 20 周年（1969年）或 1970 年左右，发射卫星上天"为时间节点，从科学探测和国防服务两个方面向中国科学院简略陈述"考虑的工作和怎样开展这些工作的意见"。这份意见主要包括四方面内容：（一）发射卫星的目的及有关卫星本体方面的工作；（二）地面控制即观测系统；（三）元件材料的研制及其在卫星上应用时所需经受的基本环境试验；（四）轨道选择、设计和探测数据的处理及分析研究。意见还指出：

上述四类有关卫星研究的工作，是极其粗略和很不完全的，在组织讨论以及开展后，就可以比较完备一些，还可能有许多新的工作领域被发现。即使从上述的很不完全的工作方面来看，也可看出工作是极其复杂和繁重的，牵涉到的研究所也非常之多，把这许多研究所和研究工作，组织起来，纳入一条轨道，也是极其复杂的。是否可以考虑基于原有的星际航行委员会或另组一个空间研究委员会，在院党组的领导下，由有关各所的所长来具体领导这一工作，在这个委员会下，由新技术局为主组织一个办公室，和一个技术组，在讨论确定今后的具体工作方案时，同时讨论拟定出组织措施，报院党组审批后执行。

此份意见又经充分讨论和严密论证之后，由中国科学院于 1965 年 7 月 1

1　聂总对钱学森同志"关于制定人造卫星研究计划的建议"的意见，原件存于中国人民解放军档案馆。

日向中央专委呈报《关于发展我国人造地球卫星工作规划方案的建议》，其中提出争取 1970 年左右发射人造卫星。1965 年 10 月 20 日至 11 月 30 日，中国科学院召开人造地球卫星方案论证会（"651 会议"），明确中国研制第一颗人造卫星的目的、任务和总体方案。此后，中国人造卫星研制工作正式进入实施阶段，且中央于 1968 年决定以中国科学院卫星研制团队为基础成立中国空间技术研究院并任命钱学森为首任院长。此后经过科研团队成员数年的攻坚克难，我国第一颗人造卫星"东方红一号"最终于 1970 年 4 月 24 日成功发射。

"东方红一号"的成功发射意味着实现了星际航行的第一步即建成"星际航行码头"，我国从此在技术上迈入星际时代。自"东方红一号"成功发射以来，中国航天科研工作者未曾停止前行的步伐，通过持续攻关创造了以北斗卫星导航系统为代表的经典杰作。"东方红一号"这颗被钱学森称为"星际航行码头"的人造卫星，与位于双鱼星座、距离地球 100 008 200 公里的"钱学森星"遥遥相望。

有矛有盾：攻守兼备

1964 年 2 月 29 日，钱学森回忆 1964 年 2 月 6 日他在中南海菊香书屋受到毛泽东接见并与其进行有关"有矛必有盾"的谈话，整理出一份报告。正是这次谈话开启了中国反导弹工程的研制进程，该工程又称"640 工程"。且看钱学森整理的"对谈"的主要内容：

主席：我们搞原子弹也有成绩呀。

钱：我有所闻。

主席：怕是不止于有所闻吧。

钱：原子弹实只是有所闻，我是搞运载工具的。

主席：是的，你们搞了一千公里的；将来再搞个两千公里的，也就差不多了。

钱：美帝在东南亚新月形包围圈上的有些基地有 2800 公里的距离。

主席：可以到夏威夷？

钱：夏威夷更远了，不止 4000 公里。

主席：总要搞防御。搞山洞，钻进去，地下就不怕它了。

钱：我们正在遵照主席的指示，先组织一个小型的科学技术人员的小组，准备研究一下防弹道式导弹的方法、技术途径。看来第三个五年中由于技术条件不够，还不能开展设计工作。

主席：有矛必有盾。搞少数人，有饭吃，专门研究这个问题；五年不行，十年；十年不行，十五年。总要搞出来的。

时间回到 1964 年 2 月 6 日。是日下午一点，毛泽东邀请竺可桢、李四光和钱学森到中南海畅谈科学工作。最先抵达的竺可桢在当天的日记里写道："见毛主席卧室两间，外间外摆图书，内室一大床，桌、椅、床上也摆满图书。"[1] 钱学森到晚年也清晰地记得："当时毛主席身着毛巾浴衣，卧于床上，是木板床；床很宽，一半以上都是书刊文件，堆得很高。"[2] 毛泽东和三位科学家畅所欲言，谈了约两个小时。翌日，中国科学院副院长裴丽生专门找到竺可桢了解情况；竺可桢回忆了毛泽东和他谈"农业八字宪法"的问题，随后又补充道："关于反导弹时极注意，谆嘱钱学森同志要注意，并盼能组织一个小委员会研究其事。"[3] 其实，竺可桢在被接见当天就在日记中对谈话内容进行了简略记录，涉及钱学森时写道："问钱学森反导弹有否着手，目

1　竺可桢. 竺可桢全集：第 17 卷 [M]. 上海：上海科技教育出版社，2009：37.

2　涂元季. 钱学森书信：第 7 卷 [M]. 北京：国防工业出版社，2007：258.

3　竺可桢. 竺可桢全集：第 17 卷 [M]. 上海：上海科技教育出版社，2009：38.

图为钱学森整理的有关"有矛必有盾"的谈话报告

前毫无基础，毛主席以为应着手探研。"钱学森晚年也回忆说：

> 对我，毛主席只是问了用地面发射导弹摧毁空中来袭的敌人洲际导弹（即"反导弹"）的可能性，并鼓励我国科技人员也要研究这一问题。[1]

毛泽东约见钱学森谈反导弹问题并非偶然，而是经过了长期思考。早在 1957 年 10 月，毛泽东访问苏联观看其研制尖端武器的纪录片时就对身旁的彭德怀说："我看矛和盾总是同时产生的，有矛必有盾呀！"[2]1963 年 12 月 16 日，毛泽东指示聂荣臻："除搞进攻性武器外，还要搞防御性武器。搞一批人专搞，让他们吃饭不做别的。我们要从防御上发展，要研究反导

1　涂元季. 钱学森书信：第 7 卷 [M]. 北京：国防工业出版社，2007：259.

2　孙立忠. 随同毛泽东参加十月革命 40 周年庆典 [J]. 湘潮，2011(11).

弹武器。在数量上我们搞不过他，这个问题要研究一下。"[1] 聂荣臻于 12 月
26 日召集钱学森等人专门讨论"防御弹道导弹的问题"，并提出"先成立
一个小组，考虑采取什么探索研究的方向及如何培养生长研究力量"，同
时还决定由钱学森挂帅开展包括使用激光反导等方式在内的探索性研究。
1964 年初，毛泽东又专门约谈中国科学院党组书记张劲夫，问他"敌人如
果用导弹打我们怎么办"并要求张劲夫"约有关科学家谈对付的办法"。[2]
1964 年 1 月 7 日，毛泽东在看罗瑞卿送来的《新闻天地》刊载的《"反飞弹"
时代到来！》一文时批示"是否送聂荣臻同志一阅"，而罗瑞卿送阅的文
章内容是美苏两国在研制反导弹方面的军备竞赛。1964 年 1 月 24 日，聂
荣臻就反导弹技术研究问题向毛泽东写报告，称："决定第一步先成立个小
组，由钱学森同志负责，在不影响当前型号研制的情况下，立即着手搜集
研究资料，探讨我国发展反导弹的任务，技术途径、技术力量的训练培养
等问题。"[3]

　　正是由此，毛泽东与钱学森在1964年2月6日进行了有关"有矛必有盾"
的谈话。1964 年 3 月 23 日，为落实毛泽东"有矛必有盾"的指导思想，国
防科委委托钱学森主持召开"弹道式导弹防御科学讨论会"，这标志着中国
的反导弹武器研制项目正式启动。5 月 12 日，钱学森向聂荣臻提交有关
如何开展反导弹武器研制工作的报告，提出建立"反导弹导弹 + 超级高
射炮 + 光炮"一体化反导体系，即"以反导弹导弹实施第一次拦击，以超
级高射炮实施第二次拦击，最后使用光炮，争取在二十公里高空烧毁来袭
的弹头"；[4] 同时报告还指出应针对雷达、计算机、导弹、超级高射炮以及光
炮等分别成立专门攻关小组，分头研究后再综合制定整个反导体系的规划

1　周均伦.聂荣臻年谱（下卷）[M].北京：人民出版社，1999: 914–915.

2　张劲夫.张劲夫文选世纪回顾（上）[M].北京：中国财政经济出版社，2000: 292.

3　周均伦.聂荣臻年谱（下卷）[M].北京：人民出版社，1999: 922.

4　张现民.钱学森年谱[M].北京：中央文献出版社，2015: 296.

方案。随后聂荣臻于 5 月 13 日向罗瑞卿、贺龙、陈毅、叶剑英等呈送钱学森的报告，且他们审阅后均表示同意；5 月 20 日，聂荣臻遂将钱学森的报告正式呈送毛泽东并请示："如主席原则同意，即可着手展开工作。"[1] 尚未见毛泽东对钱学森的报告有何种批示，但 1964 年 8 月召开的中央专委会将研制反导弹列为国家重点项目，可知报告得到首肯。自此，反导弹工程的研制工作全面上马。

鲜为人知的是，钱学森归国后于 1957 年就提出反导问题，特别是在介绍导弹分类时专门讲到地空导弹。他说：

这是由地面或海面发射，打敌人的飞机或导弹的，所以这也就是防空导弹。因为目标在空中移动得很快，所以这一类地空导弹的控制系统就必须有连续地测定目标的机构。要用防空导弹而不用高射炮的原因是高射炮只能打到一万多公尺的高度，而就是在这个高度也不容易打准；何况现在的喷气飞机已经能飞到一万八千公尺的高空，最近的将来还要飞到两万公尺以上，高射炮只有"望洋兴叹"了。而且将来敌人会用导弹来打我们，我们必须自己发出更精确的导弹来把它打下来，这一个任务更不是高射炮所能担当的了。这类导弹的射程可以达到几十公里，以至几百公里。[2]

而 1956 年钱学森在《从飞机、导弹说到生产过程的自动化》一书中也曾解释说："用这种控制方法的洲际火箭的速度快，不能用电干扰的方法使它失去效力。因此，要防御它就要用另一种导弹。也就是我们最后还要用导弹来打导弹。但这种导弹的准确度比现在要求的高得多，我们需要达到更高一级的科学技术水平。这是一个尚待解决的问题。"[3] 确实如此，研制反导弹

1   周均伦. 聂荣臻年谱（下卷）[M]. 北京：人民出版社，1999: 937.

2   钱学森. 导弹概论手稿 [M]. 北京：中国宇航出版社，2006: 115.

3   钱学森. 从飞机、导弹说到生产过程的自动化 [M]. 北京：科学普及出版社，1956: 12.

技术要比研制导弹技术难得多，因其需要预警、跟踪、识别、中心指挥和武器等众多系统的高效配合。当时美苏两国的反导弹技术研制亦未取得有效突破。

> 关于反导弹导弹的问题，苏美都在研究，都经过了头一个回合。目前的反导弹导弹，可能还不是一个武器，只是形成了一个概念，也就是说两国发现和明确了如何解决反导弹导弹的问题，现在都在重新进行研究。反导弹导弹和防飞机导弹完全是两回事，而苏美两国的反导弹导弹都是由防飞机导弹演化而来的，美国花了那么多钱研究"耐基Ⅲ"型反导弹导弹，结果又放弃了，推倒重来，研究另一种方案。苏联在去年十月革命节时，拉出来了一种导弹，说那是反导弹导弹，但经我们研究，那不像是反导弹导弹，苏联可能在吹嘘，从外形看那可能是一种中速的防空导弹，还不是高速的，因为翼角太张，高速会折断的。在这方面苏联是否和美国处于同一水平，比美国人领先是值得怀疑的。

再者，由于1972年美苏签署《反弹道导弹条约》，中国研制反导弹技术的紧迫性大为降低，及至1982年"640工程"正式下马。但下马并不意味着失败，此项工程为我国建立陆海空一体化测控网奠定了坚实的技术基础。战略进攻之"矛"与战略防御之"盾"的关系往往是"攻守兼备"，因为研制战略防御武器系统而取得的技术成果同样可以应用于进攻性武器的研制，即如钱学森以"战略防御计划，

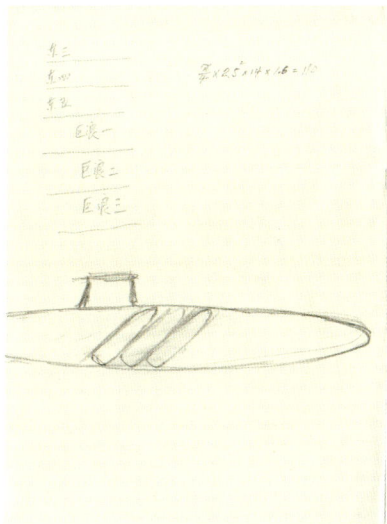

图为钱学森在一份手稿中画出的导弹和潜艇示意

也是战略进攻计划"评价"星球大战计划"的意义。[1] 钱学森晚年还将作为
"640 工程"延续的"863 计划"定性为"我国社会主义建设中的头等大事",
"头等大事"的意义就在于我国通过此类计划在战略层面与美苏等国保持同
步,而这又深刻地体现出钱学森的科技预研思想。

科技预研：掌握未来

　　作为中国航天科研文化的重要内涵,"三步棋"思路在中国航天从无到
有、由弱到强的过程中起到重要作用。"三步棋"思路是指生产一代、研制
一代、预研一代,而此种文化的形成与钱学森提倡的科技预研有密切关系。
科技预研思想贯穿钱学森的整个治学生涯,特别是作为美国国防部陆军航
空兵科学咨询团成员的经验使其意识到要掌握未来必须建立科技预研的体
系。在某种意义上,钱学森留美时期不断实现科研创新正是运用科技预研
思想的结果。正如著名科技史专家武际可评价钱学森的"超前的眼光"时
所言:

　　在科学技术上,超前的眼光是科学家最可宝贵的素质。纵观钱学森一生
所涉猎过的研究选题,人们可以有一个深刻的印象。从 20 世纪 30 年代起,
在飞机还在低速飞行时,他选择考虑空气的压缩性、跨声速、超声速空气动
力学课题并且得到了像被称为卡门－钱方法等那样的重要成果;当人们大多
在探讨弹性结构的线性理论时,他却从事薄壳的非线性稳定性理论的研究,
取得这方面的开创性的成果。他参加了火箭技术的早期探索研究。他最早用
指导控制与制导的一般眼光,并且探求它的普遍原理与方法,写出了《工程

1　钱学森 . 谈谈中国科协的工作 [J]. 科协通讯（增刊）, 1987: 8.

控制论》于 1954 年出版。[1]

正是由于得益于科技预研带来的收获，钱学森回国后对其进行积极推广。十二年科学规划中有一项重要任务由钱学森亲自编写，即第 43 项重要任务"建立我国基本军事工程研究"。此项重要任务只有 1700 余字，却深刻体现了钱学森的科技预研思想。此项重要任务旨在从"研究具有一般性的、理论的和具有探索性的问题"出发研究军事工程方面的问题，并指出：

　　因为军事工程是建筑在现代科学的基础上的，随着科学的进展，军事工程也在天天改变；新的武器不断产生，它们或者完全代替了旧武器，或者使旧武器改变它在作战上的使用方法。从历史上我们知道由于近代有来福线炮管的发明，这新型炮就完全代替在当时通用的旧式火箭。而飞机的发明，使军舰失去它们的旧有地位，军舰现在只作为运输飞机的工具和作为一个可以移动的飞机场。所以很显然：为了使我国军事工程能随着现代科学的发展而步步前进，能迅速地利用科学的新成就；为了使我国军事工程变为最先进的，我国就必须要有一个机构能经常做军事工程探索性的研究，并发明和研究新型武器。[2]

与此同时，钱学森还从"现代科学的最革命性的发现"如原子能、半导体、电子计算机、统计数学和超声速飞行这一视角提出九个值得探索研究的具体问题，即"原子能和军用动力问题的关系；半导体发电机和军用动力问题的关系；统计数学在战术上，在战场情势估计上的应用；电子计算机在战场的战术计算上的应用；防御弹道式洲际火箭的方法；武器系统的自动化；人造卫星的军事价值；人工改变气象在战术上的应用；军事情报收集、传达

1　武际可. 近代力学在中国的传播与发展 [M]. 北京：高等教育出版社，2005: 199.

2　"建立我国基本军事工程研究"的中心问题说明书（草案），原件存于中国人民解放军档案馆。

系统的综合研究。"[1] 事实上，军事科技研究的成果运用并不局限于军事领域，往往也会推动民用科技的发展。例如 1957 年 6 月钱学森在中国科学院学部第二次全体会议上讲话时，就提出：

　　气象的人工控制问题，也就是气象工程。现在这里面的主要手段是用碘化钾的微晶粒来改变云层的性质，本来不会降雨的叫它降雨，本来要降的不叫它降。我们也可以用这个办法来避免冰雹以及台风的损害。对我们这样的农业国，这是第一号重要的学问，但是它不见于我们去年制定的十二年远景规划，我们看得到的只是整个问题的一小部分：云雾物理。[2]

　　在此次全体会议上，钱学森还曾提出"在科学院学部里和学部间设置几个专门委员会"的建议，而其任务是"专门探讨新发展方向，明确新方向之后再采取措施来推动新方向的研究"，这是因其深刻意识到，"唯有这样才能保证我们的科学技术不是别人的尾巴，而是先进的科学技术"。[3] 钱学森还曾在 20 世纪 60 年代初期提出运用计算机开展预研并为计划工作提供方案的构想。他说：

　　现在计算技术的进展和高速电子计算机的实现，也为计划工作创造了条件。计划工作的两个基本问题是平衡和协调；我们把计划中的人力、物力安排问题，归为计划平衡问题，把计划中的进度安排问题，归为计划协调问题。解决这两个问题的方法，都由于近年来运筹学的发展而得到了理论的基础；但是，如果用这个理论来具体平衡和协调研究和研制计划，因为计算工作量很大，还必须用电子计算机。这在以前是不可能的，但是，现在我们完全有

1　"建立我国基本军事工程研究"的中心问题说明书（草案），原件存于中国人民解放军档案馆。

2　钱学森.钱学森文集：第 1 卷 [M].北京：国防工业出版社，2012：237.

3　钱学森.钱学森文集：第 1 卷 [M].北京：国防工业出版社，2012：238.

条件来发展这两门新学问：计划平衡技术和计划协调技术，可以科学地做科学技术研究或研制的计划平衡和计划协调。这里"科学"的含义是：第一，有准确性；第二，有预见性。所谓准确，就是指有数字的精度，而不是只凭估计。所谓预见，就是指不等计划执行，就能预先看到可能出现的困难，预知人力、物力的不平衡和进度等方面可能出现的问题。其实，能预见的好处还不只是如此，我们还可以设计各种不同的人力、物力部署的方案，各种不同的工作程序和进度安排，放到计算机上去算一算，不必真的执行就能得到每一种方案、每一种安排的效果。这样我们就能选择一个最好的方案、一种最好的安排，而且结论是明确的，不会有什么臆测的成分，从而计划工作中的争论就能妥善地、可靠地得到解决。另外，计划平衡的准确、计划协调的准确也就是计划定得严密，就便于领导机关检查督促，从而加快了研究和研制的速度。这是计划平衡技术和计划协调技术的又一个优点。[1]

再如，钱学森还从计算机模拟作战的视角指出："新的武器带来了新的作战方式，而新的作战方式提出了训练军事指挥和参谋人员的需要。从本世纪开始，机关枪、飞机、坦克、化学和生物战剂、潜艇、无线电通信、雷达、直升机、喷气飞机、惯性导航、电子对抗、核武器、核潜艇、远程导弹、电子计算机、巡航导弹、精确制导武器、航天技术等，一个接一个地出现在军事舞台上，一次又一次地促进了战争的战术形式甚至战略思想的演变。处在这样一种军事技术急速变革的进程中，一个突出的问题是：如何使军队在和平时期紧紧跟上这种变革的步伐，以避免在一次新的战争开始之后，由于不适应作战方式的变化而不得不面临生命和物质的损失。这是各国军队面临的课题，也是我军实现现代化建设所面临的一个研究课题。解决这一课题的途径是：模拟实际战争的实验室演习，它常常要用电子计算机，这

1　钱学森. 科学技术的组织管理工作 [J]. 红旗，1963(22): 19-27.

是参谋业务的现代化。"[1] 值得指出的是，钱学森还对预研的时空范畴提出相应主张，指出"赶上和超过世界先进水平"并"不是说现在的世界先进水平"，这是因为：

> 世界是在前进的，现在的世界先进水平放到若干年后去看，就又落后了。如果以现在的世界先进水平为赶超目标，那就永远也赶不上，超不过。所以真正要赶上世界先进水平就必须迎头赶上，我们要实现社会主义的现代化，不能只研究世界先进农业、工业、军事和科学技术在今天的情况，而且要认真考虑未来几十年的可能发展，力求能准确预见未来……只求预见一两个方面的未来，或若干项技术几十年后的发展，那就会产生片面性，是不会准确的……所以预见未来决不能零敲碎打，而要综合多方面的发展变化，包括生产力的提高所带来的生产关系的变化，社会经济基础的变化所带来的社会上层建筑的变革。[2]

正是因此，钱学森在主持导弹、人造卫星和反导弹工程等尖端科技研制的过程中非常注重科技预研。例如，钱学森 1956 年发表《星际航行与科普工作》时就提出"火箭回收"构想并指出："运输火箭，不论第一级的大火箭也好，第二级的小火箭也好，只要加上翅膀，是能够飞回地面的，所以运输火箭是可以用许许多多次的。" 1961 年 6 月 3 日，他在星际航行座谈会上作题为《今天苏联及美国星际航行中的火箭动力及其展望》的报告时再次提出"回收"想法：

> 星际航行的动力问题也还有另外一个方面，即经济问题：运载火箭只用一次，把有效负载送上天就算完成任务，就报废了，这不能算是很经济的办

1　钱学森. 钱学森文集：第 2 卷 [M]. 北京：国防工业出版社，2012: 252.

2　钱学森. 现代化和未来学 [J]. 现代化，1979(6).

法；对巨型运载火箭来说就更是如此。解决的办法可能有三个：一个是尽量降低火箭的造价，尤其是庞大的第一级火箭；现在趋向于用固体推进剂的发动机作为第一级动力，因为在相近推力的条件下，固体发动机的研制及生产费用少于液体发动机。第二个办法是设法回收第一级火箭的空体，修补后再用第二次，这个问题现在也未解决，尚在研究阶段。最彻底的办法是引用超声速飞机作为第一级运载工具，即在飞机上发射运载火箭。飞机可以多次使用，而且每次飞行后不需要修补。但要实现这个方案就必须设计出能在几十公里高空中做七倍到十倍于声速飞行的大飞机才行，这就提出一连串航空技术上的新问题，如设计高超声速气动力、耐热结构超高速空气喷气发动机，以及设计能从低速加速到超高速的经济动力系统。问题是困难的，但为了星际航行的进一步发展，我们应该研究这些问题。[1]

　　钱学森重视科技预研，因其深知很多科技凭借当时中国的实际水平还无法研制，但中国必须借由科技预研而在未来掌握主动权。例如，1956 年 5 月 27 日，钱学森在北京航空学院作《航空技术的展望》的报告时提出要对新型飞行器进行研究，而其中一种飞行器颇类似于现在的鹞式飞机。他在文章中指出："喷气涡轮推进剂已经做到能发出 4 倍于它机重的静止拉力，而这个拉力在相当飞行速度下也不减少。那我们可以把喷气管的方向转到向地面，取得升力；如果全机重量不大于喷气机的重量的 4 倍，我们就可以令飞机垂直起飞，'平地临空'，完全不需要跑道。升到相当高度，我们可以再把喷气管的方向改向后方，飞机就可以照常飞行了。要降落的时候，可以把喷气管转向下，飞机就能慢慢地着陆，就如人坐下来一样。如果喷气管的方向不容易转变，我们也可以固定喷气管，在飞机起飞的时候把机身立起来，使喷气管向下。待飞机升起后再慢慢运用空气动力把机身转为平向，使其向前

1　钱学森 . 今天苏联及美国星际航行中的火箭动力及其展望 [M]// 中国科学院新技术局 . 星际航行科技资料汇编（第一集）[M]. 北京 : 科学出版社，1965: 6.

飞行。这样我们就可能创造出不用跑道的超声速飞机。"[1]

　　再如，20世纪60年代初期由钱学森、郭永怀主持的"高超声速讨论班"，以当时国际高超声速领域的前沿理论为中介而进行探索性研究并取得诸多成果。"这些成果随后被不断地推广运用到工程实践部门，为发展我国的导弹、航天事业做出了贡献"，此即如钱学森在第一次讨论班上之言，"这不是一般的讨论班，而是在了解学科最新发展后的高层次上所进行的探索"。[2]正是此种探索使中国在该领域保持国际水准，而参加讨论班者如林同骥、卞荫贵、吴承康、钱福星、孙天风、吴望一、吴江航、张涵信、章光华、徐复等也成为该领域的佼佼者。如此又不难看出，科技预研还有为未来发展科技储备人才的重要意义，而钱学森回国后倾力最多的实则是人才培养。

1　钱学森.航空技术的展望[J].科学通报，1956(6): 5–19.

2　中国力学学会.中国力学学会史[M].上海：上海交通大学出版社，2008: 22–23.

第四章　思想图谱传承思想

　　创业能否成功，关键在人；守业能否长久，关键仍在人。钱学森深知研制尖端科技时"单干的力量总是有限的"，因而不仅通过《建立我国国防航空工业意见书》提出人才发展计划，同时还以技术科学思想为指导培养出一大批堪称心怀"国之大者"的战略科学家和卓越工程师，由此在传承思想之中不断为中国科技事业的发展注入新鲜血液。

"单干的力量总是有限的"

　　钱学森回国后接受的第一个重要任务并非撰写《建立我国国防航空工业意见书》，而是落实毛泽东关于培养人才的谆谆嘱托。1956 年 1 月 25 日，钱学森参加最高国务会议讨论《1956 年到 1967 年全国农业发展纲要（草案）》；休息间隙，毛泽东嘱托钱学森要"培养一些青年科技人员"。同时，钱学森深知研制尖端科技和生产尖端武器必须由集体的力量来完成，即如钱学森接受记者采访时坦言："今后，我主要的工作是培养青年干部和建立科学研究机构，至于个人的研究工作倒不太重要，个人的研究工作应该服从前面两项工作，我觉得单干的力量总是有限的，现在多下些本钱，将来就会有更多的人在一起研究。"[1]

　　正因"单干的力量总是有限的"，钱学森撰写《建立我国国防航空工业

---

[1]　高易金 . 钱学森的一家 [J]. 新观察 , 1957(6).

意见书》时就特别注意人才培养。且在某种意义上，此份意见书不啻为人才发展计划。意见书从"健全的航空工业"视角指出国家需要的两种人才，即任职于"为设计而服务的研究及试验单位"和"做长远及基本研究的单位"的人才，并指出这两种人才的区别在于，前者"有很大的计划性，必要在某一时期内完成某一工作，因此往往将重点放在解决一定的问题上，而不放在完全了解这个问题的机理上"，而后者"将重点放在完全了解一个问题的机理上，因而我们不能把时间限制得过于严格，也必须要把工作定得灵活些，可以随机应变，探索新方向"。正是因此，意见书明确区分两种人才的不同之处：

　　这种研究工作，在所用的工具方面也有所不同：为设计而服务的研究需要大型及重型设备。例如：大型风洞，大型结构实验台，大动力的推进机试验装置，高速推进机实验风洞等。长远及基本研究不要大型设备，但要比较突出的、精细的实验及计算工具，例如：高温及高超声速风洞，二元低骚扰风洞，高温金属融变机等。

　　这两种研究中的工作人员，也有些不同：为设计而服务的研究，需要对生产过程有彻底了解，对研究能大力推进，按时完成，不怕时间上的压力的工作者；长远及基本研究，需要对基本科学如数学、物理、力学等能完全掌握，能对一个问题深入探讨的工作者。自然，有的科学家，两方面的能力都有，两方面的要求都能满足，这些人就是重要的关键人物，我们要依靠他们来迅速地建立起国防航空工业。

　　显而易见，意见书提出的"两方面的能力都有"的科学家正是钱学森提出的"技术科学家"，其具备将科学理论和工程实际相结合的综合能力。意见书分析当时全国力学领域内的相关情况，写道："以整个力学领域来说，估计全国有 180 人从事力学教学；力学研究的高级干部，中间最有能力的，能做领导工作的只有 30 人左右。航空人才只是力学人才中的一部分，人是更少了。"同时，钱学森还在意见书中详列一份名单：

空气动力学：沈元、陆士嘉、庄逢甘、罗时钧、林同骥、潘良儒。

航空结构：王俊奎、钱伟长、王仁、杜清华、胡海昌、钱令希、郑哲敏、李敏华、范绪箕。

推进机：吴仲华、陈士祜、梁守槃。

控制机：罗沛霖、林津。

火箭：任新民。

此份名单里的科学家基本都参与导弹的研制工作，成为中国航天事业的重要开拓者。但意见书又明确提出仅有"高级人才"远远不够，故而又提出 1956 年至 1967 年的人才培养计划，即以逐年扩大中国科学院有关航空的研究工作的人才队伍，在 1967 年达到 600 人为目标，确定"每年需要高等学校航空有关部门的毕业生"之人才数。由意见书可知，钱学森提出的总体目标是"到 1967 年，共有工厂技术人员 2400 人，设计院技术人员 5700 人"。

由上可见，钱学森在意见书中提出的人才培养计划中的人才，既包括科学理论的研究者，又包括型号的研发者，同时还有工程技术者。此种人才培养理念正体现出他的技术科学思想之核心内涵，即中国导弹研制的人才队伍既要能够解决理论问题，也要有解决实际问题的能力。再从结果看，当中国在 1966 年完成"两弹"结合试验时，研制尖端科技的人才规模远远超过意见书的既定数额。于此，不得不提及钱学森回国后在培养人才方面的具体实践。

图为 1962 年 2 月 2 日国防部第五研究院科学技术委员会成立的合影，此合影的参加者正是中国导弹研制第一批创业者，皆是堪称心怀"国之大者"的战略科学家和卓越工程师

师者解惑：从讲座到讲课

钱学森回国后担任的两个主要职务是中国科学院力学研究所所长和国防部第五研究院院长，但他还有一个重要身份——"师者"。作为"师者"，钱学森自踏上祖国的土地起就以讲座形式作学术报告。例如他回国后曾于1955年10月25日回到母校交通大学作报告，此后他又在不同场合以工程控制论、导弹研制、尖端科学技术等为主题作"密集报告"，以在第一时间将世界科技前沿知识传播于国内。钱学森回国后作为"师者"还有两段非常重要的经历，一为在清华大学办班，一为在中国科学技术大学任教。

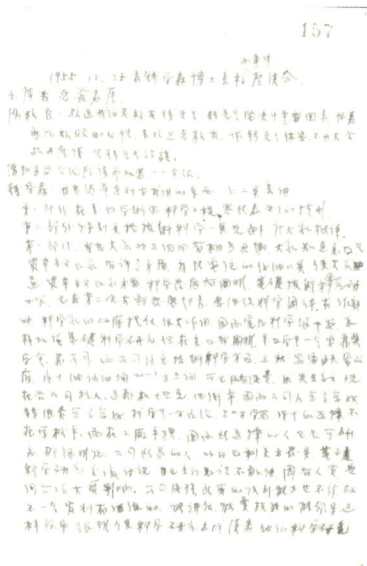

1955 年，钱学森先后两次回到母校交通大学看望师友并参加座谈会。左图为 1955 年 10 月 25 日钱学森在交通大学作报告，右图为交通人学留存的报告记录稿首页

（一）在清华大学主持自动化进修班和工程力学研究班

清华大学自动化进修班和工程力学研究班由高等教育部和中国科学院合办，其中自动化进修班举办一届，工程力学研究班举办三届。钱学森对两个班的举办起到重要的作用，实为"两个研究班的第一主持人"。[1] 同时，郭永怀、钱伟长、钟士模、李敏华、郑哲敏、黄克智、胡海昌等都为这两个班讲课，而钱学森主讲的两门课是"水动力学"和"宇宙航行概论"。钱学森同时主持自动化进修班和工程力学研究班实为"工程控制论"思想的体现，即如钱学森所言："在导弹的整个发展过程中，主要问题是准确，空气动力学和推进部分的问题，大致都已解决，困难的是自动控制部分。初步估计，要发展火箭导弹，

1　余寿文 . 清华大学工程力学研究班的历史回顾与思考 [J]. 力学与实践，2011, 33(6): 97–100.

20% 投到空气动力学、材料强度、推进方面，80% 投到控制方面。"[1]

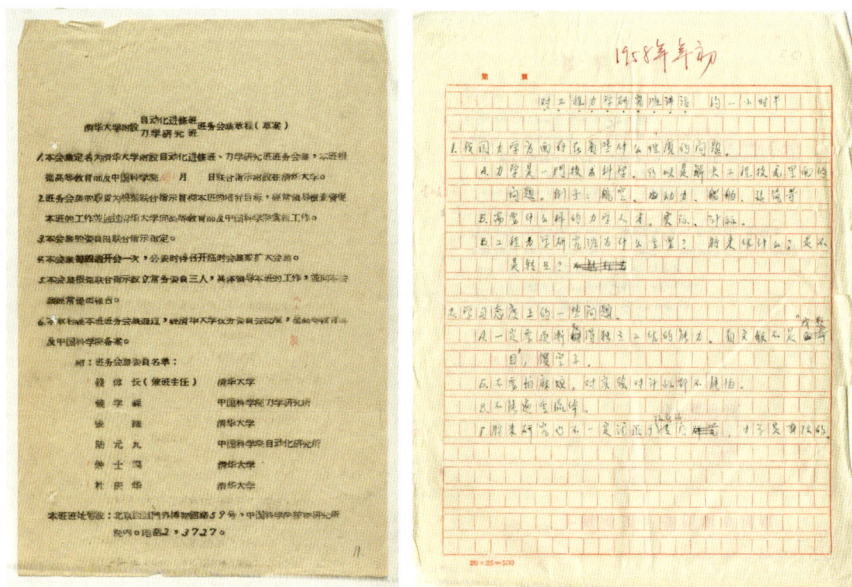

左图为"清华大学附设自动化进修班、力学研究班班务会议章程（草案）"，右图为 1958 年钱学森为在清华大学工程力学研究班讲话起草的提纲

　　对此，工程力学研究班的学员回忆道："钱学森先生在创建清华大学工程力学研究班时认为不能把工程力学研究孤立起来，要将其与制导、控制相结合。这就是他提议同时成立工程力学研究和自动化进修两个班，他愿意作为两个班的总负责人的原因。"[2] 两个班的学员在此思想的指导之下，既学习理论知识，同时又深入实践。特别是工程力学研究班第一届学员参与由钱学森主导的"581 工程"的研制，并为中国第一枚探空火箭的成功研制做出重要贡献。不仅如此，学员的论文选题都注重与我国航空、土木、水利、机械等重要工程结合，涉及风力发电、火箭钻探、大坝上高速水流掺气等。值得

1　钱学森.从飞机、导弹说到生产过程的自动化 [M]. 北京：科学普及出版社，1956: 10.

2　余寿文.清华大学工程力学研究班的历史回顾与思考 [J]. 力学与实践，2011, 33(6): 97–100.

一提的是，钱学森为学员设计课程时特别提出要让学员同时学习英语和俄语两门外语，而清华大学还特意为学员设置体操、滑冰等课程。

（二）在中国科学技术大学担任近代力学系主任

中国科学技术大学成立于 1958 年，并由钱学森担任近代力学系主任。作为创系主任的钱学森，亲自规划教学目标和构建教学体系并开设高速空气动力学、高温固体力学、岩石力学及土力学、化学流体力学四个专业，同时还主讲"火箭技术概论""空气动力学"两门课。专业设计和课程设置同样深刻体现出钱学森的技术科学思想。钱学森哲嗣钱永刚教授回忆说：

钱学森对基础课程如数学、物理、化学的要求都很高，尤其是对数学。他说过，力学家的看家本事就是会算。有一次，他问工科毕业的辅导老师：在大学期间做过多少道数学题？得到的答案是 300 多道。钱学森又问力学系副主任：学生一般要做多少道数学题？得到的答案是 340 多道。钱学森说：这可不行，中国科技大学应该比一般的工科院校有更高的要求，得给学生们补补基础课。最后，学校决定 1958 级学生晚半年毕业。钱学森选用《工程中的数学方法》一书开了一门课程，半年下来，光数学题学生们就做了 3000 多道。学生们普遍反映，虽然晚毕业半年，但打好了基础，终身受益。

除担任近代力学系主任之外，钱学森还在化学物理系内设立物理力学专业，并专门讲授"物理力学"课。值得指出的是，当时对于科研工作者是否要承担培养学生的任务存在分歧。钱学森则坚定地认为科研工作者有责任培养人才且打趣地说："这些高级研究人员的任务是很重的，他们要抽出时间来讲课并不容易；但是为祖国迅速地培养一批专注于尖端科学的青年干部，这是一项光荣的任务，大家再多白一些头发又算什么？"[1]

1　钱学森. 中国科学技术大学里的基础课 [N]. 人民日报，1959–05–26(6).

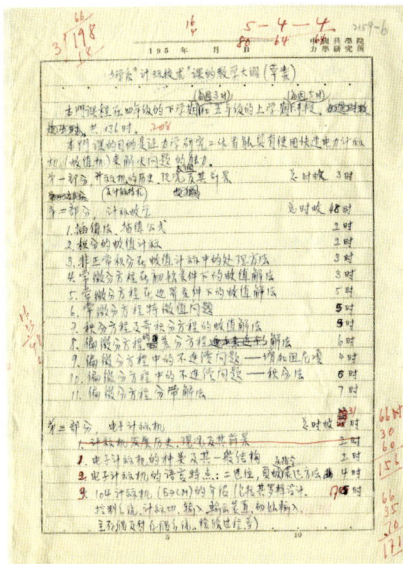

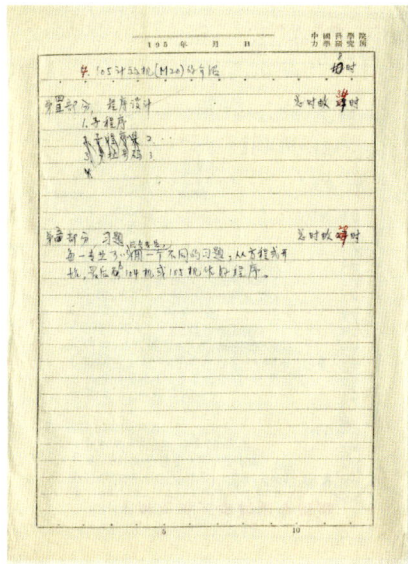

图为钱学森为中国科学技术大学近代力学系"计算技术"课设计的教学大纲（草案）。早在 1957 年，钱学森就在《论技术科学》一文中指出"计算技术"这门课的学科价值："这门课是为了设计更好的、多种多样的电子计算机和更有效地使用电子计算机。现在在这一个方面工作的有无线电电子工程师、电路网络专家，也有计算数学专家和数理逻辑家。如果只把这些不同专业的人放在一起，他们只形成一个'混合物'，是不会有效地共同工作的。只有当这几方面的专家互相了解，互相贯通了他人的专业以后，也就是说结合起来成了'化合物'以后，这才能推进电子计算机的发展，作到这一步也就是把他们各个不同的专业变成一个共同的专业——计算技术"

　　无论是在清华大学办班还是在中国科学技术大学任教，其实都是对十二年科学规划中"基础科学的发展方向"之"力学"学科发展规划的具体落实。钱学森通过在两所大学开展教学实践，不仅使技术科学思想扎根于中国高等教育领域，同时培养出一批"能文能武"的科技创新人才，而他们同样为中国尖端科技事业的发展做出卓越贡献。除在这两所大学讲课之外，钱学森还曾在北京航空学院、北京工业学院等高等院校以作报告的形式培养了很多人才。又值一提的是，钱学森经由丰富教学实践提出教师要敢于实施教学创新，即"所有负有教育年青一代（责任）的人，像高等院校的教师们，必须不断地根据教学实践，研究如何提高教学质量，如何多快好省地加强基础课

图为钱学森（第二排左五）与中国科学技术大学化学物理系物理力学专业 1959 级毕业生的合影

的讲授，以及使学生在习题和实践课中得到必需的锻炼；只要条件成熟，确实可行，就应大胆地突破陈规"。[1]

合作著述：培养青年学者

作为培养人才的方式，合作著述是开展"有组织科研"的有效途径。钱学森留美时期的成功就部分得益于他和导师冯·卡门的合作科研、合作著述，且他在合作之中逐步建立起自己的科研能力和学术视野。钱学森回国后也特别

1　钱学森. 科学技术工作的基本训练 [N]. 光明日报，1961-06-10(2).

注重运用此种方式培养青年学者，典型案例是《工程控制论》的翻译和修订。

钱学森 1955 年 10 月 25 日在母校交通大学演讲时，母校老师建言将《工程控制论》英文版翻译成中文版。钱学森抵达北京后意识到国内科学界和工程界急需了解工程控制论，因而决定在中国科学院讲授"工程控制论"这门课。讲课安排在每周日，每次来听课者有 200 余人，不仅包括中国科学院一些研究所、北京大学以及清华大学等机构的青年研究人员，还有每周六从外地"连夜赶火车到北京"的青年学子，"为的就是利用一周唯一休息的一天来中国科学院听著名科学家钱学森讲《工程控制论》"。[1] 钱学森每次讲课会请两位助

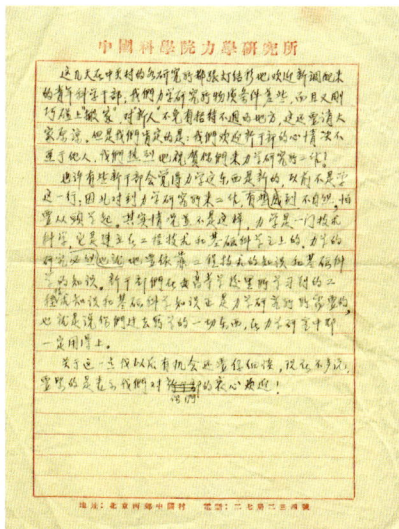

图为戴汝为刚刚进入中国科学院工作时珍藏的钱学森手稿，其内容是钱学森为中国科学院力学研究所宣传栏所写的

教戴汝为和何善堉"随堂听课"并做好笔记，他审阅笔记和提出修改意见后再将笔记交给助教修订打印。戴汝为后来说："钱学森刚回国时，虽然公务繁忙，但对讲课十分重视。在这一过程中，我俩把整理好的讲义送交先生过目，经他修改，才用油印机印刷成讲义发给大家。"[2]

钱学森在讲课过程中发现，《工程控制论》英文版已经无法适应"祖国的自动化专业在党的领导下正飞速发展"的现实，于是决定"重写一遍"。此外，"苏联因素"也是重要原因，即钱学森访问苏联时意识到苏联在工程控制论领域亦有相当多的成果，特别是《工程控制论》俄文版出版时还由翻译者搜集

---

1 戴汝为. 我和《工程控制论》[N]. 光明日报，2011−12−05(13).

2 钱学森，戴汝为. 论信息空间的大成智慧：思维科学、文学艺术与信息网络的交融 [M]. 上海：上海交通大学出版社，2007: 1.

并整理出苏联科学家有关工程控制论的学术成果作为附录。这些因素促使钱学森决定重新站位思考，但此后由于种种原因，钱学森无法投入时间"重写一遍"，于是退而求其次，"请戴汝为同何善堉两位同志根据作者 1956 年春季在中国科学院力学研究所讲工程控制论的笔记，在译英文版的基础上加以补充"，同时又请两位助教将俄文版的附录翻译成中文"加注"到中文版中。

经两位助教花费两年多时间整理、编译和校对，《工程控制论》中文版于 1958 年 8 月由科学出版社出版，定价为 2.20 元。《工程控制论》中文版已非纯粹的翻译著作，而是比原先的英文版具有更为广阔的学术视野。中文版出版后就成为中国科技和工程领域内经典的"教材级"科学著作，它的出版可谓一次学术回流，对新中国科技事业的发展起到积极作用。《工程控制论》中文版出版之后，《人民日报》还刊登"学术动态"以推广之并在推荐语中写道：

> 近几年来，由于自动化技术的高度发展，苏联和美国都出版了大量关于自动控制理论的书籍。我国著名力学家钱学森先生的杰出著作《工程控制论》一书，是 1954 年在美国出版的（当时钱先生被美国政府扣留还没能返回祖国）。不久以后苏联就有了俄文译本。由于这部著作一方面奠定了工程控制论这门技术科学的理论基础，一方面开拓了在这个问题上的若干个研究方向，其中有时滞的线性系统、弹道摄动法在控制设计中的应用、自寻最优点的控制等，这些都是对进一步发展工程控制理论的新贡献。因此，在学术上和国民经济方面都有重要意义，因此曾获得中国科学院 1956 年度一等科学奖金。这本书现在已经由科学出版社出版了汉文版。汉文译本根据钱学森先生在中国科学院力学研究所讲授工程控制论的笔记，略微加了一些补充，并且引入了一些重要的苏联文献，使读者能很好地了解苏联在这个领域中的成就和发展趋向，为学习苏联的先进控制理论创造了有利条件。[1]

1　学术动态．"工程控制论"汉文版出版 [N]．人民日报，1958-10-16(7).

　　不仅如此，钱学森研究工程控制论时就已经深刻地意识其超越工程的价值。他说：“工程控制论的内容就是完全从实际自动控制技术总结出来的，没有设计和运用控制系统的经验，绝不会有工程控制论。也可以说工程控制论在自然科学中是没有它的祖先的。但是工程控制论一搞出来，我们很容易看到它的应用并不局限于人为的控制系统。在自然界里，生物在生长和生存中都有它们自己的相应控制系统；而这些自然控制系统的运行规律也是依照工程控制论中的规律的。所以工程控制论中的一些规律，必然是更为广泛的控制论的一部分，而这个更广泛的控制论是一切控制系统（人为的和自然的）的理论，它也必然是生物科学中不可缺少的，是生物科学的一部分。现在有些人认为从前生物科学家因为没有控制论这一工具，所以只看到了生命现象中的能量和物质运动问题，没有注意到更关键的控制问题，因而歪曲了实际，得不到深入的了解。”[1] 与此同时，钱学森未曾放弃“重写一遍”《工程控制论》，并于 1963 年经过两年多时间几成修订稿，但其由于时代原因未能出版。幸好由于钱学森秘书王寿云妥善保管，大部分修订稿仍保存着。因此钱学森于 1977 年决定以王寿云保管的修订稿为基础重启修订工作，并组织了包括宋健、于景元、林金、郭孝宽、唐志强以及王寿云等人在内的学术团队集体攻关。

　　学术团队在修订工作启动前就达成共识：从原版问世至今的 22 年间，由于科技发展迅速，工程控制论的研究范围和深度都有巨大变化，原版的基本原理仍有一般原则意义，但修订版要有所超越，因为“如果修改后的书没有达到境界，那我们拥护原书基本不动，印第二次，这也是读者欢迎的”。[2] 所以，修订版不仅在内容上增加五章，而且其研究对象已经超越工程本身。例如，由钱学森建议新增的“信息论”在某种意义上“或许不宜直接列入工程控制论的范畴，但是近年来信息处理和过程控制已密切到难解难分的程

1　钱学森. 论技术科学 [J]. 科学通报，1957(3): 97-104.

2　宋健致钱学森函 (1977 年 11 月 24 日)，原件存于上海交通大学钱学森图书馆。

度，以至于有融合的趋势"，又如新增的"逻辑控制与有限自动机"讨论了人工智能问题。

因此修订版是一本全新的学术著作，正如学术团队中的宋健在前言中所说："经过这样一番增订，书的内容已超出一般工程体系的范围了。这也是控制论近年来发展的趋势：发端于工程体系，继而用于生物现象，后又用于经济的发展过程，现在更进而用于社会运动过程。将来再增订这本书恐怕不行了，要么写通论的控制论，要么写专论的工程控制论、生物控制论或经济控制论及社会控制论。这是工程控制论这门学科目前的发展趋势。这也符合一切事物都有发生、成长和衰亡的辩证过程这样一个客观规律。"最终经过数年时间，学术团队完成了修订工作并在体量上将《工程控制论》扩容为上、下两册。由于体量扩容导致修订工作量增加，出版社与学术团队决定"分两步走"，即先于 1980 年 10 月出版上册（第 1～12 章），再于 1981 年 10 月出版下册（第 13～21 章），且上、下册均分为精装版和平装版。其中，上册精装版定价 5.3 元、平装版 4.5 元，下册精装版 5.2 元、平装版 4.3 元。

无论是上册抑或下册，付梓之前，宋健都会将清样稿送交钱学森做最后"翻阅"，可见其严谨治学精神。修订版发行之后几次脱销，钱学森由此获得一笔不菲的稿费。钱学森曾经表示自己分文不取，学术团队成员最后经过协商决定："两位署名作者每人得略少于三分之一（1600 元），其余 1866 元由技术编辑、制图和少量贡献过文字的同志分享。最后还剩下 200～300 元，留作机动，主要用于再买一些书给作者们，以应各方面的索取。"[1] 此后，《工程控制论》修订版获得 1993 年第一届"国家图书奖"，但钱学森婉拒授奖并致信宋健表示："《工程控制论》修订版获奖，并获得证书。我早就讲过，对此修订版我确实未做任何工作，其完全是您辛勤劳动的成果。因此奖是奖给您的，一切由您保留。这是客观事实。"[2] 但另一个更重要的"客观事实"是，

1　宋健致钱学森函（1981 年 1 月 25 日），原件存于上海交通大学钱学森图书馆。

2　涂元季. 钱学森书信：第 8 卷 [M]. 北京：国防工业出版社，2007: 56.

钱学森由此培养出几位优秀的青年学者。正如钱学森在新序中所言:

> 《工程控制论》这一新版的作者们,正是在这一时期锻炼成长起来的中国青年控制理论科学家们。他们,尤其是宋健同志,带头组织并亲自写作定稿,完成了工作的绝大部分,是新版的创造者。有他们这一代人,我更感到实现四个现代化有了保障。

由此可见,无论是此前参与翻译工作的戴汝为和何善堉,还是此后参与修订工作的宋健、于景元以及王寿云等人,皆因参与钱学森主持的"有组织科研"而在个人学术道路上得到发展,尤其是戴汝为和宋健后来成为控制领域的院士。同时又从思想史看,钱学森技术科学思想借此得以在合作科研和合作著述之中获得继承,进而实现了学术生命的"新陈代谢"。

目标重塑:创新教育强国

中华人民共和国成立之后,中国高等教育事业注重通过加强工科教育以适应当时的工业化的做法,对推动新中国工业化进程具有积极的历史作用。但随着时代发展,尤其是20世纪70年代中后期,中国进入新时期之后开始迈向现代化和信息化,传统工科教育已经无法适应时代需求。正是在此历史背景之中,钱学森以国防科委副主任的身份主抓的国防科学技术大学(时为长沙工学院,1978年改称国防科学技术大学,以下简称"国防科技大学")教学改革,主动应对时代变迁调整教学目标。1977年至1981年钱学森主导的教学改革之核心是以技术科学思想为指导重塑理工结合原则,由此通过创新教育培养强国人才。

图为 1978 年，钱学森在国防科技大学视察并作报告

　　钱学森曾在 1991 年 6 月 17 日与国防科技大学原副校长周鸣鸂谈话时提及国防科技大学"也许是受我的影响"而在院系设置上充分体现理工结合

原则，且不无自豪地称"国防科大这些年搞得不错，出了人才，出了成果"。向来谦虚的钱学森对自己主抓的教学改革做出肯定性的"自评"。钱学森究竟是怎样改革的呢？概言之有两点，一为重新思考办学目标，一为重新调整教学思路。

（一）重新思考办学目标

1977 年 10 月 6 日，钱学森与国防科技大学领导谈话，明确提出国防科技大学的办学目标不是办一般大学，而是"要为实现在 23 年内在国防科学技术上赶上并超过世界先进水平而服务"，使培养出来的学生成为"向科技现代化进军的主力部队，特别是在国防科学技术上赶超世界先进水平的主力部队"。正如钱学森以更加长远的目光指出："我们建设社会主义，我们要看到 2000 年、2000 年以后，不能光看到目前，我想我们的教师队伍绝大多数都要看到 21 世纪，要看到 21 世纪的国防科技大学，不要光看到今年、明年、后年。"

由此可见，钱学森是站在 21 世纪的历史方位，从世界科学技术发展的角度，来考虑国防科技大学应当培养什么样的人才和开展什么样的研究。正如他以"材料工艺系要不要撤销的问题"为例时说："材料工艺问题要有所区别，如果发展国防尖端科技需要的材料，如复合材料，是尖端发展方向，全国其他大学又没有的专业我们就办，当仁不让，拼老命也干，至于一般的材料，如金属材料，全国都有，我们就不干了。"从中不难体会钱学森的殷切期望，即希望国防科技大学能够办成引领世界潮流的高等学府。

（二）重新调整教学思路

办学目标一旦改变，必然会要求改变固有的教学思路。首先要调整专业设置，即钱学森所言："将来我们干什么就设置什么专业，国家没有解决的科技问题，你们就要解决这些问题，国防尖端科技方面所没有的行业，你们就要建立这样的行业，要针对这样的任务设置专业。"同时由于科技发展催生的新专业往往无教材可用，钱学森再次基于"教学与科学研究相结合的原则"，提出要在研究中自编教材以传授最新知识。

他还进一步从处理好基础课和专业课的辩证关系的角度提出："基础课老师能教专业课，专业课老师也能讲基础课，一个教师只有一般的专业知识而没有深厚的基础知识不行，知识面要宽一些，没有广度，就没有深度，没有广度和深度，培养的人是脆弱的，不能研究新的东西，就会流于一般，联系实际也不会深刻。"

与此同时，钱学森还指出培养的人才在政治上要过硬，"别尽抓了业务，忘了政治"。即是说，国防科技大学只有培养"又红又专"的人才方能在赶超世界先进水平的过程中打硬仗，所以"专业学不好不行，思想不进步也不行"。[1] 除此之外，钱学森还提出要设置马克思主义哲学、自然辩证法等课程。国防科技大学如今已经成为推动我国科技事业发展的一支重要力量并培养出一大批具有科技创新能力的人才，如此成就的取得与钱学森主抓的教学改革不无关系。由此又在某种意义上，钱学森评价国防科技大学"出了人才，出了成果"，实则表明国防科技大学已经实现"向前冲，向前发展"的办学目标。

最后要特别指出，钱学森主抓的国防科技大学教学改革并非简单模仿麻省理工学院或加州理工学院的教学模式，而是基于中国实际的创新实践，即如其 1991 年 6 月 18 日致信时任国防科工委科技委主任的朱光亚谈及国防科技大学时所言："为了满足 21 世纪社会主义中国建设的需要，我想有必要考虑在麻省理工学院的时代及加州理工学院的时代之后，再创一个高等教育的新时代：培养科学技术帅才的时代。不但理工要结合，要理工加社会科学。"[2] 在某种意义上，钱学森提出的"科学技术帅才"正可以理解为战略科学家和卓越工程师。

1　钱学森副主任在接见学院领导同志时的讲话（1977 年 10 月 6 日），原件存于国防科技大学档案馆。

2　涂元季 . 钱学森书信：第 6 卷 [M]. 北京：国防工业出版社，2007: 32.

第四篇
晚年力行治学

20世纪70年代后期，钱学森逐步"引退让贤"并"回到学术工作"，通过提出系统工程思想而实现自我超越。此种超越是钱学森在方寸书房潜心研读与深思的结果，正如数万册藏书和近万封书信见证他的治学历程那般。他虽身在书房，却通过发表数百篇文章而将学术眼光始终聚焦于科技前沿和思想潮流。钱学森晚年力行治学，皆因感悟到马克思主义哲学作为智慧之源，"看到光明"的将来必定属于"我们"，由此在知行合一之中朝着"真善美"的人生不断进发。

第一章　学问功夫在勤与思

学问之始在读书，由读书而治学。钱学森在读书与治学之中注重方法论，但以勤为先，遂有数万册藏书和近万封书信留存，同时又在组织和主持不同"学习小组"之际探讨学问和交流思想。由此，钱学森晚年在笔耕不辍之中通过践行"为人民治学"的学术理念，而实现他所提倡的"学问与人品的统一"。

藏书藏功夫：勤与思

钱学森晚年致函上海交通大学党委书记邓旭初，婉拒交通大学校友总会名誉会长一职，并称"近年来我为了能集中有限精力搞点学术工作，努力辞去社会活动性的职务"。[1]同时他又在给大学同学郑世芬的信中写道："我一切安好，已退居二线，正设法回到学术工作；重理旧业，不知能否有点结果？"[2]从过程和结果看，钱学森晚年以近30年治学所取得的丰硕学术成果回答这一"自问"，而他"重理旧业"回到学术工作的途径首在读书。笔者有幸整理过钱学森的藏书，深感他的读书之勤与思："勤"体现在读书之多且涉猎之广，"思"则体现在书中常有札记留存并体现其深刻见解。

1　涂元季.钱学森书信：第1卷[M].北京：国防工业出版社，2007: 367.

2　李明，顾吉环，涂元季.钱学森书信补编：第1卷[M].北京：国防工业出版社，2012: 313.

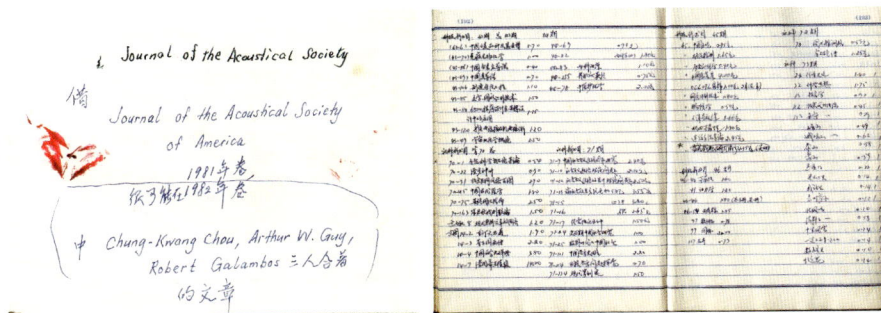

左图为钱学森委托秘书吴中秋借阅外文期刊时写的便笺，右图为秘书吴中秋记录的钱学森自费购书清单

钱学森留有数万册藏书皆源于他早年形成的读书习惯，即从不丢弃读过的书籍，因在其看来"伟大的创造是从保有数据记录开始的，失去了很可惜"。[1]因而当他看到有人不珍惜书籍且随意丢书时，他颇为委婉地感慨"不爱惜书籍，似乎铁的书皮都不够结实"。钱学森的藏书少有孤本或善本，除少量内部资料，多为国内外公开出版的普通书籍。因为钱学森藏书之目的并非在于藏，而在于用，即如其所言，"只学了书本知识还不够，关键在于学了，把书背熟了，还要在研究实践中灵活运用，把书本上的知识变成活生生的方法和工具"。[2]此言是钱学森提倡"万万不要死读书"之读书观的反映，即要把书读"活"并运用之。例如，20世纪90年代初期曾出现"国学热"读书现象，钱学森就用读《周易》举例，一针见血地指出：

现在迷在《易》中的人不少，毛病是死读书，死读洋人的哲学到死读马列经典著作，现在又死读《易》！《易》当然是整体观思维，但后来人觉得它太活了，太辩证了，于是抓住八卦，阴阳五行，又弄死了！我看辩证的整体观思维在于运用形象（直感）思维。3世纪三国时的魏的王弼就说，"言、

1　钱学森在力学大会上的讲话整理稿(1961年12月)，原件存于上海交通大学钱学森图书馆。

2　钱学森. 谈谈科学研究的方法 [N]. 人民日报，1985-04-11(5).

象、意"，认识是由言到象，再由象到意。但我意这"言、象、意"还只是毛泽东说的感性认识。[1]

钱学森的藏书主要有两个来源：一为他人赠送，一为自己购买。其中又以自购书籍为多，因为钱学森每隔一段时间都会开列书单请秘书购买。例如，1994年9月1日钱学森读到《人民日报》刊登《文艺理论与批评》主编程代熙对陈润著述《在新时期面前》的书评而引起"读此书的兴趣"时，于是日就致信《文艺理论与批评》编辑部，称"相烦"告知"此书的出版者"，"以便我去购买"。[2]再如，钱学森1995年9月10日交代秘书涂元季"请设法购买"两本书："（一）胡士弘著《钱学森》，河南人民出版社出版；买4本。（二）李鸣生著《走出地球村》，人民文学出版社出版，买10本。买到后您6位每人一本，我留4本。钱请由'金库'中取，即我自己出。"[3]所谓"金库"，是指由秘书为钱学森保管的稿费，而此稿费主要用来购书或做其他用途。

图为钱学森的藏书印之一

若用"中图法"编目，钱学森的藏书从"A"到"Z"皆有涵盖。但由藏书的品相可知钱学森并未精读每本藏书，只是选读。关于如何读书，钱学森曾以自身经历为例："过去，我看到老师看别人的论文时，只看看首尾，就能做出评价，判断好坏，自己非常佩服。后来慢慢地，自己亦能这样判断了，这并不奇怪，亦并不神秘。因为一篇论文的前面总是介绍了问题的提出，以及说明处理的方法，末尾总是介绍所得出的结果和结论。因此我们根据以往对自然界规律的了解，就可以做出判断：行还是不行，合理还是不合

1 涂元季.钱学森书信：第7卷[M].北京：国防工业出版社，2007:356.

2 李明，顾吉环，涂元季.钱学森书信补编：第4卷[M].北京：国防工业出版社，2012:362.

3 李明，顾吉环，涂元季.钱学森书信补编：第5卷[M].北京：国防工业出版社，2012:115.

理。"[1]此种经验饱含着深刻的读书方法：要有问题意识。在此过程之中，钱学森留下诸多札记，其形式包括眉批、首批、旁批、侧批、夹批，亦有圈点、画横线等，内容主要包括感想、心得、疑问、见解，亦有表示赞赏或批评的语言；还有一些札记用于修改书籍中的错别字，可见其读书之认真。钱学森的札记言简意赅，真实地流露出他阅读的"即时体会"。如他在阅读《毛泽东选集》中"文化工作中的统一战线"时写下旁批：

> 新的事物总是从旧的事物中生长出来的，新的苗子出来了，我们加以分析总结，提高到理论，理论就成为指导新生事物发展的东西，就可以改造旧的。旧的可以变为新的东西！

这段札记指出事物"由旧到新"的发展规律，不难发现，札记内容是钱学森技术科学思想的体现。正是因此，钱学森晚年发表的很多学术观点可在其札记之中寻得思想源头。例如他在题为"建议国务院邮电部把电子计算机网管起来"的札记中写道："电子计算机将为科学研究、生产管理、商业、交通运输以及机关工作所普遍利用，除单独、专业网之外，全国应建立电子计算网，使用户能像用电话那样用电子计算机。建议邮电部建立并管理这个网。"而这段札记的内容，正是他 1978 年参加全国科学大会并针对《1978—1985 年全国科学技术发展规划纲要（草案）》提出的修订意见。

1　钱学森在中国科学技术大学作"谈谈工作与学习"的报告（1961 年 10 月 28 日），原件存于中国科学技术大学档案馆。

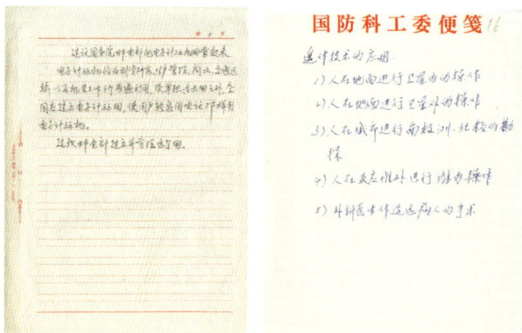

左图为钱学森撰写的题为"建议国务院邮电部把电子计算机网管起来"的札记，右图为钱学森阅读遥作技术相关文章时所写的札记

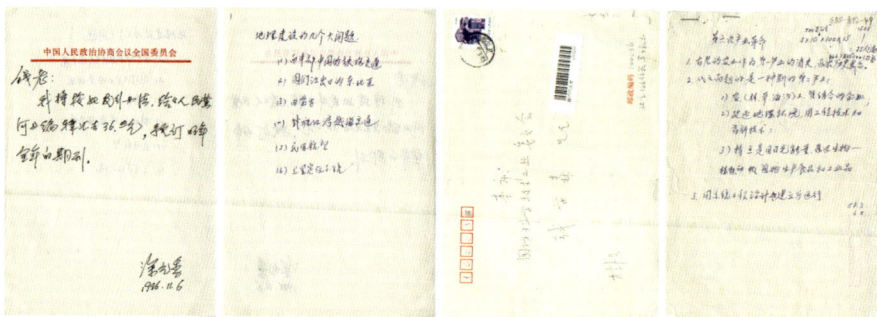

钱学森注重节俭，很多札记用纸多为再次利用的纸张。左图关于地理建设的札记写在秘书涂元季的便笺之上，而右图关于第六次产业革命的札记写在剪开信封的内侧

　　从某种意义而言，钱学森的札记可谓钱学森思想的"源代码"，而数万册藏书之中藏有钱学森的学问功夫：勤与思。

往来书信中交换意见

　　由钱学森的三位秘书涂元季、顾吉环和李明整理并分别于 2007 年和 2012 年影印出版的十卷本《钱学森书信》和五卷本《钱学森书信补编》，蔚为壮观。《钱学森书信》收入 3331 封书信，《钱学森书信补编》收入 1980 封书信，凡 5311 封；其实钱学森书信不止于此，散落于档案机构和民间收藏的钱学森书信累计有近万封。

钱学森为何会有如此之多的书信留存呢？客观原因是钱学森写信从不假手于人且几任秘书都有存档备份意识，凡寄信前均会誊抄留底或复印留存。但主观原因则是钱学森将书信作为学术交流的重要渠道，即如其言"我那些书信中的意见，原是信手写来，用于在同志之间交流思想嘛，并不准备发表"。如今，这些书信已成为研究钱学森思想的可靠资料。由书信内容可知，钱学森会主动致信他人讨论问题，他人也会致信钱学森求教问题；当钱学森不能给予明确答复时，他便会向写信人推荐其他专家或将其介绍给其他专家。甚至，钱学森通信群体中有些青年学者从未谋面，却能在与彼此的通信中坦诚和平等地交流学问，这无疑对青年学者的成长起到重要的激励作用。1988 年 7 月 8 日，钱学森在国防科工委科技委兼职委员首次会议上讲话：

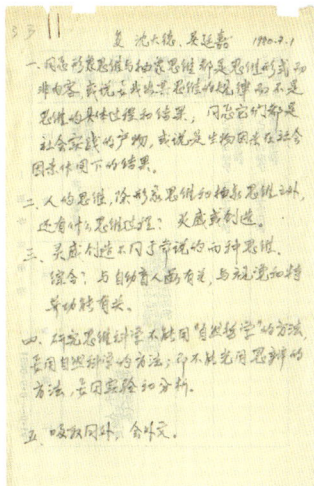

钱学森认真对待每封来信，图为钱学森正式复信沈大德、吴廷嘉前的底稿

我感到做学术工作时，谁也没向我关门。老老实实做点工作，跟人家交流交流，讨论讨论，他们不会把你拒之门外的，这种事多得很。我差不多每天有几封信要回。人家问我什么事，我总是毕恭毕敬，只要我知道的一定回答，我不知的一定回答你我不知，要是我知道你可以找谁，我会说你去找谁。[1]

15 卷本书信呈现出单向性，即仅有"去信"，而未收入"来信"。此批

1 钱学森 . 钱学森文集：第 5 卷 [M]. 北京：国防工业出版社，2012: 247.

"来信"之部分书信现存于上海交通大学钱学森图书馆，即如本书"序篇"
介绍钱学森与胡世华合作撰写文章的内容就有对"胡世华来信"的参引。从
书信内容来看，因钱学森在信中讨论的内容多涉及科技领域前沿，这使往来
书信又具有"预研"作用。兹以 1994 年 6 月 3 日钱学森致函倪嘉缵院士探
讨稀土发展战略计划为例，信中提出：

> 　　写这封信的来由是读了《中国科学院院刊》1994 年 2 期上您的文章《稀
> 土研究的现状及战略》，颇有感触！中国有丰富的稀土资源，是世界稀土富国，
> 这是我 1955 年回归祖国后，在中国科学院学部会议上学到的知识，它对我
> 起到了鼓舞的作用。后来方毅同志在任国务院副总理期间对稀土的开发非常
> 重视，我是从心里表示拥护的。从您的文章看，十几年了，现实距我们的目
> 标还有很长的距离。我想，社会主义中国要依托自己的资源优势在世界稀土
> 领域内称雄，必须有个国家开发稀土的战略计划，然后组建行业垄断性的"中
> 国稀土开发（集团）总公司"。"总公司"要有主管谋略的"开发设计部"，
> 并在国外设分公司。您主持的开放实验室是公司的研究部。有了这样的组织，
> 再加上我国的稀土资源和中国科技人员的智慧，社会主义中国一定可以在世
> 界上成为稀土的领头人，犹如南非是金刚钻的霸主。
>
> 　　这个设想您看是否有道理？您是否应作为稀土专家向国务院建议、写报
> 告？请考虑。最后，让我向您这样一位中国稀土专业科学家表示我衷心的
> 敬意！ [1]

　　倪嘉缵院士收到来信后于 1994 年 6 月 18 日复函并称："读了您的来信，
十分高兴，您是我们的长辈，在百忙中对如何利用我国的资源发挥优势非常
关心，提出了重要而中肯的建议。从目前情况看来，我国的许多重要资源，
例如钨、稀土、盐湖等的利用及发展均不够理想，其中有管理体制问题，也

1　涂元季. 钱学森书信：第 8 卷 [M]. 北京：国防工业出版社, 2007: 193-194.

图为钱学森收集的关于稀土问题的材料

有科研问题。就管理体制而言，目前稀土生产分别隶属各不同主管部门，包头稀土生产属冶金部，南方许多稀土厂由有色总公司管理，同时核工业部亦建有较大的稀土厂。因而重复建厂，产量过大，竞争出口，相互压价等问题时有发生，缺乏统一的规划及指挥。对稀土的科研工作，投入极为有限，许多生产单位注重短期效益，缺乏扎实、系统的科研工作，因而许多稀土新材料只能处于仿制阶段，独创性的成果不多，经济效益好的稀土高新技术在国内尚未形成规模产业，因而资源优势不能转变为技术经济优势。这些问题已是存在很久，问题复杂，有待于高层次的决策机构进行解决。您的来信及建议十分及时，我已向中科院有关领导进行了汇报，并准备认真领会您的建议后再向国家有关部门提出意见，届时将再给您去信听取您的指示。"未知倪嘉缵院士是否"向国家有关部门提出意见"，但钱学森曾于1994年12月26日联合卢嘉锡、张劲夫、吴学谦、乔培新向党和国家领导人建言：

稀土有重要战略意义，在当前和下世纪的技术革命中将越来越重要。国际上这个领域的竞争很激烈。我国有很大的资源优势，且已形成相当规模的稀土工业基础。但近几年的发展中出现了一些亟待解决的新问题。解决好这些问题，发挥优势，我们将从稀土的应用开发中获得国民经济和国防技术的巨大效益，较快成为控制世界市场的第一稀土强国。

钱学森一面通过"去信"表达自己的学术思考，一面由"来信"汲取前沿信息和激荡学术思维。他在写给重庆大学吴云鹏教授的信中说："像您这样热心同我交流学术的许许多多同志，给我提供了大量的学术信息，使我有了丰富的精神营养。"正是以"去信"与"来信"为桥梁，钱学森不断地进行着学术思考。

正是因此，钱学森将"同熟人通信讨论问题"看作一件"乐事"，且特别看重来信提出的不同学术意见。例如，钱学森曾收到《文艺研究》编辑部转来的著名学者王元化对其关于马克思主义文艺理论观点的不同意见，当编辑部致信钱学森询问"该信我们拟发表，不知您意如何"时，他立刻回信表示"我很同意发表王元化同志的信"。其实，王元化提出的观点颇为犀利，但钱学森同意发表反对自己观点的信，这真正体现出学术争鸣的真谛。

随着信息技术的发展，学者之间讨论学术问题越来越便捷，特别是即时聊天工具成为交流的重要途径。但这种即时性，往往也会导致思考深度不够。就像20世纪80年代以后电话逐渐走入寻常百姓家，有人想采用打电话的方式与钱学森讨论学术问题，他委婉地表示"打电话不是我习惯的方法，所以请您不要给我打电话"并坚持"通信法"，原因就在于他通过写信能够对某些问题进行深入思考。同时提及一个细节，钱学森一般都会以"同志""教授""副教授"作为通信对象名字的后缀，以示对他人的尊重；在写信时还会在信中写下通信对象的地址，以便秘书能够准确寄出。此亦可见伟大科学家的"为人"之道。

以"学习小组"为法

钱学森晚年回归方寸书房之内读书，但并非闭门治学，不仅于往来书信中交换意见，同时更将早年学术沙龙之法进行升级运用。此种运用表现为通过组织、主持或参加不同研究专题的"学习小组"，且在小组内部以书信或报告形式探讨学术问题而逐步形成具有共同目标的学术共同体。据不完全整理，钱学森晚年组织、主持或参加的"学习小组"就有"系统学讨论班""航天医学工程讨论班""法治系统工程讨论班""中央党校经济学讨论班""中国社会科学院文化学讨论班"等。

左图为"系统学讨论班"的七位成员合影，右图为钱学森在"航天医学工程讨论班"上作报告

钱学森作为"学习小组"的核心人物起到的作用极为关键，特别是在学术活动的组织和学术方向的确定方面。以"系统学讨论班"为例，钱学森组织的参与者包括王寿云、戴汝为、汪成为、于景元、钱学敏和涂元季六人，他主张有计划地开展研究。例如 1993 年初，他向小组其他成员提出要研究"巨型工程""尖端科学技术"等问题，及至 1993 年底提出要在翌年将研究聚焦于"21 世纪社会结构的大变化"之下的"体力劳动转向脑力劳动""人机结合"等问题。再如，"中国社会科学院文化学讨论班"经钱学森动员而由孙凯飞进行组织，且具体研究内容多为钱学森的建议，即如他提议孙凯飞

要从文化学视角研究"经纪人"现象。

与此同时，钱学森还身体力行研究文化学问题。此间，他发表《研究社会主义精神财富创造事业的学问——文化学》《关于马克思主义哲学和文艺学美学方法论的几个问题》《美学、社会主义文艺学和社会主义文化建设》《社会主义精神文明建设与文艺工作》等多篇文章。他还非常注重对中国传统文化的研究，且提出"社会主义中国要吸取中国传统文化中的精华以创建以马克思主义为基础的现代中国文化"之观点。[1] 此皆因其深受毛泽东思想的影响和鼓舞，即如其所言，"毛泽东同志的著述中倒常见有中国古代思想的闪光"。[2] 无论参加哪个"学习小组"的活动，钱学森都秉持学术争鸣和学术民主原则，即他所崇尚的"鹅湖之会"之精神。

钱学森组织、主持或参加"学习小组"的实践，恰如一种"有组织科研"的形式。此种形式适应时代需求，因为无论是自然科学的学术活动还是社会科学的学术活动，都早已不能仅靠个人努力，而是正如钱学森所言，"我们重视个人努力，但要做到个人钻研与集体攻关相结合，大力协同，才能充分发挥社会主义的优越性"。[3] 这些"学习小组"有如"朋友圈"一般，学员通过"点赞"激荡学术思维。正如钱学森自称，"参与者从各抒己见到激烈争论"，"克服了错误的东西"后，"最干净利索的、最清澈的观念才能出来"。此种"干净利索"之成果便是钱学森晚年发表的数百篇文章，而"清澈的观念"即是文章传达的为学之道。

1　钱学森剪报"关于传统文化的几点思想"及批注，原件存于上海交通大学钱学森图书馆。

2　钱学森致胡孚琛的信（1989 年 12 月 28 日），原件存于上海交通大学钱学森图书馆。

3　钱学森同志的书面发言，原载于 1978 年 3 月 19 日《中国人民解放军国防工业出席全国科学大会代表团简报 (7)》第 5 页。

清澈的观念：文与道

钱学森晚年总结"退休生活"时说道："我退下来后，精神生活是蛮丰富的。""丰富"之体现不仅在于有藏书可读、有书信可往来、有朋友可交，同时还在于通过发表数百篇文章彰显出"为人民治学"的学术选择。由三位秘书涂元季、顾吉环和李明整理的六卷本《钱学森文集》，可见钱学森晚年如何通过发表文章践行"文以载道"的治学理念。

钱学森晚年在办公室读书治学，左图摄于 1982 年，右图摄于 1984 年

钱学森回国后有专职秘书处理公务，但学术工作均由本人亲为。他在晚年更是如此，写文章必经己手形成"手稿"，尔后再请秘书整理成"打印稿"，随后再经"修订稿"而成为"定稿"。因此钱学森的文献存有"手稿—打印稿—修订稿—定稿"的逻辑关系，显示出知识的完整生成过程；同时这亦是学术自律的体现，即如钱学森所言之"下笔千钧，是白纸上写黑字，画了押的，写了要负责"。[1] 此种学术自律实是钱学森秉持的学术规范之道，同时还体现在署名、概念、材料、引文、数据、注释、参考文献，以及投稿、审稿以及评价等诸多方面。就像钱学森晚年谈及"科学道德"时说道：

---

1 史秉能,袁有雄,卢胜军.钱学森科技情报工作及相关学术文选 [M].北京:国防工业出版社, 2015: 17.

引用了别人的东西不注明，这不好。你有责任要注明你引用的什么概念，哪个结果是谁的，而且注得越清楚表示你的水平越高。并不是你用了人家的东西你就差劲了，不是，你说得越清楚表示你的学问大，知道行情，知道什么是什么人的。而且在引用文献中还有一条，就是你引用的某个概念是别人跟你对话，或者在某个场合给你讲的，或者是私人通信讲的，虽然这个概念他没有写成文章、写成书发表，但是你引用了，也得加注，注明大概什么时候，谁口头交换意见时说的，这个账要很清楚，谁的就是谁的。如果你没说清楚，即便人家不说，你也不光彩。作为科技工作者，要用这一条约束自己，实事求是嘛！更不要说不同意见的争论，你要是觉得你错了，干脆公开承认。就是在文章里面你也可以说我以前是怎么讲的，现在我认为不对。这一点不丢脸，这就表明你前进了，比过去的你高明了，有什么丢脸的呢。[1]

　　兹举署名为例证之。1985 年，钱学森和王志清合作写有《科学的人道主义》一文并引起媒体的转载或报道，而《中国科技报》的《文化》副刊在报道时只提了钱学森。为此，钱学森于 1985 年 12 月 30 日致函《中国科技报》并说：“《文化》副刊第一期中有段消息，说到《科学的人道主义》，那是在《求是学刊》上王志清同志和我写的文章，不是我一个人的。那段消息未提王志清同志，不妥，不合科技工作的规范！”此事虽小，却能反映钱学森实事求是的治学精神。因为钱学森深知署名对合作者继续开展研究的重要作用，恰如他在给王志清的信中明言，“要您署名是希望在这方面继续多做点工作，人道主义的实践不是个小问题”。

　　钱学森晚年所要弘扬的治学之“道”属于形而上的层面，关注“为谁治学”的问题。对于这一问题，钱学森的答案是：“为人民治学”。因而读钱学森的文章能够深刻感受到蕴藏于其中强烈的时代责任感，且看其一段言论：

1　顾吉环，李明，涂元季 . 科学道德：钱学森的言与行 [M]. 北京：国防工业出版社，2015: 19.

我曾经在为纪念我国力学专家郭永怀同志的一篇文章中说，作为中华人民共和国的知识分子、科技人员，我们活着为什么？活着就是为了为人民服务。郭永怀同志为人民牺牲了，人民纪念他，是对他表示感谢，这是最高的评价。我说，作为中华人民共和国的科技人员、知识分子，人民的感谢是我们的最高荣誉。[1]

由此可见，钱学森以文载道之目的在于"为人民服务"，又可见其恢宏气度和开阔胸襟。钱学森提及的文章是他为 1980 年出版的《郭永怀文集》所写的《写在〈郭永怀文集〉的后面》，其中还有一段文字颇有阐述的意义："我认为郭永怀同志是一位优秀的应用力学家，他把力学理论和火热的改造客观世界的革命运动结合起来了。其实这也不只是应用力学的特点，而是一切技术科学所共有的，一方面是精深的理论，一方面是火样的斗争，是冷与热的结合，是理论与实践的结合。这里没有胆小鬼的藏身处，也没有私心重的活动地，这里需要的是真才实学和献身精神。"

此段文字又何尝不是钱学森的自述呢！他以精深的理论作"文"，用"火样的斗争"去传播道。因此，钱学森能够成为"大家"绝非仅靠方法，而是以坚定的理想信念作为支撑。他认为治学既要有方法，更要有方向。正如钱学森所说："方法是第二位的，根本的认识是第一位的。"而"根本的认识"就体现于，钱学森在"文与道"的统一之中以"清澈的观念"，弘扬了有益于世道人心的观念并实现其所提倡的治学理念："学问与人品的统一"。

1　史秉能，袁有雄，卢胜军. 钱学森科技情报工作及相关学术文选 [M]. 北京：国防工业出版社，2015: 128.

第二章　系统工程超越自我

　　钱学森青年时期因技术科学思想而取得辉煌的学术成就，晚年又因系统工程思想的提出而实现自我超越。此种超越既是钱学森个体学术主张与治学实践的结果，同时还深刻体现出时代特征和现实关怀，即他所倡言的中国学术要"形成中国自己的学派"。

从工程控制论到组织管理

　　理论源于实践。钱学森系统工程思想的重要实践来源，是他作为组织者和主持者在领导研制火箭、人造卫星以及反导弹等尖端技术过程中积累的科研组织与管理经验。但他早在留美时期就已经在科研组织与管理方面表现出一定的天赋和能力，正如1947年2月21日冯·卡门在推荐他晋升为麻省理工学院教授的信中称"他还有组织天赋"。同时，他在留美时期通过深度参与尖端科技和重大科研项目，而对科研与管理的关系、科技与社会的关系等产生丰富的感性与理性认识。

　　例如，钱学森经常以爱迪生创建研究所为例，从科技发展史视角阐明科学技术研究已经"从个体劳动转变为社会化的集体劳动的时代"，且"这种趋势从20世纪40年代起，又有了进一步的发展"；特别是"第二次世界大战前后，由于战争的需要、武器发展的需要，科学技术的研究工作又进一步扩大到可以说是国家的规模"，即新式武器的研制需要"把一个国家的科学技术力量组织起来，用几万人的集体来解决问题"。以此观之，钱学森留美时期撰写的《工程控制论》既为微观的工程控制之作，又为宏观的工程管理之作，因其包含着如何做好工程管理的哲学思维。

然而钱学森回国后并未全盘"复制"美国经验，而是以中国实际为立足点将其中国化，特别是领悟到了大科学与社会主义制度之间的共性。由此，从 1963 年至 1978 年钱学森围绕组织管理问题发表四篇文章，如下表所示。

1963 年至 1978 年钱学森围绕组织管理问题发表的文章

文章题名	发表报刊	发表时间
《加强科学组织管理工作》	《科学报》	1963 年
《科学技术的组织管理工作》	《红旗》	1963 年
《大规模的科学实验工作》	《科学大众》	1964 年
《现代科学技术是社会化的科学技术》	《科学实验》	1978 年

钱学森发表的四篇文章之时间跨度有 15 年，但有一个共同主题贯穿其中。他提出：

在我们这样一个科学技术和工业基础比较薄弱的国家，要在比较短的时期内，实现科学技术现代化，赶上世界先进水平，就必须充分地运用和发挥我国社会主义制度的优越性，有计划地、有组织地开展科学技术工作。因此，加强科学技术的组织管理工作，是关系到我国科学技术事业高速发展的一个重要问题。[1]

由此可见，钱学森研究和提出系统工程思想旨在解决如何"赶上世界先进水平"的问题。但仍要指出，四篇文章各有侧重并反映了钱学森对组织管理问题由具象到抽象的逐步认识过程：前三篇文章主要探讨科研计划、器材设备、情报资料等具体问题的组织管理；而第四篇则从科技哲学视角提出科

1　钱学森. 科学技术的组织管理工作 [J]. 红旗，1963(22): 19–27.

学工作组织家、大力协同等概念，同时还从"发挥我国社会主义制度的优越性"角度提出科研工作者的"社会化""集体化"问题。正如他在《现代科学技术是社会化的科学技术》一文里指出：

> 要发挥社会主义制度的优越性，我们还要根据现代科学技术社会化的特点，宣传科研工作的大力协同，强调科研工作的计划性和组织管理，要有比较长远的全国科技规划，要有全国协调科技工作的权力机构。所以，我们不但需要有作为的科学家，也需要有战略眼光的、有才干的组织家，二者缺一不可。我们要培养造就一大批自然科学家和工程师，我们还要培养造就一大批科学技术工作的组织家。[1]

钱学森重视一线工作。图为他在各种试验现场的照片，他认为应当通过直接"了解第一线工作人员的意见和看法"而掌握"一线"情况

正是经过从具象的实践总结到抽象的理论提炼，钱学森对科研组织和管理问题形成了具有特定内涵的概念化思想，且以《组织管理的技术——系统工程》为题发表于《文汇报》1978 年 9 月 27 日第 1 版和第 4 版。此文还有另外两位"共同努力"者许国志和王寿云，三人在正式发表文章前已经进行过为期半年的预研。善于"保有数据"的钱学森还将研究系统工程过程中形成的文献搜集在标有"系统工程 1978"的资料袋里，以期再现三人"共同努力"的场景。

---

1 钱学森. 现代科学技术是社会化的科学技术 [J]. 科学实验，1978(1): 1–2.

作为"共同努力"的成果

钱学森为何会与许国志、王寿云开展合作研究呢？其实最早在 1955 年，钱学森在归国途中就与同乘"克利夫兰总统号"邮轮的许国志相识并"共同谈起运筹学问题"，而秘书王寿云毕业于北京大学数学力学系的专业背景让他能理解钱学森之所思与所想。1986 年，钱学森回忆他们研究系统工程时说道："我早就开始宣传系统工程、系统科学、系统论……1978年，十一届三中全会前夕，我又来劲了。从那时到现在，过了六七年，已经被普遍接受了。"[1]

从"系统工程 1978"资料袋可知，他们不仅总结新中国成立以来有关系统工程的成功个案，同时还分析美国、日本和德国等国的科研组织管理模式。例如 1978 年 4 月 29 日，许国志致信钱学森讨论"生产管理现代化"时就专门针对系统工程中的线性规划问题强调"我们对此应有所准备"，因为当时国内正在大量引进发达国家的技术，其中就包括与之相关的软件和管理技术。此后钱学森又于两个月时间内分别在北京、成都、昆明和长沙四个城市围绕科研组织与管理问题进行专题讲座，相关内容如下表所示。

图为钱学森（右）与许国志的合影

1 钱学森. 关于马克思主义哲学和文艺学美学方法论的几个问题 [J]. 文艺研究, 1986(1): 4.

图为1978年5月至7月钱学森（右二）在成都、昆明和长沙等地视察期间在四川峨眉山报国寺的留影，同时他还前往都江堰伏龙观、二王庙等处实地参观，在都江堰的经历成为他后来研究系统工程思想的一个重要历史案例

1978年钱学森在北京、成都、昆明和长沙四地讲学情况一览

讲座时间	讲座地点	讲座内容介绍
1978年5月5日	国防科委机关业务学习会	介绍中国和美国利用系统工程思想进行科研的成功案例，并提出"全国协同""系统工程""系统工程学"等概念，同时结合实践经验指出中国的系统工程部门还应当包括党委的领导、机关、总体设计部。此外，建议创办"系统工程和技术管理的专门大学"
1978年6月5日	四川省委和成都军区学习会	系统阐述系统工程的理论内涵和实践途径，包括现代科学技术体系、现代科学技术的组织管理、电子计算机革命、系统工程人才培养等，再次指出创办"组织和管理技术的教学及研究院校"，即系统工程及管理学院，并设"工程系统工程系、经济系统工程系、行政系统工程系、军事系统工程系"

续表

讲座时间	讲座地点	讲座内容介绍
1978 年 6 月 20 日	昆明省委军区 学习会	以"我国科学技术与世界先进水平相比落后 15 ～ 20 年"为基调，提出要充分利用社会主义制度，"加强科学技术的组织管理，提高效率，充分发挥大家的活力"，"把经验上升到理论，把组织管理变成科学、变成科学技术、变成一门工程技术"，从而争取"用八年时间赶回五年到十年，争取在 1985 年达到现在的世界先进水平，2000 年达到世界当时的水平"
1978 年 6 月 26 日	国防科技大学	以国防科委副主任的身份传达国务院、中央军委 110 号文件精神，并阐述和指出国防科技大学的办学使命，且重点提出应当设立"系统工程系"，培养系统工程方面的专业人才

　　钱学森在讲座中逐渐将感性认识上升到理论认识，尤其是第三次讲座内容被整理成一份近 2 万字的"演讲录"并接近《组织管理的技术——系统工程》的内容。需要指出，后三次讲座是 1978 年 5 月至 7 月钱学森以国防科委副主任的身份前往成都、昆明和长沙等地视察期间举行的。他结束视察回到北京之后，便开始与许国志、王寿云进入合作撰写文章的阶段。钱学森撰写初稿时空出第三节"事理学"内容，7 月 16 日致函许国志希其补全此部分内容。许国志收到钱学森的来信及初稿后，于 7 月 26 日回信反馈补全的"事理学"一节。

　　1978 年 7 月 28 日，许国志致函钱学森讨论"信息在系统工程中的重要性"，先谈其参与泸州电厂、宜宾电厂以及鞍山钢铁厂等工程的经验，后又提及美国研制"阿波罗"和"土星五号"的复杂性，再后又以"60 年代长春汽车厂提出用计算机计算工资""美国所得税退款使用一张洞卡"等为例说明"界面优化"问题，即"子系统与子系统之间存在着界面，这个界面与子系统之间的关联是强相关还是弱相关取决于系统的设计，也影响到系统的成效"。最后，许国志在信中以"加州理工学院喷气推进实验室在从事航空和空间的工作多年以后，将所积累的经验用于民用领域"为铺垫，提出后来被吸纳到文章中的重要内容，即系统工程人才的培养。因为许国志意识到现在没有人总抓系统工程人才培养并建议开设"系统工程导论"课程，而"其内容既要与事理有联系，又不能简单地重复，既要与具体的系统有关，又要从一般的角度去讲”。

钱学森收到来信后不仅认真阅读，还根据许国志的意见于 7 月 30 日“参改文稿”，其中修改最多的便是系统工程的人才培养问题。8 月 19 日，钱学森与许国志又通过面谈讨论文稿内容；8 月 29 日将文稿寄给《文汇报》；9 月 27 日，《文汇报》第 1 版和第 4 版发表由钱学森、许国志和王寿云三人合作的《组织管理的技术——系统工程》一文。此文可谓钱学森开展“有组织科研”的成果。正如 1978 年 11 月 18 日钱学森在国防科委科技情报工作会议上所说：

我还是主张搞点社会化的劳动，集体化，不要搞落后的单干户的办法，那个办法不好，好像写一篇资料就实现了版权所有。听说你们同志之间有不服气，认为我写的，你不能改，不要这样嘛！一个人执笔，别人可以提意见，可以改，集体讨论嘛！最近我们三人写的文章，刚才说的系统工程的文章，就是互相改写的，搞了好几次，最后在《文汇报》上发表之后我又改，就在这次印之前又改了好几点，怎么说你写了不能改？总要集思广益嘛！大家讨论总有一些收获吧！可以参考吧！我写的东西都是别人提意见、我改的，我吸取别人的意见，最后我署个名。所以我说集体化共同研究稿子，是先进的办法，单干户不是先进的办法。[1]

当 1989 年国际技术与技术交流大会、国际理工研究所以“对中国火箭导弹、航天技术和系统工程理论”的贡献，授予钱学森“小罗克韦尔奖章”“世界级科技与工程名人”“国际理工研究所名誉成员”等荣誉时，钱学森回应表示系统工程“是大家共同努力的结果”，而非“一个人的功劳”。[2]

1　史秉能，袁有雄，卢胜军. 钱学森科技情报工作及相关学术文选 [M]. 北京：国防工业出版社，2015: 60.

2　钱学森. 一切成就归于党，归于集体 [N]. 光明日报，1989-08-06(4).

又如其所言，"一个人只做某一方面的问题。为了解决这个问题，一定会牵连到别人所进行的工作，别人问题的解决。只有通过充分的讨论，密切合作才能解决问题。任何想搞'自留地'的人都是不可能拿出论文来的。即使拿出来了，也很臭。不养成和别人合作的良好作风，将来在科学工作中是要吃亏的"。[1] 因而《组织管理的技术——系统工程》之中所体现的"共同努力"，实为钱学森毕生践行的科研原则。

系统工程思想：中国学派

1994 年 11 月 9 日，许国志致函钱学森称"非常感谢 40 年来您对我的教导与关怀"，同时亦对"推荐我为中国工程院院士"表示感谢。许国志还在信尾写了一首五言律诗，内容为："束髪遭兵乱，危安异昔今。饱餐应忆苦，垂病莫呻吟。身老心难老，资深学未深。还思发余热，聊尽暮年心。"钱学森收到此信后，读之不禁触景生情，11 月 13 日复函：

读了您 11 月 9 日的来信，特别是您的五言律诗，心情很激动，我们相知 40 年矣！而系统学、系统科学发源于您，我是接受了您的启示！

您现在 75 岁矣！退居二线是好事，这是我的感受，我也是 75 岁时退的；退了省去行政事，更好干点学术工作。大可"发余热"嘛！

我读了您在《中国科学报》1994 年 10 月 31 日第 4 版上纪念系统科学研究所成立 15 周年的文章《前事不忘》，也想到我国系统科学走过的道路。我知道毛泽东主席早在 1956 年 8 月 24 日同音乐工作者谈话时就指出："在自然科学方面，我们也要做独创性的努力，并且要用近代外国的科学知识和

1　钱学森. 钱学森文集：第 2 卷 [M]. 北京：国防工业出版社，2012: 8.

科学方法来整理中国的科学遗产，直到形成中国自己的学派。"我们中国人在系统科学上不是这样干的吗？从外国 50 年代初的 operational research 到运筹学，从运筹学、信息论到系统工程，到系统科学。形成系统科学的三个层次，概括为系统论，最后上升到马克思主义哲学。又引用中国古代整体观，创立了开放复杂巨系统学、从定性到定量综合集成法、metasynthesis、metasyntbetic engineering 等。您都参加了这些工作，有贡献！我们都做毛主席要我们做的事：形成中国自己的学派！

信中谈及的"我国系统科学走过的道路"，就包括他和许国志、王寿云合作研究并发表《组织管理的技术——系统工程》。同时由信可见，钱学森将他们的学术工作定性为完成"毛主席要我们做的事"，即"形成中国自己的学派"。亦由此可见系统工程思想在钱学森心目中的地位。那么，系统工程思想究竟是什么呢？

《组织管理的技术——系统工程》全文（含注释）1.5 万余字，以如何"解决组织管理水平低的问题"为立意。开篇即提出："从总结组织管理的经验，讲讲建立起比较严密的组织管理科学技术体系，以及培养组织管理的科学人才，以此引起大家进一步的讨论，从一个侧面帮助管理水平的提高"；随后，文章从系统工程概念、西方经营科学、运筹学理论、电子数字计算机和人才培养五个部分展开论述。

第一部分以"泥瓦匠盖房子""手工业工场""曼哈顿计划""阿波罗登月计划""我国研制国防尖端技术"等为例，指出个体劳动者如何发展到总工程师或总设计师，先行提出"系统"概念，即"由相互作用和相互依赖的若干组成部分结合成的具有特定功能的有机整体"；随后以我国国防尖端科研部门中的"总体设计部"或"总体设计所"为说明对象，进而提出"系统工程"概念，即"是组织管理'系统'的规划、研究、设计、制造、试验和使用的科学方法，是一种对所有'系统'都具有普遍意义的科学方法"。

第二部分是对西方经营科学的研究，通过"工时定额""甘特图（线条图）""质量控制""计划协调技术"等具体史实，分析工厂企业作为一个系统具备的六个要素：人、物资、设备、财、任务指标和信息。此部分属于科技史和企业史研究，在回顾历史的过程中提出当时学术界的前沿理论"信息反馈机制"，即"物流畅通与否在很大程度上依赖信息处理的好坏"。众所周知，工厂生产的自动化程度越高，工厂对信息传递的速度和准确度要求就越高，因此通过信息加工、传输、存储和检索而做出的各种决策，就越来越成为影响物流畅通与否的重要因素。

第三部分是由许国志执笔撰写的运筹学理论。运筹学是一门在西方国家大企业中发展起来的科学，但文章借用西方概念作为系统工程的理论基础时赋予其中国化内涵，使其成为一个具有中国特色的概念。文章重点指出："我们要搞的系统工程不仅仅是'一门'组织管理的技术，而是各门组织管理的技术的总称。"也就是说，系统工程具有哲学层面的指导价值，因而文章提出系统工程甚至可以用于治病："如治病，要人、病、证三结合，以人为主，统筹考虑。这就是说要把人体作为一个复杂的体系，还要把人和环境作为一个复杂体系来考虑。"

第四部分讨论的是作为系统工程的有效手段：电子计算机。国外运筹学的发展正是建立在电子计算机的基础之上，电子计算机的出现使运筹学理论有了实践可能。我国研制国防尖端技术时也开始使用电子计算机，积累了丰富经验。此时钱学森对电子计算机的时代意义有了更加清晰的认识，指出：

在系统工程的计划工作中，采用电子计算机的几点好处：一是电子计算机能形成一个高效的数据库，它可以按照计划部门和领导者的需要，把任何一项工作的历史情况和最新进度显示出来；二是通过电子计算机对经常变动的计划进展情况进行快速处理，计划管理人员能够及时掌握整个计划的全面动态，及时发现"短线"和窝工，采取调度措施改变这种状况；三是电子计算机能在短时间内对可能采取的几个调度措施的效果进行计算比较，帮助计划部门确定最合适的调度方案。

第五部分直指解决问题的关键，即"培养新时期组织管理的专门人才"。文章基于理工结合视角提出建立"新理工科"高等院校，即通过"工科院校开设理科课程"和"理科院校开设工科课程"方法培养复合型人才，其培养目标分别是"它的工科是培养从事应用工作的系统工程师"和"它的理科是培养从事基础理论研究工作的组织管理科学家"。当然两类培养方案都要将"事理通论"作为运筹学的基础课，同时工科院校和理工院校也要恢复工业企业管理方面的课程，以使毕业生在今后工作过程中能够与组织管理人员更好地协同。文章还提出系统工程专业学生应当掌握好外语，以及学习一年至两年的政治课，同时还要适当参与体育锻炼和生产劳动。但文章同时还指出，由于短期内无法实现"新理工科"教育模式，可以通过开办进修班先对现有岗位上的管理干部进行"再教育"，以提高其组织管理能力；而这些管理干部的实践经验可带回学校，作为系统工程理论研究的对象。可见，"新理工科"教育模式与钱学森同时期主抓的国防科技大学的教学改革具有共同目标。

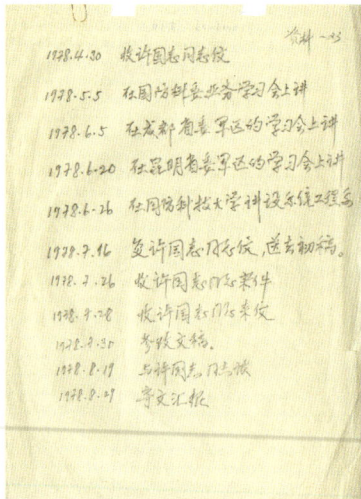

图为钱学森回顾发表《组织管理的技术——系统工程》一文的学术轨迹的手稿，反映了他的治学心路历程

事非经过不知难。实际上，钱学森、许国志和王寿云从研究到发表《组织管理的技术——系统工程》并非一帆风顺，而

是，进行了一次敢于实践发出中国声音、创建中国学派的学术创新。

"我们这样干是一种创新"

钱学森和许国志、王寿云曾有一篇"作者按"，但《文汇报》刊登《组织管理的技术——系统工程》时将其换成"编者按"，皆因编辑认为三位作者撰写的"作者按"内容可能过于敏感。直到 1984 年 1 月 20 日，钱学森在许国志作题为《国外防空武器发展现状和发展趋势》的报告后讲话时解释称，因为系统工程概念属于中国人自己提出的"看法"而与"外国人的看法不同"，由于"那时不敢说外国人的坏话"而以"编者按"代替"作者按"。[1]"不敢"一词说明当时学术界和思想界存在的保守主义，因而钱学森、许国志和王寿云曾发出"我们这样干是一种创新"的感言。正如 1987 年钱学森在一次讲话中说道：

> 早在 9 年前许国志同志、王寿云同志和我写的那篇关于系统工程的文章中，我们就声明：系统工程无非是用现代科学方法代替老的经验做法，只是方法上的革新；如果不同时改革我们老一套的体制，不变革一下我们的老观念，科学方法是行不通的。[2]

此文一经发表就引起国内学术界、科学界和工程界的关注，不少人通过书信形式向钱学森请教或与之交流，尤其是科学、技术、工程以及生产等领域的科研人员对此产生强烈共鸣，国内掀起一股"系统工程热潮"。

1　史秉能，袁有雄，卢胜军. 钱学森科技情报工作及相关学术文选 [M]. 北京：国防工业出版社，2015: 142-143.

2　钱学森. 进行科学决策需要各方面专家的密切配合 [J]. 统计，1987(12): 2-3.

例如，中国科学院便以红头文件形式将文章翻印作为院部文件下发各二级单位。

　　此文还引起大洋彼岸美国华裔学者李耀滋的兴趣，他于 1978 年 11 月 3 日致信钱学森谈其"读后感"。李耀滋主要针对在人才培养中设置"事理通论"课，指出还应当筹划研究以人的主观能动性为中心的"人理"，即由此构成"事理＋人理"相统一的整体。钱学森收到李耀滋的来信后于 11 月 19 日将信转寄许国志并询问："这是李耀滋先生的意见，你意如何？"12 月 12 日，许国志复信钱学森回应称："至于讲到人理，人的主观能动性。我们社会主义国家有条件，而且我们也提得早，强调得多，可惜过去 20 年，做得不够好。刘源张同志说，日本质量管理代表团来中国时，他们的团长石川馨对'鞍钢宪法'中的'两参一改三结合'极表赞同。事实上，我们在人理方面是大有可为的。"[1]

　　实践是检验真理的唯一标准。此文发表后就有学者以其指导研究工作，并且此文在实践中为工程决策者和管理者提供了重要的理论指导。这表明此文既有理论价值，又有实践价值。此后，钱学森又在多种场合宣传和介绍系统工程思想。例如，1979 年 1 月 23 日，他在湖南省委礼堂为省直机关干部作"关于组织管理科学问题"的报告时，提出如何使用系统工程解决"怎样使我们的社会主义建设效率最高"的问题；再如，1979 年 2 月 23 日钱学森在上海延安饭店举行的"XCZ-3 方案论证会议"上再次介绍系统工程思想。钱学森发表此文之后并未停止思考，而是进一步发展系统工程思想的内涵和外延，并在 1979 年 10 月 11 日至 17 日召开的国防科委系统工程学术讨论会上提出"大力发展系统工程，尽早建立系统科学的体系"。此次发言在保留《组织管理的技术——系统工程》的基调之上，又延伸探讨系统工程的研究内容和范围。他在准备的发言

1　许国志致钱学森函（1978 年 12 月 12 日），原件存于上海交通大学钱学森图书馆。

文稿中写道：

尽管如此，我们在《文汇报》的文章中没有明确地把自动控制的理论——控制论作为系统工程的一个主要理论基础。这是照顾到现阶段的一个具体事实，一个系统当然有人的干预，在概念上可以把人包括在系统之内，但现在理论的发展还没有达到真能掌握人在一定情况下的全部机能和反应，所以把人包括到系统之中还形不成通用的理论。另外，系统工程的目前水平又一般地要有人干预，还不能一般地搞一个没有人的系统，完全自动化。由于这些原因，我们虽然认为控制论的大系统以至巨系统、多级控制发展是很有意义的，一定要提倡，但控制论作为系统工程的共同主要理论基础恐怕有待于将来。

钱学森提出系统工程思想后在多种场合对其进行宣传和介绍。左图为 1979 年 11 月 2 日钱学森在上海机械学院（现上海理工大学）参加系统工程研究所成立大会时作报告介绍系统工程思想；右图为 1991 年 12 月 11 日钱学森在中国科学技术协会作报告

又得一提，《文汇报》还向三位作者支付一笔稿酬，钱学森根据按劳分配原则将稿费"转账"给其他两位作者以分享经"共同努力"创造的学术成果。早在 1955 年，钱学森与许国志同船归国途中就讨论过运筹学问题，且他在担任中国科学院力学研究所所长时于 1957 年提出要依照十二年科学规

划"准备在 1961 年成立独立的中国科学院运筹学研究所"，而该所的任务是
"研究一些一般方法，这些方法和工程理论一起可以作为解决工程技术里面
的有关使用和设计问题的基础，它和社会科学一起也可以作为解决国民经济
规划问题的基础"。[1] 因此钱学森从关注运筹学时就已在思想上开启对系统工
程思想的研究，而他发表《组织管理的技术——系统工程》之后又对社会系
统工程、教育系统工程、军事系统工程、科研系统工程、法治系统工程、人
才系统工程、农业系统工程、信息系统工程、环境系统工程等持续攻关，以
通过研究不同系统工程的个性和它们之间的共性而进一步提炼出系统科学思
想，实现知识的再组织和思想的再跨越。

1　钱学森关于建立中国科学院运筹学研究室（所）的意见，原件存于中国科学院档案馆。钱学
　　森还在此份意见中提出：（一）所谓工程技术里面的有关使用和设计问题是：新器械系统（包
　　括武器的体系）设计，以及其他需要引用统计方法的设计问题，像水坝设计等；（二）所谓
　　国民经济规划问题是：需求分析、国民收入、运输问题、工业管理和规划、社会统计等问题。
　　这些问题不外乎三个方面：第一是调查了解国民经济现况；第二是根据这国民经济现况预测
　　将来发展的需要；第三是根据需要作出建设的规划。第一方面是抽样调查的问题，第二方面
　　是预卜论的问题，第三方面是各式数学规划问题。

第三章 智慧源从悟道而来

钱学森晚年有言："我从工程技术走到技术科学，又走到社会科学，再走去叩马克思主义哲学的大门。"此言正是他思想历程的脉络。尤其是在"叩马克思主义哲学的大门"的过程中，钱学森以还原论和整体论相结合为原则构建起被他称为"正在升起的太阳"之现代科学技术体系，进而在立象尽意之中显示出"马克思主义哲学体系"作为智慧之源的思想伟力。

当科学遇上"两论"之后

钱学森并非书斋型学者，而是始终持有积极的社会关怀，尤其善于以马克思主义哲学视野去看待问题和分析问题。此种哲学视野的形成与他提出的技术科学思想有密切关系，因为技术科学思想的核心正契合马克思主义哲学。从思想源头看，钱学森提出的技术科学思想能追溯到德国哥廷根学派，而此学派主张的科学理论与工程技术相统一的观点即体现了马克思主义哲学的辩证观，可见技术科学思想和马克思主义哲学有共同的思想和文化基础。钱学森在发表于1957年的《技术科学中的方法论问题》中写道：

在技术科学的研究中，我们把理论和实际要灵活地结合，不能刻板行事。我想这个灵活地结合理论与实际也就是辩证唯物主义的精髓了。因此，我以为世界上第一流的技术科学家们都是自发的辩证唯物论者，他们的研究方法是值得总结的。而有了辩证唯物论我们也可以把它用到技术科学的研究上去，提高研究的效率，少走弯路！[1]

1955 年钱学森回国后就迫不及待地开始学习马克思主义哲学著作，首先学习的是毛泽东的"两论"。秘书张可文回忆说："在力学所的时候，我经常见到钱先生和郭永怀先生两人，利用晚上加班的时间学习、讨论毛主席的《矛盾论》《实践论》。"后来，钱学森猛然意识到：技术科学思想的思维模式正应和"两论"。例如，他为中国科学技术大学师生介绍治学方法时就总结道：

实际问题是一个未经分析的综合性问题，首先要分析理解这个问题，要根据现场实验的材料反复揣摩，理解各个量之间的关系，知道问题的来龙去脉。对于有些问题，经过不长时间的分析就能了解什么是主要矛盾，什么是次要矛盾，问题的机理是什么。而对于复杂的困难问题的理解就不那么容易。一个实际问题的"核心"外面往往包着很多东西，要慢慢打开，有时还要做一些设计、设想，便于分析问题。假设多少包含一些猜的意思，但并不是胡猜，而是根据事实和前人的经验来猜想，科学工作不像形而上学只是一些推理，认识过程是有跳跃性的。"猜"正是一个跳跃，猜了以后再验证，根据假想再推演，而后再和事实核对，对了可能是正确的，不对再想办法，按另一套假设、另一套机理再来试。人的认识就是这样一步步接近真理的，不要以为假设就是胡说，其最后还要和事实相符合。[2]

随后，钱学森通过总结自身科研经验逐步参透理论与实践的辩证关系，

1　钱学森. 技术科学中的方法论问题 [J]. 自然辩证法研究通讯，1957(1): 36.

2　钱学森在中国科学技术大学作"谈谈工作与学习"的报告 (1961 年 10 月 28 日)，原件存于中国科学技术大学档案馆。

进而对辩证法产生深刻理解。即如 1957 年 5 月 27 日他在中国科学院学部委员全体会议上作《论技术科学》的报告时指出:"技术科学工作中最主要的一点是对所研究问题的认识。只有对一个问题有了认识以后才能开始分析,才能开始计算。但是什么是对问题的认识呢? 这里包含确定问题的要点在哪里,什么是问题中现象的主要因素,什么是次要因素;哪些因素虽然也存在,可是它们对问题本身不起多大作用,因为这些因素就可以略而不计。"[1]1957 年 6 月 14 日,钱学森回复山东工学院院刊编辑室约谈治学经验的来信时就指出,他在留美时期钻研业务多年,"摸索出一套进行研究的方法",诸如"像处理问题应该怎样入手、怎样去看问题、怎样克服困难",但回到祖国以后就发现"那套科学研究方法在辩证唯物主义和历史唯物主义里都有"。钱学森不禁感叹"马克思列宁主义不但是社会科学里不可一日没有的指南针,而且也是研究自然科学最好的指导",同时还感慨地称"如果我能早一些学一点马克思列宁主义,我也许能在科学工做中做出更多成绩"。

图为钱学森在中国科学院力学研究所办公室的留影　　图为钱学森晚年在延安毛泽东主席故居前的留影

1　钱学森 . 论技术科学 [J]. 科学通报, 1957(3): 97-104.

正是由此，钱学森将马克思主义哲学内化为治学准绳，且逐步掌握运用辩证唯物主义和历史唯物主义处理问题的精髓。独乐乐不如众乐乐，钱学森还向他人提出一份用于学习马克思主义哲学的经典书目："恩格斯的《反杜林论》一定要学习，还有《费尔巴哈与古典哲学的终结》、列宁的《唯物主义和经验批判主义》，马列主义的经典哲学著作就是这几本，还有毛主席的'两论'。"[1] 这份经典书目兼有世界观和方法论，且还能让人通过掌握其中的理论"学出味来"以看透事物本质。而说到他如何获得此种看透事物本质的能力，就不得不提及 20 世纪 60 年代中期至 20 世纪 70 年代中期他潜心研习马克思主义著述的经历。

体验经典的力量：书房"悟道"

20 世纪 60 年代中期至 20 世纪 70 年代中期，钱学森有过一段在书房集中精力学习马克思主义著述的经历。此间，钱学森从系统研读毛泽东著述入手并"在用字上狠下功夫"。当时科技界存在着关于"学习毛主席的著作能不能解决科技工作中的实际问题"的讨论，钱学森以自身领悟旗帜鲜明地提出"我的回答是不仅能，而且见效得很"，因为他在实践中已经深刻感受到"用毛泽东思想挂帅"能够在科研中"少走弯路"。同时他还从自身经验出发提出"带着问题去学"毛泽东著作的三种视野，即：

一、树立起革命人生观，全心全意为人民服务，在工作中培养高度的事业心和责任感，勇于和一切困难作斗争。二、正确地解决书本知识和实际知

---

1 史秉能，袁有雄，卢胜军. 钱学森科技情报工作及相关学术文选 [M]. 北京：国防工业出版社，2015: 42.

识的关系，外国经验和中国实际的关系，破除迷信，解放思想，真正走上理论联系实际的创造性道路。三、自觉地在科学技术研究中运用辩证唯物主义的认识论和方法论，改进思想方法和工作方法，更好地解决科学技术问题。[1]

与此同时，钱学森还深感研制尖端科技"只搞自然科学技术不行"，因为社会问题比"打导弹、放卫星可复杂得多"，故而开始"去学社会科学"。[2]由此经过十余年潜心研习，他不仅"弄通"社会科学知识，而且还"悟通"社会科学原理。同时，钱学森并未孤立地学习毛泽东著作，而是比较系统地阅读马克思、恩格斯、列宁、毛泽东等人的经典著作，如《共产党宣言》《国家与革命》《路德维希·费尔巴哈和德国古典哲学的终结》《自然辩证法》《列宁主义问题》《法兰西内战》《反杜林论》《德意志意识形态》《唯物主义和经验批判主义》《资本论》《毛泽东选集》，此外还有《实践论》《矛盾论》《毛主席的五篇哲学著作》《战争和战略问题》《反对本本主义》《中国共产党在民族战争中的地位》等专题著述。钱学森在阅读时写下不少札记，如在《法兰西内战》中就写道：

图为钱学森在阅读《法兰西内战》时写下的札记

> 1871 年，马克思已经是五十三岁了，但他在公社存在的两个多月里是以多么大的干劲，忘我地劳动，以致在 1871 年 5 月 30 日马克思就写成了这篇光辉著作。

可以体会，钱学森阅读此书时"如逢故人"，从马克思那里感受到强大的"精神推力"。经过

1　钱学森. 又红又专，为革命利益而攀登高峰——和青年同志谈谈红专问题 [N]. 人民日报，1965-06-04(5).

2　钱学森. 关于形势与对策的谈话 [J]. 管理与政策研究通讯，1991(2).

此番学习，钱学森总结说："学了以后，就觉得马克思、恩格斯、列宁讲的这些话对从事科学技术工作确实有启示指导作用。"[1] 即其所言，"我们搞科学技术应该以马克思主义哲学为指导，因此考虑问题一定要从马克思列宁主义、毛泽东思想的立场、观点和我国的实际出发，不能一味跟外国人走；他们搞不清的，我们应该努力搞清楚，他们不明确的，我们要讲明确，而且要力求符合大道理"。[2] 学以致用，钱学森能够灵活运用马克思主义理论看待社会问题，正如 1972 年 12 月 5 日他致信叶剑英时所说："我是搞科学技术的，就想科学技术是生产力的一个方面，而生产力的发展不能不影响到上层建筑。"

钱学森学习马克思主义著述的过程正如《矛盾论》所言："当我们刚开始研究马克思主义的时候，对于马克思主义的无知或知之不多的情况，和马克思主义的知识之间，互相矛盾着。然而由于努力学习，可以由无知转化为有知，由知之不多转化为知之甚多，由对于马克思主义的盲目性改变为能够自由运用马克思主义。"[3] 正是因此，钱学森在书房"悟道"之中领会到马克思主义的精髓，能够自由运用马克思主义的世界观和方法论，创造性地构建起被他称为"正在升起的太阳"之现代科学技术体系。

新的哲学体系：立象尽意

现代科学技术体系是钱学森晚年回归学术取得的最为光辉的成果。一般

1　钱学森. 哲学·建筑·民主——钱学森会见鲍世行、顾孟潮、吴小亚时讲的一些意见 [N]. 文汇报，1996-06-28.

2　钱学森. 大力发展系统工程，尽早建立系统科学的体系 [N]. 光明日报，1979-11-10.

3　毛泽东. 毛泽东选集：第 1 卷 [M]. 北京：人民出版社，1991: 325.

而言，钱学森创建的现代科学技术体系定型于 20 世纪 90 年代中期，即由"十一大科学门类 + 三个层次 + 一架桥梁"构成的体系。但是，钱学森创建现代科学技术体系的心路历程长达近 50 年，且此体系定型时已经成为以现代科学技术体系为"象"、以马克思主义哲学体系为"意"的全新哲学体系。

钱学森创建现代科学技术体系的思想起点最早可以追溯到其于 1947 年提出的技术科学思想，及至 1957 年，他明确提出创建体系的愿望。他说："在任何一个时代，今天也好，明天也好，一千年以后也好，科学理论绝不能把自然界完全包括进去。总有一些东西漏下了，不属于当时的科学理论体系。"[1] 言外之意清晰可见。同时他在 1957 年为获得"中国科学院 1956 年度一等科学奖金"而撰写的文章中说："什么是工程控制论里面的主要概念呢？这里是专门研究什么控制什么、什么影响什么的，这里特别注重的是一个元件、一个部分同另一个元件、另一个部分之间的关系。所以工程控制论里面的最主要的概念是物件之间的关系，我们可以把工程控制论叫作'关系学'。"[2]

细思可见，钱学森已经从哲学视角考察作为"关系学"的工程控制论，此后又开始关注各类"关系学"问题。例如，他在研究"宇理学"时就提出在"同一类现象中的规律"得以总结之后就要研究"不同类现象间的关系"。他说："当不止一类现象的规律都搞清楚了，我们就要再进一步来研究不同类现象间的关系，这也就是把不同类的现象联结起来，把规律组之间规律找出来。我们就这样逐渐通过观察、总结、提高，再观察、再总结、再提高，把一门科学建立起来。"[3] 随后，他又在书房"悟道"之中由自然科学进入社会科学之中，且于 20 世纪 70 年代中后期开始着手

1　钱学森. 论技术科学 [J]. 科学通报，1957(3): 97–104.

2　钱学森. 工程控制论 [J]. 科学大众，1957(5): 219–221.

3　钱学森. 自然科学和技术发展的主要方向 [M]// 中国青年出版社. 人类征服自然界的新纪元. 北京：中国青年出版社，1958: 31.

创建现代科学技术体系。

及至 1979 年 1 月 9 日，钱学森在总后勤部机关举办的"科学技术知识讲座"中提出"现代科学技术的体系"概念，且还列出自然科学、社会科学、数学、技术科学以及工程技术等门类。[1] 从此时开始，直至 20 世纪 90 年代中期，他又不断地通过"加法"和"减法"完成现代科学技术体系的创建。现代科学技术体系是一个抽象化的"思想模型"或"思想上的结构物"，即其所说："模型就是通过我们对问题现象的了解，利用我们考究得来的机理，吸收一切主要因素，略去一切不主要因素所制造出来的'一幅图画'，一个思想上的结构物。"[2]

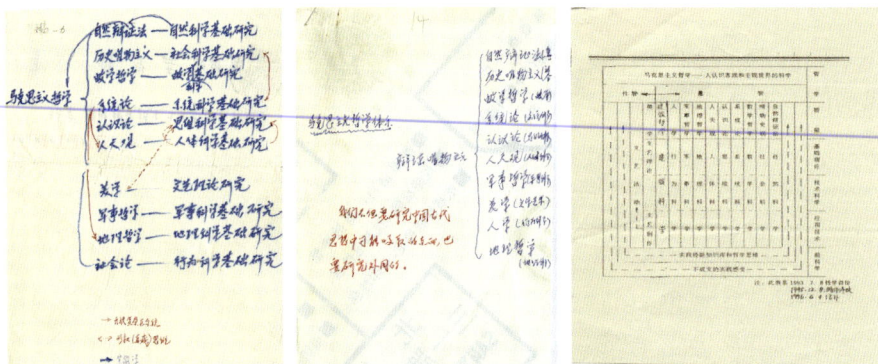

图为钱学森创建现代科学技术体系过程中绘制的各种体系

但要指出，钱学森创建现代科学技术体系的过程经过一次立意转变，即由"现代科学技术体系"转为"马克思主义哲学体系"。此种转变有着相应的时代背景：20 世纪 80 年代至 20 世纪 90 年代，中国学术界提出重构马克

---

1 钱学森在总后勤部机关"科学技术知识讲座"上的发言提纲手稿 (1979 年 1 月 9 日)，原件存于上海交通大学钱学森图书馆。

2 钱学森 . 论技术科学 [J]. 科学通报，1957(3): 97–104.

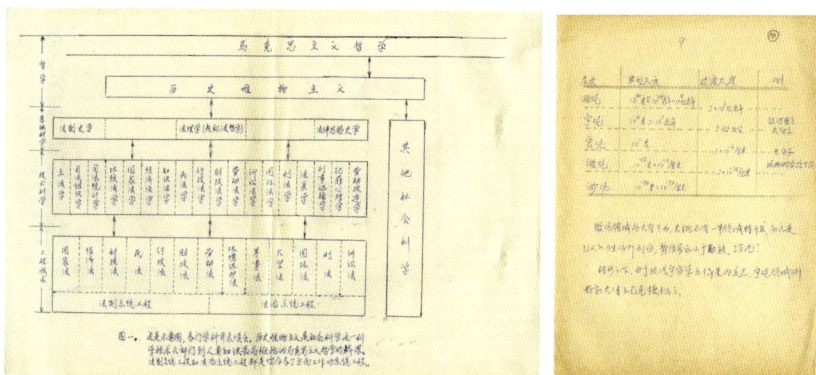

钱学森注重运用简洁图形表达思想的复杂性。左图为钱学森从系统工程视角考察法制与法治问题时绘制的体系，右图为钱学森从世界观视角考察现代宇宙学时绘制的图表

思主义哲学体系的命题。在此背景之中，钱学森通过构建"现代科学技术体系"回应时代命题，且以实践范畴为基础构建起"马克思主义哲学体系"，证明马克思主义哲学对各门科学的指导作用。当然，此体系并非钱学森思想的全部内容，但无疑最为耀眼。值得一提的是，钱学森绘制体系时曾计划用三维图形，但随后以二维图形代之。此中原因就在于二维图形能够更为社会大众所接受且有"立象尽意"之价值，这也反映了马克思主义哲学作为智慧之源的地位。

智慧悟于马克思主义哲学

　　拥有知识并不意味着具有智慧，转识成智是需要条件的。钱学森晚年力行治学之中最深刻的感受，就是领悟到"人的智慧的最高体现"是马克思主义哲学，由其构建的马克思主义哲学体系可见一斑。而此种领悟经钱学森于1987年发表的《智慧与马克思主义哲学》一文得以全面和精彩地阐述，此文发表于是年第 2 期《哲学研究》。钱学森在谈"朴素感受"时写道："我在国外从事教学和研究工作期间，没有好的机会学马克思主义哲学，只是在工作中，从经验和教训中得出了几条治学应该注意的东西，如看问题应找什么角度，碰了钉子又如何办等。当时还自以为这是我的心得。回到社会主义祖国后，有可能认真学点马克思列宁主义、毛泽东思想的著作了，才发现我的那几条治学心得，比起马克思主义哲学来，就好比大海中漂着的几个小水泡，算不了什么！"

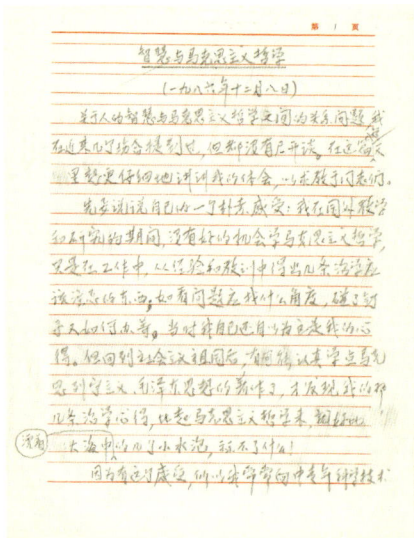

图为《智慧与马克思主义哲学》手稿首页

故此，钱学森提出鲜明主张："要有智慧，就必须懂得并会运用马克思主义哲学去观察分析客观世界的事物"。此处的"智慧"并非"聪明""机灵""敏捷"，而是"人脑更高层次的活动"。他以"信息资料库"为例，说："信息资料库所存储的知识比任何人所能知道的都多千倍、万倍、亿倍，但信息资料库本身并没有智慧。"那么，智慧究竟是如何产生的呢？他又阐释道："智慧作为现象，不可能是孤立于一切之外的，它也一定是与其他事物有关联的……获得智慧要靠积累知识，特别是活的而不是死的知识。所以我们应该考虑智慧与知识的体系，或系统化了的、有结构的人类知识之间的关系。这样就把问题推向什么是系统化了的、有结构的人类知识。对这后一个问题，正好现在已经有了答案，就是现代科学技术的体系。"

由此可知，钱学森为何会执着创建现代科学技术体系。显而易见，马克思主义哲学对体系内的 11 个科学门类具有指导作用，那么体系外的知识是否就不在马克思主义哲学的指导范围内了呢？钱学森解释说：

现代科学技术体系有两个特征。一是它以马克思主义哲学为最高概括，也就是说，体系中所有的学科、理论都要以马克思主义哲学为指导，不能违背马克思主义哲学的原理。但马克思主义哲学又不是一成不变的教条，体系中所有学科、理论的发展，即科学技术的成果，又要用来丰富、深化和发展马克思主义哲学。二是这样的结构就把一些知识性的、经验性的东西放在体系之外了，因为这些东西与整个体系的联系还说不清。此外，资产阶级的社会科学等当然也在体系之外，这是由于其指导思想的不同。所以我们的体系本身并不是孤立的，而是处于暂时还进入不了体系的知识海洋之中的。不但不孤立，而且体系和体系外还要有不断的交往，我们要重视研究体系外的知识，经过整理和鉴别，有的还应随时吸收到体系中来，以充实和发展这个体系。所以这个体系的第二个特征是开放、不断生长发展。

因而钱学森指出，这个体系"包括了人类现在所认识到的客观世界规律的全部精华"，而"它就是智慧的泉源"。由此，钱学森在文章之中以反问语气称："这个科学技术体系的最高概括——马克思主义哲学难道还不是人类智慧的结晶吗？"显而易见，此处的反问有确切答案，即马克思主义哲学是智慧之源，因而"要有智慧，就必须懂得并会运用马克思主义哲学去观察分析客观世界的事物"。同时他还从如何"提高青年的智慧"这个问题出发，提出"要从高中开始进行马克思主义哲学的教育"的理念，以"使学生开阔眼界，能高瞻远瞩，也就能更好地领悟马克思主义哲学"。为此，他还基于"要把这方面的教学放到打基础的重要位置上"做过估算：

到 2000 年，我国初中以上的在校学生将达 4000 万名，再添 1000 万名继续教育的对象，一共 5000 万名学生要接受马克思主义哲学和现代科学技术体系的教育。如果每 200 名学生有一位这方面的老师，那也要有 25 万老师。这是不小的教学队伍呵！当然还有教学计划和教材问题，我们必须早日动手搞。我以为，如果我们能大致按上述的建议去培养青年，那我们就比西方国家的那套什么人文科学教学制度高明得多。

　　由此可见，钱学森的"智慧之说"具有丰富内容和深刻意义。但更为重要者，在钱学森看来，获得智慧之人必然是敢于担当之人。他在《智慧与马克思主义哲学》一文最后写道："一个有智慧的人，是懂得大道理的人，是有社会主义和共产主义理想的人，因而也是一个有道德的人。也因为他懂得大道理，'事理看破胆气壮'，他也一定勇于改革创新，不怕艰难挫折，他不会去贪图安逸，更不会去同流合污。他懂得：'平楚日和憎健翮，小山香满蔽高岑'。"正是因此，钱学森在"叩马克思主义哲学的大门"之中获得智慧，同时又成为一位"懂得大道理"的思想者。又更为重要者，此种智慧的获得还赋予他"看到光明"的能力，他由此通过锻造出载入史册的钱学森精神而回答"英雄谁在"这一历史之问。

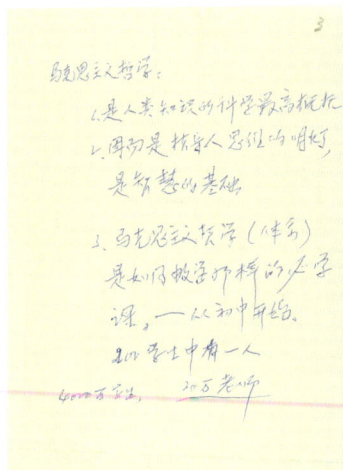

钱学森在一份手稿中提出要将马克思主义哲学课程设置成数学那样的必学课，同时提出 200 名学生要有一位老师

第四章　精神之魂在知在行

　　钱学森精神已经成为一种图腾，镌刻在中国历史之上。它有着丰富的内涵，即生成于伟大的实践之中并以为中国科技事业做出的杰出贡献为支撑；同时它又有着强大的内核，即始终将个人追求融于国家和民族利益之中并以"看到光明"为坚定信念。此种精神的内涵与内核又鲜明地体现于他的知行合一观念之中，而此种思想定力和精神毅力之产生又源于他领悟到何谓真善美。

"光明的将来是我们的"

　　钱学森留美时期正值美国的黄金发展期，尤其是第二次世界大战刺激了科技和经济的发展，整个社会处于前所未有的繁荣中。钱学森说："战后资本主义的发展，也充实和扩大了一些调动人民积极性的做法，生产力进一步发展了，工人生活改善了，股份的分散化、社会化也使一部分人有了一点财产权；议会制、普选制、参与制使资本主义的民主政治前进了一步。"但他也敏锐地意识到繁荣资本主义社会的"另一面"，即"资本主义社会的生产资料和社会财富的绝大部分还是控制在少数垄断资本家手里，而不是为广大人民群众所拥有"，而"其根源就是生产资料的资本家私人占有制和阶级对抗、阶级剥削和阶级压迫的存在"。[1]

1　钱学森，孙凯飞，于景元. 社会主义文明的协调发展需要社会主义政治文明建设 [J]. 政治学研究，1989(5): 1—10.

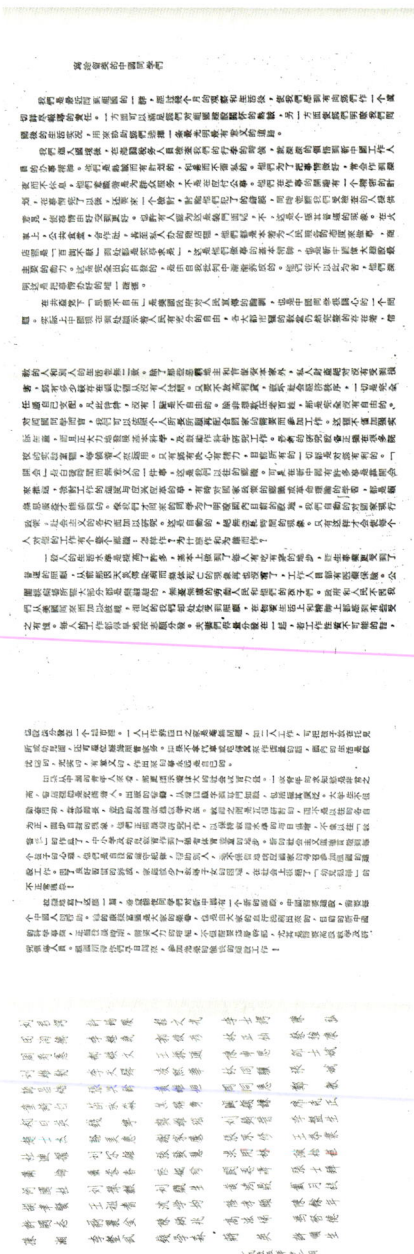

钱学森回国后曾多次给尚在美国的好友写信，期待他们归国建设新中国。1955 年 12 月，包括钱学森在内的 70 位归国人员共同署名发表《写给留美的中国同学们》，公开信开篇写道："我们是最近回到祖国的一群，经过几个月的观察和生活后，使我们感到有可能向你们作一个真切详尽报道的责任。一方面可以满足你们对祖国建设关怀的热诚，另一方面使你们明了我们回国后的生活实况，用来协助你们选择一条最光明最有意义的道路。"

1955 年 10 月 8 日钱学森经罗湖口岸抵达深圳并在北上途中"看到了祖国正在进行社会主义建设事业"这一新气象，尤其是参观"治理黄河展览会"时对于祖国治理黄河的伟大规划甚为感动，同时还初步感悟到"这是同马克思列宁主义思想的指导"分不开。[1]经过对比社会主义和资本主义，1955 年 11 月 9 日钱学森应邀在中央人民广播电视台进行"回国观感"演讲时极为自豪地说道：

　　总结起来，我们知道虽然美国是资本主义国家中之第一强国，但它有了内在的、不能避免的矛盾，它必然走向没落的道路。敬爱的听众们，光明的将来是我们的，不是他们的，这是我归国后感到的最明显的、最深刻的一个道理。

　　因领悟到"光明的将来是我们的"这一道理，钱学森早年受到的"思想革命"之启蒙在此时终于"修成正果"。此外，由于回到祖国后有机会读到马克思主义著述，他对社会主义、共产主义产生理性认识。因而在 1957 年，钱学森随聂荣臻组织的访问团前往苏联之际产生申请入党的念头，他说：

　　在莫斯科期间，我们之中除我之外都是党员，而且是久经锻炼的党员，他们的日常生活是完全符合毛主席所说的，集中于民主、统一意志和个人心情舒畅矛盾统一的境界。这使我认识到党是集体，是一个可爱的集体，我开始对党有了感情，回国后向晋曾毅同志表达了争取入党的愿望。

　　钱学森回国后找到中国科学院党组书记兼副院长张劲夫，表达入党愿望。张劲夫回忆说："一天晚上，钱学森同志一个人找到我家里，谈了他在美国 20 年，做所有工作都是在做准备，准备将来为祖国做点事情，所以一

1　新华社.政协全国委员会邀请钱学森报告美国情况 [N].人民日报，1955-11-12(1).

美元的保险也不买；回国后，为使人民过上有尊严的幸福生活，将竭尽全力建设自己的国家。他还郑重地提出了入党的要求。"[1] 1958 年 9 月 24 日，钱学森向中国科学院力学研究所党总支正式提交入党申请书并附自传一份，及至 1959 年 1 月 5 日，中国科学院力学研究所党总支正式通知钱学森："今接院党委通知，您已被接收为中国共产党预备党员，预备期一年，自一九五八年十月十六日至一九五九年十月十六日止。组织生活编在办公室支部（我们已经通知支部了）。"

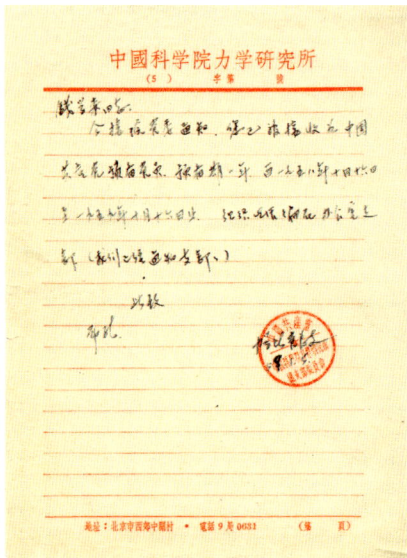

1959 年 1 月 5 日，中国科学院力学研究所党总支通知钱学森"已被接收为中国共产党预备党员"

　　当一年预备期结束之后，钱学森成为一名正式的中国共产党党员。钱学森晚年回忆道："这个时候，我的心情是非常激动的，我钱学森是一个中国共产党党员了！我简直激动得睡不着觉。"当时像钱学森这样从海外归国的著名科学家是否需要入党引起了一定范围内的讨论，甚至有人直言："不入党不是也一样能成为科学家，不是也一样能为祖国建设服务吗？何必一定要入党呢？"钱学森以亲身经历回答："一个对自己有着更高的要求的人、愿为党的事业做出更大的贡献的人，他就会很自然地产生一种靠拢党、努力使自己成为一个共产党员的崇高愿望。"正如钱学森入党后所言：

　　如果工作的目的是为了党的事业、人民的利益，那就会产生一种强烈的靠近党的欲望，进而也就会向自己提出作一个共产党员的要求。因为只有共

1　张劲夫 . 让科学精神永放光芒——读《钱学森手稿》有感 [N]. 人民日报，2001-09-24(1).

图为 1964 年 5 月 22 日至 6 月 3 日，召开中国共
产党第五研究院首届代表大会，钱学森在会上发言

产党才能指给我们前进的正确方向。而加入了共产党的组织，就能够更好地
接受党的领导，更直接地取得党组织的帮助。[1]

　　不仅如此，钱学森还坚信一个共产党员的神圣使命就在于："一定要拿
出一切来为大家的幸福生活而奋斗，而最幸福的生活是通过社会主义达到共
产主义社会。"言之必行，钱学森正是将他的"一切"奉献给了祖国和人民。

英雄谁在：不言自明

　　时间回到 1987 年 3 月，时任中国科学技术协会主席的钱学森率团访问
英国和联邦德国。访问之际，钱学森受邀在英国和联邦德国发表讲话，以一

1　钱学森. 党是前进的指路明灯 [N]. 中国青年报，1959-01-06(3).

位拥有 20 年海外留学经历的"海归"的身份与在英国、联邦德国的中国留
学生们"聊天"。正是在这两次讲话之中，钱学森为中国留学生们现场背诵
了那副位于云南昆明大观楼上由清初孙髯撰写的长联。

图为钱学森访问英国之际在"孙中山先生蒙难室"参观和马克思墓前致敬

那么，钱学森为何会在此时此景之中背诵此副长联呢？

其实，钱学森在两次讲话中都在回答长联之中"英雄谁在"这一历史之
问。但他并未直接给出答案，而是先从历史角度谈起明末清初"感伤文学"
如《桃花扇》的出现，皆因那时的知识分子感到"没有希望""没有出路"，
随后又从中国近代史视角言及"戊戌政变""孙中山领导革命""张勋复辟"
等历史事件，以说明改良主义和资本主义制度"没有走通"，由此再从现实
角度看中国共产党成立以来的历史给出"英雄谁在"的答案。他说：

中国共产党提出，解决中国的问题要用科学的革命的方法，用最新的革
命的科学理论，用科学的社会主义，就是马克思列宁主义，不能用老一套的
东西。1921 年中国共产党的成立，给中国找到了解决问题的正确方向。从明
末算起，已经用了快 300 年的时间了，280 年左右，但只是找到了一个正确
的方向，用马克思列宁主义来解决中国的问题。

不言自明，钱学森通过回顾历史对"英雄谁在"之问的回答是"中国共
产党"。但他在讲话中并未停留在发思古之幽情，而是提出"现在的问题是

怎么建设我们的社会主义"这一现实问题。钱学森没有高谈阔论，而是以自己学习马克思主义哲学的经历和感悟为切入点，与中国留学生们谈起"搞科研工作的经验"，还特别向他们介绍他的那篇《智慧与马克思主义哲学》并中肯地建议说：

> 恐怕在座的同志都知道我们中国人在国外的荣誉是挺高的。中国的学者不笨，同时真拼命干。但是，我说中国的学者如果再加上马克思主义哲学就更了不起了。事实就是这样。从我个人的经历，最后得到的就是这样一个认识……我们中国是有办法的，因为我们用马克思主义哲学来指导我们的工作，同时又用我们工作中的经验不断地去丰富马克思主义哲学。我们用这样一个办法，就把世界上人类智慧，包括古代的、现代的、中国的、外国的都集中起来了。这是中国建设社会主义的一个方向……我认为，我们这样的看法要比过去聪明一些，要比国外高明一些。这个办法是灵的，我们要有信心。

接着，钱学森顺其自然地谈到"希望在国外工作的同志助一臂之力"于国内科技发展并称："假设我们不重视科技，不把它放到很重要的位置，到 21 世纪我国的科学技术不在世界前列的话，那么要实现建国 100 周年人均产值接近世界先进水平那个伟大目标恐怕是很难做到的。"[1] 此言既是鼓励中国留学生们在海外拼搏奋斗，同时更是希望他们学成归国，就像当年钱学森好友以"祖国待君"之言激励之。可以想象，当钱学森流利背诵长联时的气度与自信。不言而喻，钱学森自己亦是这一英雄群体之中的一员，用一生践行着"为国谋利""复兴祖国""富强祖国""利在天下"的初心与使命。

---

1 钱学森. 学点历史 学点哲学 [J]. 科协通讯，1987: 9.

看到光明皆因真善美

20世纪70年代中期钱学森在书房读书治学时，面对的是一幅"新世界"图景，尤其看到中国与发达国家存在的巨大差距，但他坚信"光明的将来是我们的"。此种坚定的信念源于他以学术研究为途径对共产主义实现路径的严谨论证，但其时，众所周知的国际形势之客观原因使国内许多知识分子对共产主义的实现产生怀疑。同时中国思想界和学术界又普遍存在"拿来主义"，即在被钱学森总结为"不加分析地把外国流行的一套全部或大部接过来"之中引入很多外国流行的"时髦概念"。

正是因此，钱学森提出要从实际工作出发研究各种思想并呼吁，"现在建设有中国特色的社会主义又有那么多问题等待哲学社会科学界去解决，真使人有'危机'感了。"[1]正因意识到"危机"，钱学森晚年在学术研究中有了更多责任与担当。例如他提出要敢于"亮出我们体系结构"并"在破旧中建设自身，在立新中建设自身"，此体系即是马克思主义哲学体系。同时他又在治学之中创建四种革命理论体系，论证共产主义的实现路径，即"科学革命—技术革命—产业革命—社会革命"。他还曾宣称研究学术"不能脱离社会实际"，"搞学术研究是为了建设社会主义，为了走向共产主义"。[2]即如其坚信：

不管今天有些人怎么怀疑马克思主义，不管今天有些人怎样批判科学共产主义的学说，马克思、恩格斯提出的人类共产主义文明更高阶段的理想，是真善美的统一，是真正合乎人性的，是真正人道主义的，它确实是人类社会文明理想境界。这就是一百多年来它吸引了千千万万人的原因，无数的志士仁人为此奋斗、献身的原因。不管今天实现社会主义国家中还有多少不尽

1　涂元季．钱学森书信：第3卷[M]．北京：国防工业出版社，2007：318．

2　涂元季．钱学森书信：第5卷[M]．北京：国防工业出版社，2007：391．

如人意、不文明的现象存在，它仍不能掩盖共产主义的光辉。这种共产主义的最高文明形态仍是任何一个真正追求人类解放，特别是任何一个真正的共产党人所应该追求的崇高理想。[1]

在某种意义上，钱学森晚年的治学历程正体现出他不断追求"真善美"的心路历程。本来，钱学森完全可以凭借科技贡献安度晚年，却以这等毅力投身于研究"等待哲学社会科学界去解决"的学术问题和实践问题。细读晚年钱学森的文献又可感知，"光明"作为主题词贯穿始终，不仅在他的书信之中，也在他的文章之中，同时更在他的思想之中。其中当属 1995 年 6 月 21 日他写给戴汝为的信中之"看到光明"最能体现这一点，他写道：

1991 年 5 月 1 日钱学森在一份读书札记中提出预言：再经过百年以上中国及社会主义国家胜利了，世界进入社会主义鼎盛的"唐朝"！

（一）"大彻大悟"只能是人类认识客观世界的最终目标，是最高理想；但对任何一个具体的人来说，这最终胜境是达不到的！当然科学技术的进步会促进这个过程。如信息网络，如我们的大成智慧学和大成智慧工程，都会大大加速这个过程，但也只是快一点而已。我们不是唯心主义者！

（二）从实践感知到感性认识是就事论事的经验总结，其中思维过程比较简单。难在从感性认识到理性认识这个飞跃。这是感性认识的规律要嵌入

---

1 钱学森，孙凯飞，于景元. 社会主义文明的协调发展需要社会主义政治文明建设 [J]. 政治学研究，1989(5): 1–10.

理论体系。这要选出可以嵌入的已知理论体系；如果都不合适，那就要修改已有的理论体系了。这一步比较难，逻辑思维当然要用，要验证嘛，但重在找路子，所以泛化就很有用了。

　　总之，我们是辩证唯物主义者，一方面要解放思想，看到光明，今人要胜过古人，另一方面又千万不可超出现实！

　　由此可言，钱学森"看到光明"皆因发现马克思主义是"真善美的统一"，故而又在知行合一之中做到真正意义上的"此心光明"。

精神之魂：知行合一

　　知与行的关系是中国哲学由古至今都极为关注的问题，对于这一问题，仁者见仁，智者见智，既有持"分"论观的，亦有持"合"论观的，由此形成不同的哲学派别。1991年，已在耄耋之年的钱学森对知行关系做过专门评论，他以中国哲学史为宏观视野指出："从孔夫子到孙中山，大家在知行先后、知行分合等问题上一直争论不休，虽然也有不少唯物主义哲学家提出过行先知后、由行致知的观点，但由于他们所谓的'行'，大多囿于道德行为（德行）或日常'应事接物'等，主要不是指生产的、'革命的'、'实践批判的'行为活动，因而往往带有消极直观的性质，他们不能正确理解作为'实践'的社会行为活动，因而也不能真正说明如何才能正确发挥人的主观能动性，这是旧唯物主义的局限性。"循此出发，钱学森以毛泽东思想作为知行统一观的典型为例解释说：

　　众所周知，我国老一辈无产阶级革命家集体智慧的结晶——毛泽东思想，把马克思主义普遍原理与中国革命具体实践相结合，汲取中国传统文化的精华，提出了辩证唯物论的知行统一观，强调只有尊重客观条件，尊重客观规律，才能正确发挥自觉能动性。毛泽东把人类活动的一切领域叫作"舞台"。没有客观条件这个"舞台"，人们就无法演出"威武雄壮的话剧"来。但是，人们正确认识、掌握了客观条件、客观规律，就可以基于情况审时度势，利用条件、创造条件，改造世界，施展人的能动性。[1]

　　此段解释颇为精彩，由此可见钱学森持毛泽东的"辩证唯物论的知行统一观"。由此再视之，钱学森的一生亦是知行合一的一生。此种知行合一观并非天生有之，而是在实践之中经由不断感悟、体悟和领悟而逐渐形成的。

　　且看这一过程的基本脉络是如何形成的。

图为钱学森晚年照片

　　钱学森晚年总结称"我一生工作的中心就是理论联系实际"，而此种"联系"的思想起点可追溯到他在交通大学求学时期的学术训练，特别是他对科学理论与工程实际之间的辩证关系已经产生初步的感性认识。随后他在留美 20 年间，以技术科学思想的提出而从理性认识层面建立起科学理论与工程技术的辩证关系观，正如 1991 年 11 月 14 日他致函清华大学工程力学系刘清珺时所言："工程力学是必须理论联系实际的；一方面是精深的力学理论，另一方面是工程实际亟待解决的问题。他们必须以理论去解决实际问题，要得到在生产第一线工作的工程师的欢迎。万万不可只发表论文，不解决问题，让工程师们觉得有你没有你一个样！怎样做到理论联系实际？必须深入实际。"同时，他又说：

　　一门科学一旦有了系统的理论就进入正常发展的阶段，大量的实验和理

1　钱学森，钱学敏．"社会论"——行为科学的哲学概括 [J]．哲学研究，1991(11)：45-50．

论分析，不断充实原来的理论，理论又见诸实际应用，实践结果又提出新的研究课题，要求科学家去解决。这大体上都是量的累积，原来科学理论框架显得更加牢固了。但就在这一阶段的量变中，也隐藏着与原来理论规范相矛盾的东西，随着研究的进展，矛盾逐渐显露，也会有些不损害原来理论的小修补。可是矛盾终于无法克服，引起激化，大家都有了科学危机感，这时就会出现一个新理论来取代原来的理论，形成一次质变，一次科学理论的飞跃。当然新理论总是吸取了原来理论的成果，包含了原来的理论，是人们认识客观世界漫长过程的一个新的驿站。[1]

正是由此，钱学森留美时期从事科研工作时已经在潜意识里遵循着马克思主义的认识论和实践论。即其所称，"客观世界是不以人们的意志而独立存在的，人可以通过社会实践逐步认识客观世界，而人掌握了客观世界的运动规律之后，又能能动地利用这些规律来改造客观世界，并在实践中检验认识的正确性。"[2] 同时正因摸透和看清"规律的里里外外、前前后后"，才能具有锐利的眼光以及"能在复杂的事物中分析出核心问题，不被形形色色的假象蒙蔽，从而辨别真伪"。[3] 亦正因此，钱学森回国之后很快就建立起马克思主义的信仰，且同步建立起知行合一的世界观和方法论。

以此观之，钱学森的人生选择与实践正是知行合一的生动体现。他早年以富强祖国为志向并践行之，青年以学术求索为目标并践行之，壮年以挺膺创业为追求并践行之，晚年以力行治学为归宿并践行之。因而可说，知行合一正是钱学森精神的内核。"知"者，信仰也；"行"者，实践也。镌刻在中国历史之上的钱学森精神，已然成为一种图腾，就像钱学森家中院落里的那棵还"活着"的枣树一样，给人以生命启示和生活启迪。

1　钱学森.关于建立和发展马克思主义的科学学的问题——为《科研管理》创刊而作 [J].科研管理，1980(1): 3–8.

2　钱学森.大力发展系统工程，尽早建立系统科学的体系 [N].光明日报，1979–11–10.

3　钱学森.中国科学技术大学里的基础课 [N].人民日报，1959–05–26(6).

尾声

那树还"活着"

    1955 年钱学森回国后先在北京饭店暂住，随后搬到位于中关村的中国科学院宿舍。此处现在又被称为"特楼"，钱学森一家就住在 14 号楼 201 室。从留存照片可见室内的简约和整洁，即在此间宿舍里，钱学森写下诸多影响中国科技历史进程的著述。这个院落里至今也有一棵高大的树，据称，"这棵树是钱学森亲手种下的"。同时，正是于此居住期间，钱学森以中国科学院力学研究所所长和国防部第五研究院院长的身份，建立起中国研制火箭导弹技术的基础，为中国航天科技事业写下走向未来的"第一笔"。那幅由郭沫若创作的"补壁"之诗，最初就挂于此住处。

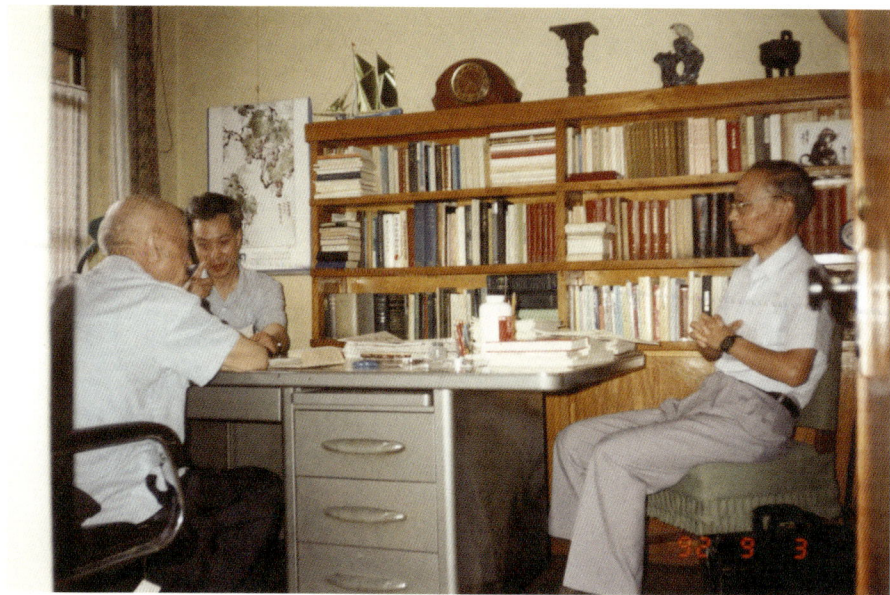

图为 1992 年 9 月 3 日蒋英过生日时，钱学森的两位秘书王寿云和涂元季到钱学森家中祝贺。此间，钱学森和两位秘书还不忘在书房讨论学术问题，书房中的办公桌是 1955 年钱学森归国时从美国打包带回的，他一直使用到晚年。正是这方寸书房之中孕育出无限丰富的思想

    及至 1960 年，钱学森一家又再次搬家，搬到位于阜成路的航天大院内。钱学森刚搬到此处时，在院中栽下三棵枣树。随着时光流逝，三棵枣树环抱在一起，逐渐变成一棵大树。每年秋季，枣树都会挂很多果子。正是此间，

钱学森带领中国科技工作者在研制导弹、人造卫星以及反导弹工程等尖端科技的道路上持续攻坚拔寨，为中国科技事业贡献全部力量。就是在这"钱学森故居"里，不知形成了多少尖端科技的决策方案和研制思路。钱学森晚年就经常回忆起那段岁月，他说：

> 在美国，我懂一点导弹、卫星的事，但也没有真正发射过导弹、卫星，怎么办？只好和大家商量。当时南苑的一院、长辛店的三院、家属宿舍都未盖好，科技人员们只好每星期六上午坐班车回阜成路的大院的家，星期一早上又乘班车去上班。于是我想了一个办法，每个星期天下午把各个型号的技术负责人请到我宿舍去讨论问题。总工程师们都畅所欲言，这对明确许多问题、解决问题起了很大作用，对我也是很大的帮助。直到今天我仍住在这几间房子里，它使我常常回忆起那个时代每星期天下午的会。[1]

图为 1986 年中国航天事业创建 30 周年之际，钱学森与"航天四老"梁守槃（左一）、任新民（左二）、黄纬禄（右一）、屠守锷（右二）在一起座谈的合影

1　钱学森.钱学森文集：第 6 卷 [M]. 北京：国防工业出版社，2012: 209–210.

　　当时，常去钱学森家中畅所欲言、讨论问题的有任新民、屠守锷、黄纬禄、梁守槃、庄逢甘、林爽等。"钱学森故居"里有一间书房，其面积不大，约有七平方米。钱学森不仅于 20 世纪 60 年代中期到 20 世纪 70 年代中期在这间书房里研读马克思主义的著述，同时亦于晚年回归学术之际静坐于此读书治学。透过此间书房的窗户正好能够看到院中的枣树，想必，钱学森思考问题、撰写文稿或回复书信时，会时常抬头望向那棵枣树。

笔者曾多次到北京"钱学森故居"收集资料，每次按照约定时间到故居时总能见到一位"扫地僧"在院里打扫卫生，而这本属物业职责。这位"扫地僧"正是钱学森哲嗣钱永刚教授。此图由笔者摄于 2018 年 10 月 17 日上午 9 点

　　正是在这方寸书房之内，钱学森一坐数十年，而其治学成果就像枣树在秋天挂的果子那般。然而 2009 年冬天下了一场大雪，大雪过后的翌年开春之际，那棵枣树已无生机。原本要被砍掉的枣树，在钱学森哲嗣钱永刚教授的提议下得以留下半截作为念想。这半截枣树至今仍挺拔地"活着"，就像钱学森精神那样。

钱学森大事年表

1911 年　12 月 11 日（阴历辛亥年十月廿一日）出生于上海，祖籍浙江杭州，字伯青，乳名申儿。父亲钱均夫（1882—1969），民国时期著名教育家和社会活动家。母亲章兰娟（1887—1934），祖籍广东潮州，杭州富商女儿。

1914 年　由于父亲钱均夫被聘任为教育部视学，随父母迁居北京生活。

1915 年　进入北京女子高等师范学校附属蒙养园学习。

1917 年　进入北京女子高等师范学校附属小学校（现北京第二实验小学）学习。

1920 年　进入北京高等师范学校附属国民学校高等小学校（现北京第一实验小学）学习。

1923 年　进入国立北京师范大学校附属中学校（现北京师范大学附属中学）学习。

1923 年　至 1926 年——读初中。

1926 年　至 1929 年——读高中。

1929 年　考入交通大学机械工程学院。

1930 年　暑假居住杭州期间染伤寒，休学一年之际接触科学社会主义著作。

1934 年　以交通大学机械工程学院第一名的成绩毕业。参加清华大学留美公费生选拔考试，获得"航空门（机架组）"资格。

1935 年　乘坐"杰克逊总统号"邮轮赴美求学，进入麻省理工学院航空工程系学习。出国前发表《火箭》一文。

1936 年　完成硕士论文《边界层研究》，获得麻省理工学院硕士学位。进入美国加州理工学院航空系学习，师从冯·卡门。

1939 年　完成博士论文《可压缩流体的流动以及反作用力推进》，获得加州理工学院博士学位。留校任教，担任加州理工学院航空系助理研究员。

1940 年　受聘为"航空委员会航空研究所"委托研究员。

1942 年　担任美国军方委托的加州理工学院"喷气技术训练班"教员。

1943 年　担任加州理工学院喷气推进实验室喷气研究组组长。晋升为加州理工学院航空系助理教授。

1944 年　晋升为加州理工学院航空系讲师。

1945 年　作为美国国防部陆军航空兵科学咨询团的成员之一，前往欧洲考察并参与撰写考察报告《迈向新高度》。晋升为加州理工学院航空系列教授。

1947 年　晋升为麻省理工学院航空工程系教授。回国探亲并与蒋英结婚，同时在浙江大学、交通大学、清华大学、北京大学等高校作技术科学报告。

1948 年　被推选为全美中国工程师学会会长。10 月 13 日儿子钱永刚出生于波士顿。

1949 年　担任加州理工学院古根海姆喷气推进中心主任和戈达德讲座教授。收到曹日昌受"北方局"委托寄来的邀请回国的信函。

1950 年　被美国移民归化局拘禁。6 月 26 日女儿钱永真出生于洛杉矶。

1952 年　在美国处于"驱而不逐"和"监视居住"状态，直至 1953 年 3 月获得保释资格后按照规定每月前往洛杉矶移民归化局报告行踪。

1953 年　获得本年度"彭德雷航空航天著述奖"。

1954 年　《工程控制论》由麦格劳－希尔公司出版，该书俄文版、德文版、中文版、捷克文版分别于 1956 年、1957 年、1958 年、1960 年出版。为加州理工学院研究生开设"物理力学"课，同时开始编写

《物理力学讲义》。

1955 年　致函陈叔通表达归国愿望。经中国政府多方努力，乘坐"克利夫兰总统号"邮轮归国。

1956 年　根据周恩来总理的要求撰写《建立我国国防航空工业意见书》。参与十二年科学规划的制定工作，主持编写"喷气和火箭技术的建立""建立我国基本军事工程研究"两项重要任务，同时主持规划"基础科学的发展方向"中的"力学"方向。被任命为中国科学院力学研究所所长和国防部第五研究院院长。

1957 年　中国科学院学部委员会第二次全体会议闭幕式上通过新增学部委员名单，钱学森入选"物理学数学化学部"。当选为中国力学学会第一届理事会理事长。

1958 年　向中国科学院力学研究所党总支提交入党申请书，经一年预备期（1958 年 10 月 16 日至 1959 年 10 月 16 日）之后成为正式党员。

1960 年　我国第一枚近程地地导弹"东风一号"发射成功。

1961 年　当选为中国自动化学会第一届理事会理事长。

1962 年　中文版《物理力学讲义》出版。

1963 年　《星际航行概论》出版。

1964 年　受邀同毛泽东谈关于研制反导弹的问题。

1965 年　向国防科委和国防工办提交《关于制定人造卫星研究计划的建议》。担任第七机械工业部副部长。

1966 年　我国首次导弹与原子弹"两弹"结合试验圆满成功。《气体动力学诸方程》出版。

1968 年　担任中国空间技术研究院首任院长，负责研制人造卫星和空间技术。

1970 年　我国第一颗人造卫星"东方红一号"发射成功。

1978 年　作为"中国人民解放军国防工业出席全国科学大会代表团"成员

出席全国科学大会。同许国志、王寿云合写并发表《组织管理的技术——系统工程》一文。

1979 年　被聘为中国未来研究所第一届理事会顾问并连续担任第二、三届理事会顾问。

1980 年　参与组织领导我国第一枚洲际导弹全程飞行试验。

1982 年　担任国防科学技术工业委员会科学技术委员会副主任。《论系统工程》出版。

1984 年　参与组织领导我国第一颗地球静止轨道试验通信卫星发射任务。

1985 年　当选为中国宇航学会第二届理事会名誉理事长。

1986 年　增选为政协第六届全国委员会副主席并相继当选第七、八届全国委员会副主席。在中国科学技术协会第三次全国代表大会上当选中国科学技术协会主席。《关于思维科学》出版。

1987 年　以中国科学技术协会主席的身份访问英国和联邦德国。《社会主义现代化建设的科学和系统工程》出版。

1989 年　获国际技术与技术交流大会和国际理工研究所授予的"小罗克韦尔奖章"，以及"世界级科技与工程名人""国际理工研究所名誉成员"称号。

1991 年　获国务院、中央军委授予的"国家杰出贡献科学家"荣誉称号和中央军委授予的一级英雄模范奖章。《钱学森文集 (1938—1956)》出版。

1994 年　在中国工程院第一次院士大会上被选聘为中国工程院院士。《杰出科学家钱学森论城市学与山水城市》《论地理科学》《科学的艺术与艺术的科学》出版。

1995 年　获何梁何利基金颁发的首届"何梁何利基金优秀奖"。

1998 年　在中国科学院第九次院士大会和中国工程院第四次院士大会上被授予"中国科学院资深院士""中国工程院资深院士"称号。

1999 年　获中共中央、国务院、中央军委颁发的"两弹一星功勋奖章"。

2001 年　经国际小行星中心和国际小行星命名委员会审议批准，中国科学院紫金山天文台发现的国际编号为 3763 号的小行星被命名为"钱学森星"。《钱学森手稿》《论宏观建筑与微观建筑》《第六次产业革命通信集》《创建系统学》出版。

2005 年　《智慧的钥匙：钱学森论系统科学》出版。

2006 年　《导弹概论手稿》出版。

2007 年　《水动力学讲义手稿》出版。

2008 年　被美国《航空与空间技术》周刊评为 2007 年度人物。被中央电视台评选为"2007 感动中国年度人物"。

2009 年　因病在北京去世，享年 98 岁。

参考文献

[1] 钱学森.关于"两弹一星"与伟人的一些回忆 [N].光明日报,2000-02-14(1).

[2] 涂元季.钱学森书信:第 6 卷 [M].北京:国防工业出版社,2007:32+501.

[3] 本厅第十八次纪念周钱秘书均夫先生讲词(五月四日)[J].浙江教育行政周刊,1931,2(36):3-5.

[4] 本厅第四十五次纪念周钱秘书均夫先生讲词(十二月十四日)[J].浙江教育行政周刊,1931,3(16):4-5.

[5] 钱学森.钱学森文集:第 6 卷 [M].北京:国防工业出版社,2012:209-210+420.

[6] 郭延谟.钱视学家治调查日本教育报告 [J].教育公报,1918,5(14):88-94.

[7] 涂元季.钱学森书信:第 9 卷 [M].北京:国防工业出版社,2007:175.

[8] 涂元季.钱学森书信:第 7 卷 [M].北京:国防工业出版社,2007:258-259+356-357+107+503.

[9] 钱学森.关于教育科学的基础理论 [J].华东师范大学学报(教育科学版),1984(4):1-6.

[10] 涂元季.钱学森书信:第 10 卷 [M].北京:国防工业出版社,2007:451.

[11] 李国佐.北京师范大学附属中学校(附表)[J].渝声季刊,1923(创刊号):83-100.

[12] 钱学森.钱学森文集:第 4 卷 [M].北京:国防工业出版社,2012:363.

[13] 北京师范大学附属中学建校八十周年纪念册 [Z]. 1981: 23.

[14] 汪成为. 科学的战略谋划严谨的治学精神——对钱老的深切缅怀 [C]// 总装部科技委、总装备部政治部, 钱学森学术思想研究论文集. 北京: 国防工业出版社, 2011: 17.

[15] 钱学森. 着眼 21 世纪加强文化建设 [N]. 科技日报, 1988–06–15(4).

[16] 新华社驻北京记者. 科学家的春天 [N]. 人民日报, 1957–02–05(7).

[17] 钱学森. 音乐和音乐的内容 [J]. 浙江青年, 1935, 1(4): 91–98.

[18] 钱学森. 回顾与展望 [Z]. 上海交通大学通讯, 1992, 1.

[19] 钱学森. 科学技术工作的基本训练 [N]. 光明日报, 1961–06–10(2).

[20] 王建绪致钱学森 (1956 年 10 月 18 日), 原件存于上海交通大学钱学森图书馆.

[21] 马德秀. 钱学森和他的母校上海交通大学 [M]. 上海: 上海交通大学出版社, 2011: 50.

[22] 陈更新. 机械工程学院三四年级课程概况 [J]. 南针, 1933(5).

[23] 钱学森. 最后一次系统谈话: 谈科技创新人才的培养问题 [N]. 人民日报, 2009–11–05(4).

[24] 钱学森. 现代力学——在一九七八年全国力学规划会议上的发言 [J]. 力学与实践, 1979(1): 4–9+3.

[25] 涂元季. 钱学森书信: 第 4 卷 [M]. 北京: 国防工业出版社, 2007: 418.

[26] 冯·卡门, 李·爱特生. 冯·卡门: 钱学森的导师 [M]. 王克仁, 译. 西安: 西安交通大学出版社, 2015: 290.

[27]《庄逢甘院士纪念文集》编委会. 庄逢甘院士纪念文集 [M]. 北京: 中国宇航出版社, 2011: 32+38.

[28] 钱学森. 钱学森手稿 [M]. 太原: 山西教育出版社, 2000: 132+323.

[29] 钱学森在力学大会上的讲话整理稿 (1961 年 12 月), 原件存于上海交通大学钱学森图书馆。

[30] 钱伟长 . 钱伟长论教育 [M]. 上海：上海大学出版社 , 2006: 224.

[31] 钱学森 . 钱学森文集：第 2 卷 [M]. 北京：国防工业出版社 , 2012: 8+143+252+301.

[32] 钱学森 . 从飞机、导弹说到生产过程的自动化 [M]. 北京：科学普及出版社 , 1956: 10–13+15+18.

[33] 涂元季 . 钱学森书信：第 8 卷 [M]. 北京：国防工业出版社 , 2007: 193–194+56+474.

[34] 钱学森在中国科学院第二次全体会议上的发言 (1957 年 6 月)，原件存于上海交通大学钱学森图书馆。

[35] 钱学森在中国科学技术大学作"谈谈工作与学习"的报告 (1961 年 10 月 28 日)，原件存于中国科学技术大学档案馆。

[36] 钱学森 . 现代科学技术的组织管理 [J]. 沈阳科教资料 , 1980(2): 1–12.

[37] 姜斯宪 . 思源·激流 [M]. 上海：上海交通大学出版社 , 2019: 32–33.

[38] 史秉能，袁有雄，卢胜军 . 钱学森科技情报工作及相关学术文选 [M]. 北京：国防工业出版社 , 2015: 7–8+142–143+17+35+42+60+128+145.

[39] 耿云志 . 胡适遗稿及秘藏书信 [M]. 合肥：黄山书社 , 1994(42): 525–526+518+521.

[40] 耿云志 . 胡适年谱 1891–1962(修订本)[M]. 福州：福建教育出版社 , 2012: 268.

[41] 胡适 . 胡适全集：第 33 卷 [M]. 合肥：安徽教育出版社 , 2003: 557.

[42] 赵汝敖 . 诞生于 1958 年国庆节的风洞——回忆北大 2. 25m 大型低速风洞的建成 [N]. 北京大学校报 , 2009–09–25(2).

[43] 钱学森 . 科学技术现代化一定要带动文学艺术现代化 [J]. 科学文艺 , 1980(2): 3–7.

[44] 威廉·里斯·西尔斯 . Story From A Twentieth——Century Life[M]. 美国康奈尔大学档案馆藏影印本 , 1993: 79.

[45] 钱学森 . 论技术科学 [J]. 科学通报 , 1957(3): 97–104.

[46] 钱学森 "在第一次全国先进生产者和积极知识分子大会上的发言" 文稿，原件存于上海交通大学钱学森图书馆。

[47] 钱学森 . 现代科学技术 [N]. 人民日报 , 1977–12–09(2).

[48] 1948 年钱学森在 *Journal of the Chinese Institute of Engineers* 第 6 卷上正式发表 "Engineering and Engineering Sciences" 一文: Tsien H S. Engineering and engineering sciences[J]. Journal of the Chinese Institution of Engineers, 1948, 6: 1–14.

[49] 钱学森 . 怎样研究工程科学和研究些什么 [J]. 工程界 , 1947, 12(2): 12.

[50] 李佩 . 钱学森文集 : 1938—1956 海外学术文献 (中文版)[M]. 上海 : 上海交通大学出版社 , 2011: 394–395.

[51] 钱均夫致李元庆函 (1953 年 4 月 20 日)，原件存于上海交通大学钱学森图书馆。

[52] 罗沛霖 , 王德禄 . 罗沛霖 : 党派我去留学 , 我要对得起党 [J]. 中共党史研究 , 2011(1): 96–101.

[53] 王德禄 , 高颖 , 程宏 , 等 . 1950 年代归国留美科学家访谈录 [M]. 长沙 : 湖南教育出版社 , 2013: 424.

[54] 刘深 . 葛庭燧传 [M]. 北京 : 科学出版社 , 2010: 108–109.

[55] 毛家钧 . 访钱学森 [N]. 文汇报 , 1957–01–30.

[56] 涂元季 . 钱学森书信 : 第 1 卷 [M]. 北京 : 国防工业出版社 , 2007: 274+367.

[57] 钱学森 . 物理力学讲义 [M]. 北京 : 科学出版社 , 1962: 1.

[58] 钱学森 . 在授奖仪式上的讲话 (1991 年 10 月 16 日)[N]. 人民日报 , 1991–10–19(1).

[59] 钱学森 . 激动地接受科学奖金 [N]. 人民日报 , 1957–01–25(7).

[60] 高易金 . 钱学森的一家 [J]. 新观察 , 1957(6).

[61] 葛能全. 钱三强年谱长编 [M]. 北京：科学出版社，2013: 146.

[62] 吴锡九. 回归 [M]. 上海：上海科学出版社，2012: 67.

[63] 钱学森. 我在美国的遭遇 [N]. 人民日报，1956–01–02(4).

[64] 关于留美科学家钱学森回国的有关材料，原件存于中华人民共和国外交部档案馆。

[65] 钱学森. 一切成就归于党，归于集体 [N]. 光明日报，1989–08–06(4).

[66] 钱学森. 响起了向科学大进军的号角 [N]. 人民日报，1956–02–05(3).

[67] 熊卫民. 忆 1956 年钱学森首次访苏：吴鸿庆教授访谈录 [J]. 科学文化评论，2017, 14(1): 74–81.

[68] 全国科学研究工作规划委员会. 1956—1967 年科学技术发展远景规划纲要（修正草案）[R]. (1956–12–22).

[69] 王寿云. 钱学森 [M]//《科学家传记大辞典》编辑组. 中国现代科学家传记（第一集）. 北京：科学出版社，1991: 776.

[70] 张劲夫. 让科学精神永放光芒——读《钱学森手稿》有感 [N]. 人民日报，2001–09–24(1).

[71] 何祚麻. 钱学森与十二年科学规划 [Z]. 中国科学院院史资料与研究，1992，3.

[72] 郭传杰，王聪. 村人散语话科苑：郭传杰访谈录 [M]. 北京：科学出版社，2023: 85–86.

[73] 钱学森同志对力学所方向任务的看法 (1965 年 2 月 27 日)，原件存于中国科学院档案馆。

[74] 中国力学学会. 中国力学学会史 [M]. 上海：上海交通大学出版社，2008: 22–23+18.

[75] 关于力学研究所尖端技术研究任务的安排问题，原件存于中国科学院档案馆。

[76] 中国科学院新技术局. 星际航行科技资料汇编（第一集）[M]. 北京：科学

出版社，1965: 前言.

[77] 钱学森建议早日主持制定我国人造地球卫星的研究计划并列入国家任务的报告，原件存于中国人民解放军档案馆。

[78] 聂总对钱学森同志"关于制定人造卫星研究计划的建议"的意见，原件存于中国人民解放军档案馆。

[79] 竺可桢. 竺可桢全集：第 17 卷 [M]. 上海：上海科技教育出版社, 2009: 37–38.

[80] 孙立忠. 随同毛泽东参加十月革命 40 周年庆典 [J]. 湘潮, 2011(11).

[81] 周均伦. 聂荣臻年谱（下卷）[M]. 北京：人民出版社, 1999: 914–915+ 922+937.

[82] 张劲夫. 张劲夫文选世纪回顾（上）[M]. 北京：中国财政经济出版社, 2000: 292.

[83] 张现民. 钱学森年谱 [M]. 北京：中央文献出版社, 2015: 296.

[84] 钱学森. 导弹概论手稿 [M]. 北京：中国宇航出版社, 2006: 115.

[85] 钱学森. 谈谈中国科协的工作 [J]. 科协通讯（增刊), 1987: 8.

[86] 武际可. 近代力学在中国的传播与发展 [M]. 北京：高等教育出版社, 2005: 199.

[87] "建立我国基本军事工程研究"的中心问题说明书（草案），原件存于中国人民解放军档案馆。

[88] 钱学森. 钱学森文集：第 1 卷 [M]. 北京：国防工业出版社, 2012: 237– 238.

[89] 钱学森. 科学技术的组织管理工作 [J]. 红旗, 1963(22): 19–27.

[90] 钱学森. 现代化和未来学 [J]. 现代化, 1979(6).

[91] 钱学森. 今天苏联及美国星际航行中的火箭动力及其展望 [M]// 中国科学院新技术局. 星际航行科技资料汇编（第一集)[M]. 北京：科学出版社, 1965: 6.

[92] 钱学森. 航空技术的展望 [J]. 科学通报, 1956(6): 5–19.

[93] 余寿文. 清华大学工程力学研究班的历史回顾与思考 [J]. 力学与实践, 2011, 33(6): 97–100.

[94] 钱学森. 中国科学技术大学里的基础课 [N]. 人民日报, 1959–05–26(6).

[95] 戴汝为. 我和《工程控制论》[N]. 光明日报, 2011–12–05(13).

[96] 钱学森, 戴汝为. 论信息空间的大成智慧：思维科学 \ 文学艺术与信息网络的交融 [M]. 上海：上海交通大学出版社, 2007: 1.

[97] 学术动态. "工程控制论" 汉文版出版 [N]. 人民日报, 1958–10–16(7).

[98] 宋健致钱学森函 (1977 年 11 月 24 日)，原件存于上海交通大学钱学森图书馆。

[99] 宋健致钱学森函 (1981 年 1 月 25 日)，原件存于上海交通大学钱学森图书馆。

[100] 钱学森副主任在接见学院领导同志时的讲话 (1977 年 10 月 6 日)，原件存于国防科技大学档案馆。

[101] 李明, 顾吉环, 涂元季. 钱学森书信补编：第 1 卷 [M]. 北京：国防工业出版社, 2012: 313.

[102] 钱学森. 谈谈科学研究的方法 [N]. 人民日报, 1985–04–11(5).

[103] 李明, 顾吉环, 涂元季. 钱学森书信补编：第 4 卷 [M]. 北京：国防工业出版社, 2012: 362.

[104] 李明, 顾吉环, 涂元季. 钱学森书信补编：第 5 卷 [M]. 北京：国防工业出版社, 2012: 115.

[105] 钱学森. 钱学森文集：第 5 卷 [M]. 北京：国防工业出版社, 2012: 247.

[106] 钱学森剪报 "关于传统文化的几点思想" 及批注，原件存于上海交通大学钱学森图书馆。

[107] 钱学森致胡孚琛的信 (1989 年 12 月 28 日)，原件存于上海交通大学钱学森图书馆。

[108] 钱学森同志的书面发言，原载于 1978 年 3 月 19 日《中国人民解放军国防工业出席全国科学大会代表团简报 (7)》第 5 页。

[109] 顾吉环，李明，涂元季. 科学道德：钱学森的言与行 [M]. 北京：国防工业出版社，2015: 19.

[110] 钱学森. 现代科学技术是社会化的科学技术 [J]. 科学实验，1978(1): 1–2.

[111] 钱学森. 关于马克思主义哲学和文艺学美学方法论的几个问题 [J]. 文艺研究，1986(1): 4.

[112] 钱学森. 进行科学决策需要各方面专家的密切配合 [J]. 统计，1987(12): 2–3.

[113] 许国志致钱学森函 (1978 年 12 月 12 日)，原件存于上海交通大学钱学森图书馆。

[114] 钱学森关于建立中国科学院运筹学研究室（所）的意见，原件存于中国科学院档案馆。钱学森还在此份意见中提出：（一）所谓工程技术里面的有关使用和设计问题是：新器械系统（包括武器的体系）设计，以及其他需要引用统计方法的设计问题，像水坝设计等；（二）所谓国民经济规划问题是：需求分析、国民收入、运输问题、工业管理和规划、社会统计等问题。这些问题不外乎三个方面：第一是调查了解国民经济现况；第二是根据这国民经济现况预测将来发展的需要；第三是根据需要作出建设的规划。第一方面是抽样调查的问题，第二方面是预卜论的问题，第三方面是各式数学规划问题。

[115] 钱学森. 技术科学中的方法论问题 [J]. 自然辩证法研究通讯，1957(1): 36.

[116] 钱学森. 又红又专，为革命利益而攀登高峰——和青年同志谈谈红专问题 [N]. 人民日报，1965–06–04(5).

[117] 钱学森. 关于形势与对策的谈话 [J]. 管理与政策研究通讯，1991(2).

[118] 钱学森.哲学·建筑·民主——钱学森会见鲍世行、顾孟潮、吴小亚时讲的一些意见 [N].文汇报.1996-06-28.

[119] 钱学森.大力发展系统工程,尽早建立系统科学的体系 [N].光明日报,1979-11-10.

[120] 毛泽东.毛泽东选集:第1卷 [M].北京:人民出版社,1991:325.

[121] 钱学森.工程控制论 [J].科学大众,1957(5):219-221.

[122] 钱学森.自然科学和技术发展的主要方向 [M]//中国青年出版社.人类征服自然界的新纪元.北京:中国青年出版社,1958:31.

[123] 钱学森在总后勤部机关"科学技术知识讲座"上的发言提纲手稿(1979年1月9日),原件存于上海交通大学钱学森图书馆。

[124] 钱学森,孙凯飞,于景元.社会主义文明的协调发展需要社会主义政治文明建设 [J].政治学研究,1989(5),1-10.

[125] 新华社.政协全国委员会邀请钱学森报告美国情况 [N].人民日报,1955-11-12(1).

[126] 钱学森.党是前进的指路明灯 [N].中国青年报,1959-01- 06(3).

[127] 钱学森.学点历史 学点哲学 [J].科协通讯,1987:9.

[128] 涂元季.钱学森书信:第3卷 [M].北京:国防工业出版社,2007:318.

[129] 涂元季.钱学森书信:第5卷 [M].北京:国防工业出版社,2007:391.

[130] 钱学森,钱学敏."社会论"——行为科学的哲学概括 [J].哲学研究,1991(11):45-50.

[131] 钱学森.关于建立和发展马克思主义的科学学的问题——为《科研管理》创刊而作 [J].科研管理,1980(1):3-8.

后 记

行文至此，要特别感谢人民邮电出版社王威和林舒媛两位老师的付出，以及中国编辑学会的组织。同时，亦要特别感谢上海交通大学钱学森图书馆执行馆长李芳和党总支书记张勇在工作中的支持。于我而言，写作此书不啻对"钱学森研究三部曲"（钱学森家族史、钱学森早年生平和钱学森晚年思想）的系统总结与深刻反思。而关于此间的心得体会，可以归纳为对学术与通俗、内容与形式、作者与读者三组关系的思考与理解。

其一，要在辩证把握学术与通俗的关系中讲好故事。此书作为"中国科技之魂"丛书之一，有幸入选 2024 年度中宣部主题出版重点出版物。主题出版既为官方概念，亦为学界概念，但无论何种定义都应指向共同目标，即体现国家意志和弘扬主流价值观。因而主题出版不同于学术出版，但二者又有内在联系，尤其是学术出版包含着转化为主题出版的要素，进而能够在主题出版之中实现学术与通俗的辩证统一。就此来说，此书的写作源于学术研究，但始终以通俗化为目标导向。因而我在写作技巧上运用传记文学的叙事方法，将学术语言解码为具有可读性的日常语言，通过讲述钱学森这一心怀"国之大者"的个体故事讲好中国故事。

其二，要在辩证把握内容与形式的关系中创造审美体验。内容与形式属于辩证法的范畴，普遍存在于任何事物的发展过程中。内容对形式具有决定作用，但形式也会反作用于内容。对于作者而言，研究内容时亦需考虑形式，包括封面、版式、插图、字体以及开本等。因为图书的"面子"往往能够从视觉层面展示可感可触的"里子"，给第一次与图书"见面"的读者带来深刻的审美体验。但应指出，辩证把握内容与形式的关系并不是要平均用力，而是要随机应变；因为对作者来说，始终要以提高内容质量为根本。内容与形式的关系实则还体现为作者与编辑之间的关系，实践反复证明，两者融合的程度决定着图书品质。就像钱学森所言，编辑出版是一项"审美创造"的工作。

其三，要在辩证把握作者与读者的关系中传播精神。写作传记不独为传主立传，还需体现作者与读者之间的"对话"关系。我写作此书的基本路径是：将学术研究视为传主与作者之间的讨论，而通过写作建立起作者与读者之间的交流，进而实现传主与读者之间跨越时空的对话，使读者借由阅读进入钱学森的生命史、思想史和精神史。对于作者与读者的关系，可谓仁者见仁、智者见智。我的感悟是，两者彼此依赖，但若没有广大读者群体，写作与出版就会失去传播对象。尤其是随着文化涵养的不断提升和内在阅读动力的增加，越来越多的读者不再处于被动阅读的状态，如此就对作者提出越来越高的要求。

对以上三组关系的认识，仅为己见。不同作者有各自不同的写作方法，但相信有一点应当是共识，即须保证史料的丰富性和真实性。就我的实践而言，史料搜集是传记写作的基础，且搜集程度直接影响学术研究程度。而从搜集范围看，史料又分为核心史料与周边史料。核心史料是做好钱学森研究的必要基础，包括钱学森论著、档案以及手稿等；此类史料是重心和中心，对此应以尽力搜齐为目标。周边史料是必要补充，包括钱学森师友、同事、学生等人的著作、文集、书信集、选集或全集等；此类史料能够从不同视角提供有效信息，对此应做到应搜尽搜。两种史料在不同的具体研究中有不同的解读价值，甚至很多"边角料"被置于不同视野之下后往往能够揭示出重要信息。

因而自 2010 年进入钱学森研究领域以来，我就开始基于搜集工作而整理"钱学森全集"和"钱学森图集"，以备基本做到随用随查。随着各种数据库的建成，检索治学成为潮流并极大地缩短了搜集史料的时间。费时、费神的史料搜集与整理工作都没有浪费，尤其是随着研究的深入，获得的回报会愈加丰厚，枯燥的史料搜集与整理工作也会逐渐显现价值。对于此点，我深有体会。但我亦深感"成也萧何，败也萧何"的辩证性正悄然发生作用，即上述提及的写作经验可能会成为困住创新精神的条条框框，因为我深知熟能生巧也可能会成为一种阻碍。对于此点，又是需要警惕的。

最后，仍想谈及 2011 年的那个夜晚。我陪同来沪参加活动的钱永刚教授回到住处时，他建议研究钱学森不要"一口吃个胖子"。如今，我用 15 年时间完成"钱学森研究三部曲"的既定目标时，竟毫无成就感可言，反而生发出莫名的失落感。因为我写作此书时，在对钱学森的认识上产生一种强烈的"力不能及"之感，甚至有认识不如此前深刻之感。我曾反思：是自己的能力不足吗？后来我忽然悟到，原来时代已变，而我未能及时从现实视角挖掘钱学森思想在当下的价值。

正是此故，我将此书作为新的序曲以启新章！

吕成冬

2024 年 12 月 12 日